U0448754

# 新发展格局下中国能源治理研究

Research on China's energy governance under the new development pattern

法政文库
能源法治与政策系列丛书

河北省重点培育智库
『华北电力大学区域法治与社会治理研究中心』研究成果

史胜安
孙雪松
高韶魁
著

法律出版社
LAW PRESS · CHINA
北京

## 图书在版编目（CIP）数据

新发展格局下中国能源治理研究 / 史胜安，孙雪松，高韶魁著. -- 北京：法律出版社，2025. -- ISBN 978 -7 -5197 -9855 -0

Ⅰ.F426.2

中国国家版本馆 CIP 数据核字第 202545RZ77 号

新发展格局下中国能源治理研究
XINFAZHAN GEJU XIA ZHONGGUO
NENGYUAN ZHILI YANJIU

史胜安　孙雪松　高韶魁 著

责任编辑　章　雯　慕雪丹
装帧设计　鲍龙卉

出版发行　法律出版社　　　　　　　　开本　710 毫米×1000 毫米　1/16
编辑统筹　法商出版分社　　　　　　　印张　17　　字数　266 千
责任校对　赵明霞　　　　　　　　　　版本　2025 年 3 月第 1 版
责任印制　胡晓雅　　　　　　　　　　印次　2025 年 3 月第 1 次印刷
经　　销　新华书店　　　　　　　　　印刷　北京虎彩文化传播有限公司

地址:北京市丰台区莲花池西里 7 号(100073)
网址:www.lawpress.com.cn　　　　　　　销售电话:010 - 83938349
投稿邮箱:info@ lawpress.com.cn　　　　 客服电话:010 - 83938350
举报盗版邮箱:jbwq@ lawpress.com.cn　　咨询电话:010 - 63939796
版权所有·侵权必究

书号:ISBN 978 - 7 - 5197 - 9855 - 0　　　　定价:68.00 元

凡购买本社图书,如有印装错误,我社负责退换。电话:010 - 83938349

# 序 言

《中华人民共和国国民经济和社会发展第十四个五年规划和2035年远景目标纲要》明确提出，"十四五"时期推动高质量发展，必须以新发展阶段为立足点，贯彻新发展理念，构建新发展格局。构建新发展格局是应对新发展阶段机遇和挑战、贯彻新发展理念的战略选择；"新发展格局下中国能源治理研究"更是一个涉及中国能源政策、能源结构调整、能源安全、环境保护和国际合作等多个方面的综合性研究领域。

新发展格局下，中国能源治理面临着前所未有的机遇与挑战。能源供需矛盾、能源结构调整、能源技术创新、能源政策协调等问题愈加突出；优化能源结构、提高能源效率、加强能源基础设施建设、推动能源科技创新、完善能源政策体系、规范能源消费者行为、开展能源国际合作等举措更是重中之重。针对以上问题的描述及回应构成了本书的主要内容。本书具有较强的理论性、实践性及可读性，可以作为高等学校相关学科的学生、政府管理人员以及研究者的参考书籍。

本书是河北省重点培育智库"华北电力大学区域法治与社会治理研究中心"、河北省高等学校人文社会科学重点研究基地"华北电力大学区域法治与司法治理研究中心"研究成果。本书的写作、统稿与审校工作主要由史胜安、孙雪松、高韶魁完成。另有诸位人员在资料整理与收集方面作出了突出贡献，并参与到各个章节的写作过程中（封心怡、朱小倩、蔡晨兰、李博旭、苏珺怡、马沛然、孙丽婧、廖思甜、赵硕、李承隽、张明嫘），感谢以上人员对本书撰写工作的支持；感谢在这一领域不断探索与实践的专家和学者；感谢华北电力大学法政系出版基金对本著作出版给予的支持；感谢法律出版社的章雯编辑以及其他编辑人员，感谢你们的辛苦工作，让本书得以面世。

关于新发展格局下中国能源治理研究仍在继续，由于笔者的水平、能力和时间所限，本书存在一些不足和有待进一步研究的主题，未来将继续深入探索。书中如有不妥之处，敬请广大读者不吝批评指正。

笔　者

2024年11月

# 目　录

**第一章　中国能源治理的历史背景与新发展格局的形成**　001
　第一节　中国能源治理的历史发展　001
　　一、初步探索阶段（1949—1977 年）　001
　　二、加速发展阶段（1978—2012 年）　003
　　三、高质量发展阶段（2013 年至今）　005
　第二节　新发展格局的形成及影响　007
　　一、新发展格局的科学内涵和实践意义　007
　　二、新发展格局对中国能源治理的影响　012
　第三节　国际能源环境与中国能源治理　017

**第二章　中国能源结构的演变与当前状态**　020
　第一节　中国能源结构的演变　020
　　一、中国能源消费结构变化　021
　　二、中国能源生产结构变化　023
　第二节　中国能源结构的特点　025
　　一、能源种类丰富　025
　　二、可再生能源开发利用水平持续提升　026
　　三、能源消费结构中工业比重较高　026
　　四、石油消费水平较低　027
　　五、能源消费结构中煤炭所占比重较高　028
　第三节　中国能源结构面临的困境　029

一、能源储备与生产的结构性矛盾　　029
　　二、能源结构不合理　　031
　　三、能源利用效率不高　　032
　　四、能源污染相对严重　　033
　　五、能源安全问题　　034

第三章　中国能源安全与国家能源战略保障　　037
　第一节　能源安全及其地位　　037
　　一、能源安全的定义　　037
　　二、能源安全的地位　　039
　第二节　中国能源安全面临的挑战　　041
　　一、中国能源安全供求的现状　　041
　　二、中国能源安全面临的挑战　　043
　　三、大部分地方政府及人们对新能源的重视和了解不足　　050
　第三节　中国能源安全战略保障　　050
　　一、调整和优化能源结构　　050
　　二、强化能源储备能力建设　　051
　　三、深入推进"一带一路"能源发展　　052
　　四、坚持节约能源的发展战略，坚持推进能源清洁高效的利用　　053
　　五、大力开展能源友好外交，参与国际多边能源合作　　054
　　六、加大对国内能源的勘测，提高能源开发技术　　054
　　七、推进新能源的开发与利用　　055

第四章　我国能源政策与法规框架　　059
　第一节　我国能源政策的演变历程　　059
　　一、节能政策与减排政策并行的政策形成阶段（改革开放至"七五"）　　059
　　二、节能减排上升为基本国策的政策发展阶段（"八五"至"九五"）　　062
　　三、转变经济增长方式的政策修正革新阶段（"十五"至"十一五"）　　064

四、节能减排政策的深化改革阶段（"十二五"至"十三五"） 067
　　五、我国能源政策高质量发展新阶段（"十四五"） 071
第二节　我国现行节能减排政策存在的问题及对策建议 077
　　一、我国现行节能减排政策存在的问题 077
　　二、对完善我国现行节能减排政策的建议 080
第三节　我国能源政策前瞻 082
　　一、多措并举，加强能源供给安全保障 082
　　二、节能提效，促进绿色低碳发展 083
　　三、加快发展清洁能源，构建新型电力系统 084
　　四、推进能源体制改革，促进产业融合发展 086
　　五、积极推动国际合作，构建更高质量的能源国际合作体系 087

## 第五章　可持续发展与绿色能源转型 088
第一节　可持续发展的概念与重要性 088
　　一、可持续发展的概念 088
　　二、可持续发展在能源领域的重要性 092
第二节　推动绿色能源转型——中国视角 096
　　一、推动绿色产业结构调整和转型 097
　　二、提高能效和能源结构调整 097
　　三、能源节约和循环利用持续推进 098
　　四、绿色科技创新和标准体系建设得到加强 099
　　五、推动绿色金融和绿色服务市场兴起 100
　　六、通过政策创造有利环境 100
　　七、打造能源智慧化体系 101
　　八、推动创新驱动可再生能源大规模发展 102
第三节　低碳能源转型的挑战及应对策略 102
　　一、低碳能源转型的挑战 102
　　二、应对策略——中国方案 105

## 第六章　技术创新与能源效率提升　110

### 第一节　技术创新对能源效率提升的重要性　110
一、创新与能源的关系　110
二、技术创新推动能源效率提升　111
三、技术创新影响能源产业发展　112

### 第二节　中国能源技术创新重点领域和成果　114
一、能源技术创新的重点领域　114
二、能源技术创新的主要成果　116
三、中国能源领域的技术创新工作稳步发展　123

### 第三节　如何进一步促进技术创新和应用　124
一、增强能源科技创新能力　125
二、加强能源技术应用　126
三、加大力度推进新能源技术的创新和应用　128

## 第七章　中国能源市场与国际能源合作　132

### 第一节　中国能源市场开放的历程　132

### 第二节　中国在国际能源市场中的角色　134
一、能源进出口　134
二、外资合作　135
三、中国能源市场的可持续发展　136

### 第三节　能源国际合作　137
一、中国能源国际合作历史演进及取得成就　137
二、国际能源合作的重要意义　142
三、国际合作在促进能源安全和可持续发展中的作用　143
四、加强国际能源合作的途径与建议　151

## 第八章　能源消费者行为与社会影响　158

### 第一节　能源消费者行为对能源市场和政策的影响　158

### 第二节　能源价格、政策宣传等对消费者行为的塑造作用　162

第三节　能源政策对于社会的影响　　165
　　第四节　全球化背景下各国能源政策变动产生的联动效应　　171

## 第九章　案例研究：成功的能源治理实践　　178
　　第一节　政府领航能源治理　　178
　　　　一、政策引领促发展　　179
　　　　二、政府投资助转型　　183
　　　　三、国际合作寻共赢　　186
　　第二节　企业担起社会责任，助推能源科技创新　　191
　　　　一、自主创新立根基　　192
　　　　二、产业链协同促进风电产业集群化发展　　193
　　第三节　乡音共策：以地灵之智，燃绿能之光　　196
　　　　一、政策试点建绿色城市　　196
　　　　二、因地制宜稳用电、促发展　　198
　　　　三、全民参与节能减碳　　200
　　　　四、中国能源治理的启示　　201

## 第十章　挑战与机遇：中国能源治理的发展方向　　204
　　第一节　中国能源治理挑战　　204
　　　　一、国外影响因素　　204
　　　　二、国内影响因素　　206
　　第二节　"一带一路"背景下的能源发展方向　　210
　　　　一、能源治理的立场和目标　　210
　　　　二、"一带一路"背景下的能源合作　　212
　　　　三、数字经济时代技术与治理融合发展　　214
　　第三节　中国能源治理发展新方向　　215
　　　　一、中国能源治理可持续发展　　215
　　　　二、中国能源治理结构战略性调整　　216
　　　　三、中国能源治理安全保障　　218

四、强化能源资源勘探开发　　221
　　五、利用国际市场实施能源企业国际化　　222
　　六、开展能源外交保障能源安全　　222
　　七、大力发展新能源产业　　225
　　八、探索构建国际能源治理机制　　229

**第十一章　新发展格局下能源治理策略与路径**　　230
　　一、国际能源治理策略与路径　　230
　　二、国内能源治理策略与路径　　238

**主要参考文献**　　254

# 第一章 中国能源治理的历史背景与新发展格局的形成

## 第一节 中国能源治理的历史发展

中国能源治理的历史发展过程是一个漫长而不断演进的历程。经过数十年的努力，中国在能源领域取得了举世瞩目的成就。在这个过程中，中国政府始终发挥着主导作用，通过制定政策、推动改革和加强监管等手段，不断优化能源结构、提高能源利用效率和保护环境。根据中国能源治理过程的主要特点和现实情况，将中国能源治理的历史过程大致分为三个阶段，即初步探索阶段、加速发展阶段和高质量发展阶段。

### 一、初步探索阶段（1949—1977 年）

初步探索阶段，中国面临的主要问题是能源供应不足。为了满足经济和社会发展的需求，政府采取了一系列措施来提高能源生产，如建立国有煤炭企业、推广农村沼气等。采取这些措施的目的是增加能源供应，以解决能源需求问题。中华人民共和国成立初期，受当时国际环境的影响，我国选择了独立自主、自力更生的发展道路。除了早期与前苏联和东欧国家建立了经济联系，我国经济主要是以国内循环为主。为了赶超其他国家，我国把国民经济发展的重点放在重工业上。与此相对应，我国能源产业则主要沿着以煤为主、相对独立的方向发展。在计划经济体制下，一方面，传统能源的开发和利用得到加强，煤炭、石油、天然气等资源的开采和利用规模不断扩大，中国政府通过一系列的能源基础设施项目，初步建立了较为完善的能源工业体系。这些项目包括煤炭、石油、电力等领域的骨干企业和重大工程，为中国能源工业的后续发展奠定了坚实基础。例如，山西大同、陕西铜川等大型煤炭基地的建设，以及大庆油田、胜利油田等油田的开发，均对中国能源工业的发展起到了重要的推动作用。从20世纪50年代至80年代，中国煤炭产量从0.3亿吨增长到6.2亿吨，年均增长率达到7.5%，这一时期的煤炭生产规模快速扩大，满足了当时经济社会发展的需求。1963年，中国石油产量为648万吨，而到了1978年，石油产量达到了10.52亿吨，这一时期石油产量的快速增长，对于当时的工业生产和交通领域的发展起到了积极的推动作用。1978年，中国发电装机容量达到5.7万千瓦，发电量达到2566亿千瓦时，这一时期电力工业的发展，为当时的经济社会发展提供了稳定和可靠的电力供应。另一方面，中国政府积极探索发展核能等新能源，1964年中国第一颗原子弹爆炸成功，以及1970年中国第一颗人造地球卫星东方红一号发射成功极大地证明了中国在导弹发射技术等战略核威慑能力方面取得的重大突破，这两项重大成就标志着中国在核能领域的突破和发展，为中国后续的核能利用奠定了坚实基础。同时，截至20世纪80年代，中国农村沼气用户达到数百万户，这一时期可再生能源的开发和利用得到一定程度的推广，为农村地区的能源供应提供了新的解决方案。为保障能源行业的有序发展，中国政府在改革开放之前逐步加强了对能源行业的管理和监管。通过建立国家计划委员会、燃料工业部等相关管理机构，制定和实施一系列能源法规和政策，中国能源行业的管理和监管体系逐渐完善。这些举措为推动能源行业的规范化发展提供了有力保障。例如，1955年，第一届全国人民代表大会第二次会议决定撤销燃料工业部，并设立煤炭工业部、电力工业部和石油工业部，主管相应能源工作。这一机构的成立标志着中国能源管理走向专业化、集中化。此外，中国政府先后制定了一系列能源法规和政策，这些法规和政策的制定和实施，规范了能源行业的运行和发展。例如，1953年开始实施的第一个五年计划过程中，政府在计划中建设了一批大型煤炭、电力和石油企业，以增加能源供应。这一阶段（1949—1977

年），中国原煤产量从 0.32 亿吨增加到 5.5 亿吨，原油产量从 12 万吨增加到 0.94 亿吨。这些措施的实施，使中国的能源供应逐渐增加，初步满足了经济和社会发展的需求。我国原油产量在 1975 年达到 8716 万吨，1974 年建成中国第一条长距离输油管道（大庆至秦皇岛）。在初步探索时期，中国能源治理的核心理念是集中统一管理。国家对能源实行严格的计划调配，从生产、分配到使用，所有环节均在政府的直接控制之下。这种体制在当时的历史条件下，确保了能源的稳定供应，为国家的工业化进程提供了有力支撑。然而，随着经济的快速发展和国际环境的变化，计划经济体制的局限性也逐渐显现。

## 二、加速发展阶段（1978—2012 年）

随着改革开放的深入推进，中国能源需求迅速增长。政府采取了更加开放和灵活的能源政策，鼓励国内外企业参与能源生产和投资。同时，政府也开始注重能源结构的调整和环境保护。中国能源治理的发展进程进入了加速发展阶段（1978—2012 年）。在 1978 年党的十一届三中全会作出将党和国家的工作重点转移到经济建设上来的历史性决策之后，我国国民经济得到了快速恢复，能源需求也随之快速增长。在 1979 年西方国家经历了第二次石油危机之后，我国政府开始更加重视能源供应的安全问题。1980 年，我国成立了国家能源委员会，负责管理石油工业部、煤炭工业部和电力工业部，并统筹能源安全供应问题。1982 年，党的十二大把能源进一步确定为经济发展的战略重点之一。在这段时期里，1998 年开工建设的兰成渝成品油管道是中国首条大口径、高压力、长距离成品油输送管道，被誉为西北西南地区的"能源大动脉"。它的建设标志着中国能源运输能力的提升，为保障国家能源安全发挥了重要作用。此外，1999 年，党中央把西部大开发上升为国家战略，随后成立西部地区开发领导小组，第一任组长由时任国务院总理朱镕基同志担任，这是"西气东输""西电东送"工程的缘起。2002 年开始建设的"西气东输"工程，将新疆的天然气输送到上海等地，全长超过 4000 公里。这一工程的实施，推动了天然气在中国能源结构中的比重逐渐增加，同时也促进了地方经济的发展和改善了人民的生活质量。自改革开放以来，中国能源治理开始逐步向市场化转型。政府逐步放松对能源市场的管制，推动能源企业改革，引入市场竞争机制。这一阶段，中国在煤炭、电力和油气等领域进行了一系列的改革探索。煤炭行业取消了重点电煤合同，实现了电煤价格并轨，建成了市场化的煤炭交易体系。电力体制改革取得突破，完成了政企分开、厂网分开、主辅分离等标志性改革任务，电力市场化建设覆盖全国、纵深发展。在20世纪80年代至21世纪初期，中国的能源治理面临着深刻的变革，为推动经济转型和提高资源利用效率，一系列重要的改革措施逐步展开。在20世纪80年代初，中国初次尝试引入市场机制，其中一些地区放开了石油和电力价格，以促进价格灵活性。这一时期，地方政府逐渐获得更多自主权，积极探索地方性能源产业的布局，为不同地区的资源和需求提供更灵活的适应性。随着20世纪90年代的到来，能源体制改革进入深化阶段。油价和天然气价格逐步市场化，电力价格体系开始进行初步改革，由此引入分层定价机制。1997年，国家电力公司的成立标志着电力体制改革的深入，分离了发电、输电、配电业务，为电力行业市场化奠定基础。同时，2008年，国家能源局的设立对整体能源治理提供了规范和协调，负责规划、监管和推动全国能源发展，使中央政府在能源领域的管理体系更趋完善。进入21世纪，中国的能源市场逐步形成。油价和天然气价格逐步放开，电力市场逐步形成竞争机制，推动电力产业市场化进程。2005年，煤炭行业改革正式启动，市场化配置逐渐推进，通过引导资源向效益更好的企业集中，从而促进了煤炭行业的结构调整。从初步市场化尝试到电力体制改革的深入，再到能源市场形成的过程，这一阶段的演变为中国未来开展更加深入的能源体制改革提供了宝贵的经验和基础。

2000年后，党中央把"走出去"上升为国家战略，江泽民同志多次在讲话中鼓励企业"走出去"。2001年12月11日，中国正式加入世界贸易组织。"走出去"与加入世界贸易组织为中国能源企业国际化提供了政策与法律空间，促使中国能源企业在国际市场上参与竞争、不断发展。2003年10月，中共中央、国务院发布《关于实施东北地区等老工业基地振兴战略的若干意见》。2007年8月，国务院《关于东北地区振兴规划的批复》，提出将东北建设成为国家新型原材料和能源的保障基地。2007年，党的十七大报告全面阐述了"科学发展观"，提出转变经济发展方式，高度关注生态问题；坚持走中国特色新型工业化道路，即高科技、高效益、高就业、低能耗、低污染。党的十七届二中全会通过的《关于深化行政管理体制改革的意见》就能源治理方面设立了国家能源委员会、国家能源局、环境保护部，这是改革开放后能源管理体制的一次重大调整。2008年国务院办公厅转发发展和改革委员会《关于2008年深化经济体制改革工作的意见》，该意见要求进一步推动电力市场改革、电网分离，深化农村水电改革，推动油气价格市场的形成等。同时，中国还积极推进油气体制改革，矿权流转、原油进口资质、油气管网设施开放等方面重要改革举措相继出台。

### 三、高质量发展阶段（2013年至今）

随着经济发展进入新常态，中国政府更加注重能源结构的优化和环境保护。例如，2013年提出的"一带一路"倡议，该倡议旨在推动与共建国家的能源合作，加强能源基础设施建设和贸易往来。截至2023年年初，"一带一路"倡议已与83个国家签署了共建合作文件，"一带一路"能源合作实现了良好开局，取得了丰硕成果。进入21世纪，中国能源治理进入高质量发展阶段。自"十三五"以来，国内原油产量稳步回升，天然气产量较快增长，年均增量超过100亿立方米，油气管道总里程达到17.5万公里，发电装机容量达到22亿千瓦，"西电东送"能力达到2.7亿千瓦，这些有力地保障了经济社会发展和民生用能需求。这一时期可以被称为高质量发展阶段。在这一阶段，中国政府更加注重能源结构的优化和环境保护，提出了"能源革命"和"生态文明建设"等战略，推动能源行业向清洁、低碳、高效方向发展。政府深化能源领域"放管服"改革，能源治理方式由项目审批为主向战略、规划、政策、标准、监管、服务并重加快转变；强化能源市场体系建设，完善能源价格形成机制，增强市场主体活力；加大能源基础设施建设力度，提高能源输送和储备能力；推动能源科技创新和绿色发展，加强节能减排和环境保护工作。通过这些改革举措，中国能源治理已经取得了显著成果。

自党的十八大以来，随着中国经济发展步入新常态，能源消费增速放缓，能源发展质量和效率成为突出问题。以习近平同志为核心的党中央高瞻远瞩，在新的历史条件下结合我国能源发展实际提出能源治理发展新思想，部署我国能源发展新格局，推动我国能源向可持续方向发展。2013年3月，第十二届全国人民代表大会第一次会议批准《关于国务院机构改革和职能转变方案的决定（草案）》，该草案决定重新组建国家海洋局和国家能源局，将当时国家能源局、国家电力监管委员会的职责整合，重新组建国家能源局。这是能源管理部门的重大改革，加强了国家能源局的职能。2013年9月，国务院印发《大气污染防治行动计划》，该计划有多项工作与能源相关，主要有提升燃油品质、控制煤炭消费总量、加快清洁能源替代利用、推进煤炭清洁利用、提高能源使用效率、发挥市场机制调节作用等。该计划是首次较为详细的关于大气污染防治与能源绿色改革相结合的国家层面的政策集合。2016年6月13日，习近平总书记在中央财经领导小组第六次会议上就有关国家能源安全战略提出"四个革命，一个合作"的能源安全所战略思想，即推动能源消费革命、能源供给革命、能源技术革命、能源体制革命、全面加强国际合作，为新时代能源建设指明了方向。党的十九大报告在阐述加快生态文明体制改革、建设美丽中国的要求时，提出要"发展绿色金融，壮大清洁能源产业"，构建"清洁低碳、安全高效的能源体系"。自党的十八大以来，中国可再生能源装机容量稳居世界首位，可再生能源发电量占全社会用电量的比重逐年上升。2020年中国碳排放强度比2015年下降18.8%，超额完成"十三五"约束性目标，比2005年下降48.4%，超额完成了中国向国际社会承诺的到2020年下降40%—45%的目标，累计少排放二氧化碳约58亿吨，基本扭转了二氧化碳排放快速增长的局面。与此同时，在2021年中国的能源消费结构中，煤炭消费占比下降至56%，清洁能源消费占比上升至25.5%。2020年10月，《中共中央关于制定国民经济和社会发展第十四个五年规划和二〇三五年远景目标的建议》涉及能源方面的主要内容有"能源资源配置更加合理、利用效率大幅提高"和"推进能源革命"，并就实现碳中和目标提出制订2030年前碳达峰行动方案，推进碳排放权市场化交易。为了实现这些目标，中国将采取一系列措施来推动清洁能源的发展和能源结构的优化。同时，中国还将加强与国际社会的合作，共同应对全球气候变化和环境挑战。

另外，值得一提的是，中国在可再生能源领域取得了显著进展。"十三五"时期，我国能源结构持续优化，低碳转型成效显著，非化石能源消费比增长到15.9%，煤炭消费比重下降至56.8%，常规水电、风电、太阳能发电、核电装机容量分别达到3.4亿千瓦、2.8亿千瓦、2.5亿千瓦、0.5亿千瓦，非化石能源发电装机容量稳居世界第一。截至2023年年末，全国累计发电装机容量约29.2亿千瓦，同比增长13.9%。其中太阳能发电装机容量约6.1亿千瓦，同比增长55.2%；风电装机容量约4.4亿千瓦，同比增长20.7%，风电、太阳能发电、生物质发电装机容量仍稳居世界首位。水能、风能以及太阳能发电总量，占比达到29.3%，清洁能源消费量占能源消费总量比重为26.4%，上升0.4个百分点。中国的碳排放强度持续下降，我国2022年碳排放强度比2005年下降超过51%，非化石能源消费比重达到17.5%。在2023年中国的能源消费结构中，煤炭消费量占能源消费总量比重为55.3%，比上年下降0.7个百分点，天然气、水电、核电、风电、太阳能发电等清洁能源消费量占能源消费总量比重为26.4%，比上年上升0.4个百分点。这些数据表明中国在推动清洁能源发展和优化能源结构方面取得了显著成果。

## 第二节 新发展格局的形成及影响

### 一、新发展格局的科学内涵和实践意义

《中华人民共和国国民经济和社会发展第十四个五年规划和2035年远景目标纲要》明确提出，"十四五"时期推动高质量发展，必须以新发展阶段为立足点，贯彻新发展理念，构建新发展格局。同时，该纲要强调，构建新发展格局是应对新发展阶段机遇和挑战、贯彻新发展理念的战略选择。能源产业作为国民经济的基础性产业，是现代化产业体系的引领者和动力源泉。人类社会的重大进步总是伴随着能源产业的重大变革。当前，我国已成为全球最大的能源生产国和消费国。2022年，我国一次能源生产总量达到46.6亿吨标准煤，同比增长9.2%，能源消费总量达到54.1亿吨标准煤，比上年增长2.9%。面对构建新发展格局的战略选择，我国能源产业发展面临新的挑战和机遇。如何更好地适应和服务于新发展格局，已成为当前我国能源治理过程中亟待解决的问题。随着全球经济环境的变化和我国经济实力的提升，新发展格局正在逐步形成。这一新格局主要围绕消费升级、创新驱动、区域协调、绿色发展和国内国际双循环五大方面展开，共同推动我国经济持续健康发展。

（一）消费升级是新发展格局的重要组成部分

随着我国经济的发展和人民生活水平的提高，消费者对商品和服务的品质、品味和品牌的要求越来越高。这就要求企业不断提升产品和服务的质量，以满足消费者日益增长的需求。同时，政府应加强市场监管，保障消费者的权益，促进消费市场的公平竞争。

2020年12月国务院发布的《新时代的中国能源发展》白皮书中提出了"四个革命，一个合作"的能源安全新战略，其主要内容为：一是推动能源消费革命，抑制不合理能源消费。坚持节能优先方针，完善能源消费总量管理，强化能耗强度控制，把节能贯穿于经济社会发展全过程和各领域。坚定调整产业结构，高度重视城镇化节能，推动形成绿色低碳交通运输体系。在全社会倡导勤俭节约的消费观，培育节约能源和使用绿色能源的生产生活方式，加快形成能源节约型社会。二是推动能源供给革命，建立多元供应体系。坚持绿色发展导向，大力推进化石能源清洁高效利用，优先发展可再生能源，安全有序发展核电，加快提升非化石能源在能源供应中的比重。大力提升油气勘探开发力度，推动油气增储上产。推进煤电油气产供储销体系建设，完善能源输送网络和储存设施，健全能源储运和调峰应急体系，不断提升能源供应的质量和安全保障能力。三是推动能源技术革命，带动产业升级。深入实施创新驱动发展战略，构建绿色能源技术创新体系，全面提升能源科技和装备水平。加强能源领域基础研究以及共性技术、颠覆性技术创新，强化原始创新和集成创新。着力推动数字化、大数据、人工智能技术与能源清洁高效开发利用技术的融合创新，大力发展智慧能源技术，把能源技术及其关联产业培育成带动产业升级的新增长点。四是推动能源体制革命，打通能源发展快车道。坚定不移推进能源领域市场化改革，还原能源商品属性，形成统一开放、竞争有序的能源市场。推进能源价格改革，形成主要由市场决定能源价格的机制。健全能源法治体系，创新能源科学管理模式，推进"放管服"改革，加强规划和政策引导，健全行业监管体系。五是全方位加强国际合作，实现开放条件下能源安全。坚持互利共赢、平等互惠原则，全面扩大开放，积极融入世界。推动共建"一带一路"能源绿色可持续发展，促进能源基础设施互联互通。积极参与全球能源治理，加强能源领域国际交流合作，畅通能源国际贸易、促进能源投资便利化，共同构建能源国际合作新格局，维护全球能源市场稳定和共同安全。

2023年1月，国家能源局发布关于公开征求《新型电力系统发展蓝皮书（征求意见稿）》。该意见提到，以2030年、2045年、2060年为新型电力系统构建战略目标的重要时间节点，制定新型电力系统"三步走"的发展路径，即加速转型期（当前至2030年）、总体形成期（2030年至2045年）和巩固完善期（2045年至2060年），有计划分步骤推进新型电力系统建设的"进度条"。该意见指出：到2030年，推动新能源成为发电量增量主体，装机占比超过40%，发电量占比超过20%；到2045年，新能源成为系统装机主体电源。2023年1月，国家能源局印发《2023年能源监管工作要点》，其中就明确2023年要深入推进全国统一电力市场体系建设，进一步发挥电力市场机制作用，深化电力市场秩序监管，并且指出了进一步发挥电力市场机制作用需要不断扩大新能源参与市场化交易规模，完善辅助服务市场机制，建立健全用户参与的辅助服务分担共享机制，推动虚拟电厂、新型储能等新型主体参与系统调节。该工作要点还提出要不断规范电力市场秩序，优化用电营商环境，缩小电网企业代理购电范围，促进可再生能源健康发展等内容。

（二）创新是新发展格局的核心动力

通过科技创新、制度创新、业态创新等方式，推动经济发展从要素驱动转向创新驱动。政府应加大对科技创新的投入，鼓励企业加强研发，提高自主创新能力。同时，要深化改革，打破体制机制障碍，激发市场主体的创新活力。

2022年国家能源局颁布的《能源碳达峰碳中和标准化提升行动计划》明确加快完善新型储能技术标准，根据新能源发电并网配置和源网荷储一体化需要，抓紧建立涵盖新型储能项目建设、生产运行全流程以及安全环保、技术管理等专业技术内容的标准体系。2023年1月，国家能源局印发《2023年电力安全监管重点任务》。其中该文件就提出：全力做好电力供应保障；加强新能源发电安全监管；加强电网安全风险管控，组织开展电化学储能、虚拟电厂、分布式光伏等新型并网主体涉网安全研究，加强"源网荷储"安全共治。2023年4月，为扎实做好2023年能源工作，国家能源局研究制定并发布了《2023年能源工作指导意见》。该意见提出,坚持积极稳妥推进绿色低碳转型,加快构建新型电力系统;强调加快建设智能配电网、主动配电网,提高接纳新能源的灵活性和多元负荷的承载力;要求提高能源系统灵活感知和高效生产运行能力,促进源网荷互动、多能协同互补。

(三) 区域协调是内在要求,绿色发展是重要方向

我国地域辽阔,各地区发展不平衡的问题较为突出。因此,应加强区域间的协调发展,推动东部地区产业升级和中西部地区的发展,缩小地区间的发展差距。此外,还应加强城市群的发展,推动城乡一体化进程,促进城乡协调发展。然而,随着我国经济的发展,环境问题日益突出。因此,应加强生态文明建设,推动绿色低碳循环发展。企业应加大环保投入,采用环保技术和生产方式,降低对环境的负面影响。政府应完善环保法规和标准,强化环境监管,推动绿色产业的发展。

此外,实现碳达峰、碳中和,是以习近平同志为核心的党中央统筹国内国际两个大局作出的重大战略决策,是着力解决资源环境约束突出问题、实现中华民族永续发展的必然选择,是构建人类命运共同体的庄严承诺。因此,我国应全面贯彻党的十九大和十九届二中、三中、四中、五中全会精神,深入贯彻习近平生态文明思想,立足新发展阶段,贯彻新发展理念,构建新发展格局,坚持系统观念,处理好发展和减排、整体和局部、短期和中长期的关系,把碳达峰、碳中和纳入经济社会发展全局,以经济社会发展全面绿色转型为引领,以能源绿色低碳发展为关键,加快形成节约资源和保护环境的产业结构、生产方式、生活方式、空间格局,坚定不移走生态优先、绿色低碳的高质量发展道路,确保如期实现碳达峰、碳中和。

(四) 国内国际双循环是新发展格局的必然选择

在开放型经济体系中,国内循环和国际循环相互促进、相互依存。要发挥我国超大规模市场优势,促进国际国内要素有序自由流动、资源高效配置、市场深度融合,推动我国经济高质量发展。而新发展格局中关于国内国际统筹发展的要求强调"构建以国内大循环为主体、国内国际双循环相互促进",这是以

习近平同志为核心的党中央立足我国发展实际作出的重大决策，这一决策将长期指导我国宏观经济实现高质量增长。高质量发展是全面建设社会主义现代化国家的首要任务，推动高质量发展必须以构建新发展格局为基础。习近平总书记在党的二十大报告中再次强调，发展是党执政兴国的第一要务。习近平总书记还明确指出，要推动高质量发展，必须加快构建以国内大循环为主体、国内国际双循环相互促进的新发展格局。这是以习近平同志为核心的党中央根据我国发展阶段、环境、条件变化，特别是基于我国比较优势变化，审时度势作出的重大决策，是一项关系我国发展全局的重大战略任务。从全局高度准确理解构建新发展格局的内涵要义，对以高质量发展为首要任务全面建设社会主义现代化国家具有重大意义，这不仅有利于促进经济结构转型升级，解决发展不平衡不充分问题，更能让中国经济掌握创新发展主动权，推进对外开放跃上新台阶，实现"内循环驱动、外循环助推"的良性发展格局。

全球格局正快速演变，国际环境日趋错综复杂。世界正在经历一场前所未有的大发展、大变革、大调整，各大国的战略竞争日益加剧，国际体系和国际秩序正在深度调整。人类文明面临前所未有的新机遇与新挑战。逆全球化、单边主义和贸易保护主义现象普遍，经济发展面临诸多不确定因素。新冠疫情对全球经济造成巨大冲击，发达经济体陷入增长停滞和通胀困境，难以引领全球经济增长。然而，中国在"六稳""六保"政策下，经济持续稳定恢复。由此，美国一些人认为中国的崛起威胁了美国的领导地位，对中国采取了多方面的围堵和遏制措施，特别是原特朗普政府发起的贸易战、拜登政府建立的"印太经济框架"和"芯片四方联盟"等不正当做法给我国外向型经济带来了不利影响。自党的十八大以来，党和国家事业取得了众多具有里程碑意义的成就，经济建设取得了重大进展，生态文明建设效果显著，我们已完成脱贫攻坚、全面建成小康社会的第一个百年目标，并踏上了实现第二个百年目标的征程。然而，在傲人的成就背后，我们也必须清醒地认识到面临的挑战。例如，我国经济发展仍面临较大压力，科技创新能力有待加强，城乡区域发展和收入分配的差距仍然明显等。此外，受国际环境影响，传统的出口导向型经济发展模式已难以适应新的经济形势，也需要做出改变。因此，经济发展需要转向国内大市场，紧紧抓住扩大内需和供给侧结构性改革。我们需要构建新发展格局，不断巩固和扩大内需，使其成为促进经济增长的新模式。只有这样，我们才能更好地应对挑战，实现经济的持续、健康和稳定发展。面对这种复杂的国内外环境，我国提出了新的内外双循环发展战略。

可见，"新发展格局"是中国在国际国内形势变化的背景下，为适应和引领新时代经济发展提出的战略构想和发展理念。新发展格局的提出不仅有助于我国在能源治理的过程中迎接产业结构升级、经济增速放缓等多重挑战，并且能够有效应对国际经济环境的不确定性和复杂性，其中包括全球化浪潮的减缓、贸易摩擦的加剧，以及全球供应链的调整等。因此，我国通过构建新的发展格局，力求在面对形势严峻的国际形势下实现高质量、可持续的能源治理发展，在国内市场需求的基础上，通过积极参与国际合作和全球市场，实现内外双循环、互利共赢；通过促进科技创新、消费升级、优化产业结构等，着力推动内需，实现经济的内生增长。同时，我国还要积极鼓励参与全球贸易、深化双边和多边合作，通过开放合作获取更多市场机遇、资源和技术支持，这包括推动自由贸易协定、促进国际投资等。此外，新发展格局中还提及新发展理念，其中强调了"创新、协调、绿色、开放、共享"的五大发展理念。"创新"是引领发展的第一动力，"协调"是发展的内在要求，"绿色"是可持续发展的必然选择，"开放"是促进发展的战略选择，"共享"是社会公平和人的全面发展的基本要求。构建新发展格局要求自主创新和科技自立能力的提高与发展。新发展格局强调加强自主创新能力，提升关键核心技术的自主可控水平，以应对外部风险和挑战；突出强调了供应链安全和产业链稳定的重要性，提升产业链的自主可控性和供应链的安全性，以确保关键产业和领域的稳定发展；着力推动绿色低碳发展，通过加大对环保和可再生能源等领域的投入，实现经济增长与生态环境的协调发展。总体而言，以习近平同志为核心的党中央所提出的新发展格局是中国为适应外部环境变化、推动高质量发展而提出的一种新的战略构想。在实践中，政府也将通过一系列政策和改革来推动这一发展格局的实施。但需要注意的是，由于时效性，新的政策和发展可能在之后的时间发生变化。

## 二、新发展格局对中国能源治理的影响

新发展格局的提出深刻影响了中国能源治理，各个方面的政策和实践均得

到了细化和推动。第一，中国在能源结构调整方面取得了显著进展。根据 2022 年统计数据可以看到，中国可再生能源占比不断提升，太阳能、风能等清洁能源产能大幅增加，中国已成为全球最大的新能源投资国和市场。例如，中国在绿色电力装机容量上的投资达到数百亿美元，这为中国实现清洁能源替代传统能源奠定了基础。第二，新发展格局也对科技创新提出更高要求。中国正加大对关键技术的研发投入，取得了一系列显著成果。以电池技术为例，中国企业在锂电池和新型储能技术上不断创新，推动了能源存储领域的发展。2023 年中国锂电池产业规模高达 940GWh，中国锂电池企业全球市场占有率从 2016 年的 50% 增加到 2023 年的 78.3%，并且 2023 年中国新能源乘用车占比世界新能源 63.5%，为中国能源科技创新的国际领先地位提供了支撑。第三，智能能源系统的建设也在不断推进。中国已经在多个城市启动了智能电网和能源互联网的试点项目。这些系统能够实现对能源的智能监测、调度和优化，提高了整个能源体系的效率。在新发展格局的引导下，中国积极推动能源数字化、智能化的进程，为提高能源利用效率和应对能源挑战奠定了基础。此外，中国在国际能源合作方面也取得了显著进展。以"一带一路"倡议为例，中国与共建国家展开广泛合作，共同推动清洁能源项目的实施，促进全球能源可持续发展。中国还通过参与联合国气候变化大会等多边机制，为推动国际气候合作发挥了积极作用。在经济社会层面，新发展格局也为中国的能源治理提供了更多的契机。在新发展格局的引领下，中国在推动绿色金融方面也取得了显著进展。中国加大了对绿色债券市场的支持，成为全球最大的绿色债券发行国。这些募集资金主要用于支持环保和清洁能源等项目，为可持续发展提供了资金保障。同时，中国的绿色信贷市场也不断发展，银行等金融机构纷纷推出绿色信贷产品，引导更多资金流向低碳、环保领域。中国还通过政策引导，推动了智能家居、新能源汽车等领域的发展，促使社会更广泛地参与到绿色消费和低碳生活中来。这些举措有助于平衡经济发展和生态环境保护之间的关系，实现经济与生态的双赢。

另外，新发展格局推动中国加强了对绿色技术创新的投入。例如，中国在智能电网、人工智能、大数据等方面的科技研究和创新方面取得了显著进展。智能电网的建设和应用成为推动能源系统智能化的关键手段。通过智能电网，中国能够更加精准地监测能源的生产、传输和消费，从而提高了电力系统的运行效率和可靠性。在数字化和智能化方面，中国的智能能源管理取得了令人瞩目的成果。智能电表、智能家居等技术逐渐普及，居民和企业能够更加精准地监测和管理能源的使用，实现能源的高效利用，通过数据分析和人工智能技术，提高了电力系统的运行效率和可靠性。这不仅有助于减少能源浪费，还为居民提供了更加智能、便利的能源服务。例如，一些城市实施的智能电网项目，通过数据分析和人工智能算法，优化电力系统的运行，提高供电的稳定性，降低了电网的能耗和损耗。新发展格局推动中国深化能源市场改革，逐步实现能源市场的市场化和法治化，吸引了更多社会资本进入能源领域。在这一过程中，能源价格机制的改革、能源市场监管体系的完善等举措不断推进，为构建更为开放、竞争的能源市场奠定了基础。通过建设碳市场、推动碳交易试点等手段，逐步推动碳排放权交易体系的建设。这有助于约束高碳产业的排放，推动企业进行绿色技术升级，为低碳经济的发展提供了市场机制。同时，中国还推动能源消费革命，鼓励绿色低碳消费，推动市场朝着更加环保、可持续的方向发展。此外，新发展格局对中国能源安全产生积极影响。通过加强国内能源产业链的建设、提升自主创新能力以及实施多元化的能源供应策略，中国有效应对了外部能源供应的不确定性和风险，提高了国家的能源安全水平。

新发展格局推动了中国在能源治理中的社会共享与公平发展。中国政府通过一系列政策和措施，确保能源资源的公平分配，特别是关注农村地区和贫困地区的能源供应。在绿色能源项目建设中，注重覆盖更广泛的区域，以实现对全社会的普惠，促使更多人分享可持续能源发展的红利。此外，新发展格局中的绿色消费引导政策也为社会共享发展注入动力。通过激励和引导社会更加注重环保、低碳的消费行为，中国鼓励人们选择使用绿色产品、支持环保服务，从而推动整个社会朝着更为可持续的生活方式迈进。例如，中国一些城市实施的垃圾分类、节能减排宣传等活动，倡导市民积极参与到环保行动中。在法制建设方面，新发展格局推动了中国深化能源法制建设，强化对能源产业的监管。相关法规和政策的制定，使能源治理更加规范和有序。例如，国家加强对能源产业的环境监管，实施更为严格的排放标准，以保障公众健康和生态环境的可持续性。在能源安全方面，新发展格局促使中国加强国内能源产业链的建设，提高自主创新能力，实施多元化的能源供应策略。中国加大了对国内石油、天然气、煤炭等能源资源的勘探和储备力度，同时积极推动可再生能源的利用，提高整体能源供应的稳定性。

更为关键的是，新发展格局推动了全球能源治理体系的改革。中国积极参与国际能源组织，通过提出绿色"一带一路"等倡议，促进了国际能源技术和经验的交流与分享。在联合国气候变化大会等国际平台上，中国作为全球碳排放最大的国家，承担了更多的责任，通过提出碳达峰碳中和这一广泛而深刻的经济社会系统性变革目标，展示了其在全球气候治理中的积极作用。同时，支持可再生能源项目建设等方式，推动了全球能源治理体系的变革，体现出新发展格局也有力地推动了中国提升国际能源影响力。例如，中国在非洲国家推进的可再生能源项目，不仅提升了当地的能源供应水平，也促进了中国企业在全球清洁能源领域的国际合作和业务拓展，更为中国企业在全球清洁能源领域树立了良好的国际形象。通过国际合作，中国在全球能源治理中发挥越来越重要的角色，为构建全球绿色发展的合作机制做出了积极贡献。此外，新发展格局推动中国更加积极地参与国际气候变化事务，中国承诺争取到2060年实现碳中和，努力为全球减缓气候变化作出积极贡献。通过国内外碳交易市场的建设，中国也在全球气候治理中发挥越来越重要的作用。这些努力有助于推动全球能源系统向更为可持续、低碳的方向发展，为全球应对气候变化挑战提供了有力支持。

除此之外，新发展格局还对中国协同推进能源治理方面的内外循环，产生了具体而深远的影响。新发展格局要求国内经济体系要实现资源的更有效利用，这对于能源治理意味着需要更加注重能源的高效利用。通过推动技术创新、智能化能源管理系统的建设，以及加强能源效率的政策措施，这一发展战略有助于提高能源利用效率，减少能源浪费，从而推动能源治理朝着更可持续的方向发展。新发展格局还要求减少对传统能源的过度依赖，增加对清洁能源的利用。这将推动中国在新能源、可再生能源等领域的发展，包括太阳能、风能、水能等清洁能源的广泛利用。基于新发展格局的这一项要求，中国将逐步实现能源结构的绿色升级，减少对高碳能源的需求。同时新发展格局进一步提高了对科技创新的要求，这可能涉及智能电网、新能源技术、能源储存等方面的创新，以提高能源系统的智能化水平，通过提高产业链水平来推动能源的高效管理和利用。新发展格局是为了能够构建更为可持续的经济体系，主要体现在：在能源治理中鼓励绿色产业的发展，包括环保科技、清洁生产等领域，从而推动经济增长与生态环境协同发展；鼓励减少对外部资源的依赖，增强国内经济的自给自足能力，不断加强国内能源产业的发展，提高国内能源生产的水平，以确保国内能源安全；加强对基础设施的建设，包括能源基础设施的建设，这将促使中国在能源治理方面加强对电力、输电、储能等基础设施的建设，以适应国内经济发展的更加智能、高效、清洁的能源需求等。

新发展格局下将更加注重积极主动参与到国际合作当中去，在国际循环中，中国既是受益者，也是贡献者，它将促进中国与其他国家之间的经济往来，推动全球资源和产业链的深度融合。中国所构建的新发展格局鼓励与其他国家共享清洁技术和环境治理经验，这对于能源治理意味着中国能够获取国际上先进的清洁能源技术，促进全球绿色技术的交流与合作，推动全球能源系统向更为可持续和清洁的方向发展。同时，新发展格局还要求中国要更积极地参与全球能源治理事务，通过进一步参与国际能源组织、气候变化大会等多边机制，分享自身在能源领域的治理经验，更好地融入全球能源治理体系，共同应对全球性的能源挑战，推动全球能源治理向更加公平和可持续的方向发展。不难发现，"一带一路"倡议是一个关键平台，通过推动"一带一路"国际合作，中国不断加强与各国在能源领域的合作，特别是在能源基础设施建设、清洁能源项目、能源互联互通等方面的合作，共同促进全球能源的协同发展。在新发展格局下，中国将积极融入全球绿色能源价值链，与其他国家建立更为紧密的合作关系，这涉及能源的生产、分配、利用等方面，推动全球能源资源的合理配置，形成全球绿色能源产业链的良性循环。此外，通过与其他国家共同参与能源市场合作，中国将获取更多的能源资源，进一步提高能源供应的多元性，降低能源供应的风险，同时也能够更好地推动全球能源市场的健康发展。如今，世界各国均对碳交易和碳市场的建设提出了更高的要求，通过参与国际碳交易，可以更好地推动全球碳市场的发展，促使更多国家参与到全球碳减排合作中来，共同应对气候变化的挑战。

总体而言，新发展格局为中国能源治理提供了全面而系统的引导，推动中国在绿色、智能、可持续发展方面取得了显著成果。这一格局的实施不仅在国内为中国经济转型注入了强劲动力，推动了能源结构的升级、科技创新的发展、市场机制的完善和经济社会的共享与公平发展，在能源结构调整、科技创新、市场机制建设、国际合作等多个方面取得了实质性的进展，为构建富有活力的可持续发展模式奠定了坚实的基础，也在国际上提升了中国在全球能源治理中的地位和影响力。

## 第三节　国际能源环境与中国能源治理

全球治理水平的高低不仅与国际体系稳定息息相关，又同时涉及各方权力与利益。能源治理作为全球治理的重要方面，对国际关系具有重要影响。随着发展中国家经济发展成效越来越显著，能源消费主体也在不断转移。煤炭、石油等高碳能源向低碳多元能源转型，美国页岩气革命带来的非常规油气勘探开发，绿色能源技术创新加速发展以及低碳道德化被国际社会广泛接受等变化，都在推动能源超越传统地缘政治范畴并逐渐成为全球治理的关键领域。在全球化时代，以"化石能源为主、涵盖所有国家与地区"的全球能源市场基本形成。然而，在这一市场中，全球主要化石能源的生产与消费错配较为严重，与之相关的能源安全、价格竞争、负外部性等诸多问题又不断涌现，加之能源是涉及国家安全、主权、战略资源的核心领域，因而能源问题呈现出"公共化"和"复杂化"的特质。为此，各国政府以及能源治理的其他参与主体逐渐抛弃了"零和博弈"的固有思维，尝试通过国际合作来治理能源生产、运输和消费过程中的技术、规则等复杂问题。中国能源治理虽然在全球能源治理进程中发挥着至关重要的作用，但是全球能源治理的现状对中国开展新时代能源治理具有一定的影响。为此，我们首先需要关注能源治理的国际环境：

第一，全球能源治理的宏观背景发生了明显变化。在全球治理日益关乎国际体系稳定的时代，能源治理愈益超越传统地缘政治范畴而逐渐成为全球治理的关键领域，进而在国际体系的变动中发挥着显著的杠杆作用。当前，全球能源格局正经历着深刻变革，传统的全球石油供给版图逐步改变。一是世界石油生产中心呈现出"东降西升"的趋势；二是全球石油生产呈现"多中心化"发展趋势；三是全球能源消费的主流已从"碳化"转向"脱碳化"。第二，全球能源市场逐渐进入低油价时代。自 2018 年以来，国际原油价格长期呈下跌趋势，油价下跌背后的主要原因在于美国页岩油产量的激增以及美国对伊朗的石油制裁措施。美国目前已然是世界第一大石油生产国，"页岩气革命"所推动的美国"能源独立"将改写国际能源地缘政治格局，这使高度依赖能源的俄罗斯受到影响，或者将深远改变中东能源格局。换句话说，石油价格下跌，不仅受当时美国页岩油气革命和世界经济减速的作用影响，更预示了近几年世界能源结构发生的革命性转变——清洁能源发展迅猛，低碳技术突飞猛进，全球能源低碳变革主要体现在全球新能源对石油的替代正在加速进行。第三，全球能源供应格局深受地缘政治影响，石油输出国组织（Organization of the Petroleum Exportiny Countries，OPEC）地位遭到弱化。能源供应国的利益主要在于维持能源价格的高位以及能源出口渠道的稳定畅通，并尽可能实现能源出口对象的多元化。能源供应国之间存在较大的合作空间，往往通过协调采取较为一致的能源生产政策，从而形成影响国际能源价格的合力。能源供应国可通过向国际市场持续大量供应能源商品来挤压其他能源供应国的市场份额，也可通过控制能源输送通道的走向而为本国获取更多能源出口渠道。这种成员供应国之间的利益矛盾提高了它们之间的异质性，大大削弱了其集体行动的成效，导致 OPEC 如今对石油价格的影响力远不如以往。第四，全球能源治理最重要的改变莫过于供需结构的变化。从能源需求的角度来看，最大的变化体现在能源需求东移上，发展中国家的能源需求增长将占据主要部分，特别是新兴经济体的能源需求大增，而发达国家的能源需求已出现结构性减少趋势。从能源供应的角度来看，当前美国大力追求能源独立的目标使现有的全球能源格局和地缘政治受到冲击。当前，传统化石能源利用所带来的环境外部性问题越发突出，而随着可再生能源技术的快速发展以及生产成本的不断降低，可再生能源正逐步成为国际经济新的增长热点。第五，能源金融治理依然被西方国家所主导。当前能源尤其是石油的金融属性较为突出，通过能源金融衍生品基本上可以掌控石油等能源价格形成的主动权。因此，能源行业发展同时也促进了金融业的创新与多元化的金融服务需求。在国际金融市场快速发展背景下，能源金融化逐渐凸显。

能源更是在期货市场出现后逐渐脱离其商品属性，金融属性进一步加深。在西方发达国家投机者把控下，石油等能源资源产品价格严重脱离供需关系，导致世界能源价格波动性增大。

根据上述对中国能源治理的国际环境的研究可以发现，全球能源治理的宏观背景已发生明显变化。新形势下，全球能源治理的主体尤其是主要大国及重点地区，应创新治理模式机制，提高其参与全球能源治理的能力，积极应对全球能源治理体系中存在的问题及挑战。中国是当前全球能源治理进程中的重要参与者和贡献者。一方面，中国积极参与多种能源治理机制，并与能源治理各行为主体开展了种类多样的合作；另一方面，中国参与全球能源治理的形式以对话、交流及政策协调为主。中国在未来国际体系中的地位受到其在未来能源治理体系中地位的影响，而争取在全球清洁能源治理中取得主导权是中国在国际能源体系中发挥影响的必经之路。为此，中国需要立足于新发展格局推进中国能源消费革命、能源供给革命、能源技术革命和能源体制革命，以构建内外联通的新时代能源治理体系。

# 第二章 中国能源结构的演变与当前状态

能源结构是随着经济发展、社会进步的程度以及在现有的技术水平下能够利用的能源资源量而发生变化的。自改革开放以来，随着我国社会经济的不断发展，能源扮演的角色越发重要。随着工业化和城市化不断向前的发展进程对能源消费形成刺激，我国对能源的需求与消耗越来越大，随之而来的是在能源生产结构、效率、安全以及社会发展等方面产生的问题，会与能源资源环境产生矛盾，而这些矛盾所显现的问题会使优化能源消费结构和生产结构成为必然趋势。

## 第一节 中国能源结构的演变

总的来说，我国从 2000 年以来，无论是能源的生产总量，还是能源的消费总量都是持续增长的。能源的生产总量 2000 年为 13.9 亿吨标准煤，到 2023 年增长到 48.3 亿吨标准煤；能源的消费总量 2000 年为 14.6 亿吨标准煤，到 2023 年增长到 57.2 亿吨标准煤，比上年增长 5.7%。2022 年，全国一次能源生产总量达到 51 亿吨标准煤，全国一次能源消费总量为 47.9 亿吨标准煤。另外，能源供需缺口从 2000 年以来持续增加，从 2000 年的缺口 8394 万吨标准煤，上升到 2015 年的供需缺口接近 7 亿吨标准煤，而2022年能源供需缺口高达10亿吨标准煤。

## 一、中国能源消费结构变化

能源作为推动我国经济发展的重要手段，在过去几十年里能源行业发展迅速，能源消费量大幅增加。根据《BP世界能源统计年鉴2009》数据显示，我国能源消费总量在2009年便超过了美国，成为了世界能源消费量最大的国家。之后，我国能源消费量持续增长。

过去我国主要以能源消耗推动经济发展，能源增速较快，于2012年进入经济新常态，能源行业由高速发展阶段向高质量发展过渡，能源增速有所放缓，在2022年达到最低，仅为0.9%，而2018年能源增速曾创五年新高。在国际层面，据《BP世界能源统计年鉴2023》数据显示，2022年，我国一次能源消费量占到了全球能源消费量的26.4%。目前，我国仍是世界上能源消费量最大的国家。

我国能源消费构成可具体分为煤炭、石油、天然气、一次电力及其他能源。从整体上看，我国煤炭消费量和石油消费量有所下降，而天然气、一次电力及其他能源消费量增长明显。

### （一）煤炭能源消费情况

我国目前是世界上最大的煤炭开采和消费国家，中国能源消费结构以煤炭为主，年均占比约为70%，消费量远高于其余类型能源并且总体呈上升趋势。

自1957年至今，我国煤炭消费经历了快速上升阶段。1957年煤炭消费量为8901万吨标准煤，之后历年逐步上升，更是从2000年13.5亿吨标准煤上升到2009年的35.1亿吨标准煤；煤炭的消费占比是从2009年后开始下降，尤其是2011年开始降速加快，并持续下降，2021年达到56%，2022年达到56.2%，这是自2012年以来国内煤炭消费比重首次出现回升。从价格来看，煤炭进口价格从2000年的每吨31.4美元上升到2008年的每吨86.9美元，价格翻了两番。由于2008年世界金融危机，价格稍微回调，而后又调到向上，冲到2011年每吨131.1美元，才开始真正步入下降通道，并且是"断崖式"下跌，到2015年每吨已经跌至100美元以下，只有93.85美元。2022年，全球能源需求大幅反弹，煤炭价格大幅上涨，煤炭价格为每吨145.3美元，为2008年以来的最高水平。

## （二）石油能源消费情况

石油为中国第二大消费能源，消费总量呈逐年上升趋势。原油消费占比从2000年就开始下降，而2005年后占比变化基本稳定在12%左右。石油消费量从2000年至2024年一直缓慢增长，从2000年的2.2亿吨上升到2024年的7.64亿吨。从消费量的变化看出，石油的增长空间有限。

石油的价格变化类似于煤炭的价格变化，原油进口价也是从2011年后开始真正地下降，从每吨774.9美元下降到2022年的每吨719.6美元。价格是商品供求关系决定的，价格的变化常常反映着市场需求情况。因此，近几年的煤炭石油价格的变化反映了2011年后煤炭石油需求变冷，世界能源消费结构转型，世界各国应对气候变化积极努力，大力发展核电、风电、页岩气等清洁能源。这种世界范围内的能源消费结构转型为我国能源消费结构转型提供了坚实基础和良好氛围。煤炭石油企业等幻想通过出口、做国外市场等方式获得好日子的概率也变得较小，这会进一步倒逼石化能源企业的转型发展。

## （三）天然气及其他能源消费情况

天然气以及水电、核电、风电等的占比在2009年前变化都不大，2009年后开始上升，尤其是2011年后上升速度加快，2021年两者占比接近18%。从能源消费结构的变化可以发现：2000年以来中国一直在推进能源结构的转型，但在2000年至2010年间增速放缓，效果不显著；在2010年后转型速度加快，清洁能源和新能源消费占比迅速上升，而煤炭传统石化能源占比迅速下降，让渡出了市场份额。2021年是世界天然气目前来说增长最多的一年，世界天然气消费同比增长4.6%，这是2020年大封锁以后世界经济强劲复苏的有力表现，更是金融危机以来的最高增长速度。天然气消费增长主要以亚洲为主，尤其是我国增速最快，超过15.1%，达到了我国近10年平均增长速度的2倍，增量约占世界天然气消费总量增长的1/3。天然气产量达到1480亿立方米，增长了9.4倍，年平均增长6.5%，天然气消费占比持续提高，由1978年的3.2%提高到2023年最高的8.5%。我国天然气需求的激增已成为推动世界天然气消费总量增长的主要因素，而这种快速发展的主要原因是 2013 年国务院印发的《大气污染防治行动计划》，这项计划确立了接下来的五年改善空气质量的目标。2022 年全国天然气表观消费量 3663 亿立方米，同比下降 1.7%。与此同时，天然气在能源消费中的占比同比下降 0.4%，数据表明我国天然气市场迎来近 10 年以来的首次负增长。

可再生能源消费呈逐年上升趋势，年均占比约为 7%，消费量由 1990 年的 0.43 亿吨（按标准煤）上升至 2020 年的 6.67 亿吨（按标准煤），占比由 1990 年的 4.42% 上升至 2020 年的 13.43%，2021 年这种能源消费结构的转型仍在加快，煤炭消费量占能源消费总量的比例已经下降到 61.3%。2021 年，风电、太阳能及其他新能源发电增长 6.8 倍，年均增长 25.7%；占全部发电量比重达 11.5%，比 2012 年提高 9.0 个百分点。

相较而言，中国仍为世界上最大的发展中国家，经济发展及人口规模的增长对能源消费需求较大，这使我国能源消费量总体呈上升趋势且高于其他国家。受能源资源禀赋限制，中国能源消费结构是以煤炭为首的化石能源为主、以可再生能源为辅，但在气候危机和"双碳"约束背景下，中国能源消费结构向清洁低碳快速转变。近年来，我国煤炭、石油消费增速放缓，尤其是煤炭消费占比近 10 年呈显著下降态势，而可再生能源则呈现较快的增长。我国能源消费总体结构长期保持为"煤炭—石油—可再生能源—天然气—核能"。

## 二、中国能源生产结构变化

自新中国成立以来，中国能源不断发展，特别是 2009 年以来，中国能源发展取得了巨大成就，形成了以煤炭为主体、电力为中心、石油天然气和可再生能源全面发展的能源供应新格局，能源总自给率始终保持在 90% 以上。

（一）煤炭能源生产情况

煤炭处于我国主体能源的地位，其从 2000 年至 2011 年原煤生产占比呈现持续增长的态势，从 2012 年开始原煤生产占比持续下降，2021 年较 2012 年下降 8.6 个百分点。2021 年，面对煤炭供应偏紧、价格大幅上涨等情况，煤炭生产企业全力增产增供，加快释放优质产能，全年原煤产量 41.3 亿吨，比上年增长

5.7%，有效地保障了人民群众安全温暖过冬和经济平稳运行。

我国煤炭的生产基本上可以满足煤炭的消费，同时也进行着煤炭的进出口贸易。2001年以后煤炭进口量一直呈增加趋势，2009年我国煤炭由净出口转为净进口，这表明我国虽然为全球最大的煤炭生产国，但是煤炭的供给却逐渐地依赖于进口。我国煤炭进口主要来自越南、印尼和澳大利亚。我国煤炭消费主要为工业，在工业煤炭消费中，发电和炼焦行业煤炭消费量比较大，两个行业煤炭消费在1994年以来占工业煤炭消费总量的50%以上。2022年进口煤及褐煤29370万吨，同比增长6.6%。

(二) 石油能源生产情况

石油能源的生产占比呈下降趋势。2021年，油气生产企业不断加大勘探开发力度，推动增储上产，力保经济民生用油用气。全年原油产量2.0亿吨，比上年增长2.1%，增速比上年加快0.5个百分点，连续3年平稳回升；原油加工产量为7.0亿吨，创下历史新高，同比增长4.3%，比2019年增长7.4%，两年平均增长3.6%。原油生产总量占比持续下降，2021年较2012年下降1.8个百分点。2022年原油进口5.1亿吨，同比减少5.4%，金额365725.86百万美元，同比增加41.47%；成品油进口2712万吨，同比减少4.0%，2022年成品油进口金额19627.82百万美元，同比增加17.4%。

(三) 天然气及其他能源生产情况

天然气生产占比略有提升，2021年较2012年提升2个百分点。全年天然气产量2075.8亿立方米，比上年增长7.8%。天然气产量首次突破2000亿立方米，天然气产量也是连续5年增产超过100亿立方米。天然气2022年进口1506.5亿立方米（约合1675亿立方米），同比增长19.9%。

2023年我国一次能源生产总量（万吨标准煤）为48300，从2013年较低水平，提升至2023年超25%使我国可再生能源发电量占比大幅提升。2021年，我国非化石能源发电装机突破10亿千瓦，达到15.1亿千瓦，同比增长13.4%，占总发电装机容量比重约为47%，比上年提高2.3个百分点，历史上首次超过煤电装机比重。非化石能源发电量2.9万亿千瓦时，同比增长12.0%，占全口径总发电量的比重为34.6%。风电、光伏发电、水电、生物质发电装机规模连续多年稳居世界第一。清洁能源消费持续向好，2021年水电、风电、光伏发电平均利用率分别约为98%、97%和98%。

2023年，我国清洁能源继续快速发展，占比进一步提升，能源结构持续优化。在相当长的时期内，虽然煤炭的比重将逐步降低，但煤炭主体能源的地位短期内难以改变。我国可再生能源开发利用规模稳居世界第一，尤其是太阳能光伏发电，这主要在于我国先后制定了一系列发展的战略规划、改革方案和产业政策，全面推进能源绿色低碳发展与能源转型变革。

## 第二节 中国能源结构的特点

### 一、能源种类丰富

能源资源种类比较丰富。我国拥有较为丰富的化石能源资源，其中煤炭资源储藏量在全世界位于前列，因其分布较为广泛，加之易于开采、价格较低，故长期以来一直是我国能源供应的主力军。2022年我国煤炭储存量为45.6亿吨，占一次能源产量的比重已超过75%，约为世界平均水平的3倍；石油则因资源相对匮乏、开发时间长，产量增长缓慢，截至2023年，我国石油探明储藏量为38.5亿吨，石油占一次能源产量的比重为17.7%，仅为世界平均水平的1/2左右；天然气因储量少、供应能力不足，占一次能源产量的比重长期处于7%—9%的低区间，远低于世界平均水平，2023年天然气探明储藏量为1.2万亿立方米；水电、核电、风电等清洁能源占一次能源产量的比重逐年提高，但仍处于10%以下的较低水平，约为世界平均水平的60%。在我国能源的供应总量中，进口能源占能源供应量的比重一直保持上升态势，特别是自1992年我国成为能源净进口国以来，主要能源品种的对外依存度不断加深。2009年，我国原油的对外依存度已超过50%，并首次成为煤炭净进口国，煤炭净进口量突破1亿吨。

## 二、可再生能源开发利用水平持续提升

提升非化石能源替代能力，形成风、光、水、生、核、氢等多元化清洁能源供应体系。截至 2023 年年底，中国可再生能源发电总装机容量 14.5 亿千瓦，约占全球可再生能源发电总装机的 40%。其中，水电、并网风电、并网太阳能发电、生物质发电装机容量分别达 4.22 亿千瓦、4.41 亿千瓦、6.09 亿千瓦、4414 万千瓦，均位居世界首位。2010 年以来中国在新能源发电领域累计投资约 8180 亿美元，占同期全球新能源发电建设投资的 30%。2023 年可再生能源累计总装机达到 14.5 亿千瓦，占全国发电总装机比重超过 50%，历史性超过火电装机；发电量达 3 万亿千瓦时，约占全社会用电量的 1/3。风光总装机突破 10 亿千瓦，第一批大型风电光伏基地已全部开工，第二批基地项目陆续开工，第三批基地项目清单正式印发实施，农村风电光伏、海上风电发展大力推进。截至 2019 年年底，太阳能热水器集热面积累计达 5 亿平方米，浅层和中深层地热能供暖建筑面积超过 11 亿平方米。

风电、光伏发电设备制造形成了完整的产业链，技术水平和制造规模处于世界前列。2022 年，工业硅、光伏电池、光伏组件的产量分别约占全球总产量份额的 81.05%、84.8%、85.05%，光伏产品出口到 200 多个国家及地区。风电整机制造占全球总产量的 41%，已成为全球风电设备制造产业链的重要地区。

## 三、能源消费结构中工业比重较高

第二产业在中国能源消费总量中占主导地位。2020 年第二产业能源消耗占总量比率平均为 68%，并呈逐年下降趋势。在整个第二产业中，制造业消耗的能源占了第二产业的绝大部分。除了第二产业，与生活息息相关的第三产业能源，消耗占总量比率也达 16% 左右，且呈逐年上升趋势，生活用电占比为 13%—14%，占比相对稳定。第三产业的能源消耗量与居民的生活水平有很大关系，逐年增长的能源消费量一方面表明中国居民生活水平有了很大提高，另一方面也表明了近年来中国对居民生活基础设施建设的投资力度在不断加大。近年来，农村劳动力大量向城市转移导致第一产业的劳动力减少以及很多地区土地耕地面积也在不断缩减等多种因素，导致了第一产业能源消费量下降。

高耗能和工业部门的能源消费比重不断上升，其产生的碳排放量持续攀升。在我国工业化赶超的发展路径以及外向型经济发展策略下，工业经济发展尤其是重化工业经济发展得到快速增长，高耗能产业市场需求旺盛，产出能力得到不断扩张，对能源的需求持续增长。我国主要耗能行业集中在钢铁、电力、化工以及建材等行业，这些行业的快速发展带动了能源消费需求的迅速增长。另外，我国长期实行的能源要素低价政策，使能源要素特别是化石能源价格严重扭曲，扭曲低价的化石能源价格进一步推动了工业部门的能源消费需求。据统计，钢铁、电力等高耗能行业的能源消费占到我国能源消费总量近40%，全部工业行业的能源消费约占总体能源消费总量的近75%。

### 四、石油消费水平较低

由于石油资源储量相对匮乏，我国石油产量总体水平增长较慢。据统计，改革开放以来，我国原油产量年均增长仅为2%左右，能源消费逐年增大，一次能源自给率逐渐下降，我国石油对外依存度日益加深。虽然天然气具有清洁环保的特点，但受到资源储量限制，其生产供应能源严重不足，仅占全部能源产量的2%—4%左右，远远低于发达国家水平。近年来，水电、风电以及核电等新兴能源虽然得到迅速发展及推广利用，但是受到技术水平、政策配套、生产成本等因素的限制，其在能源生产总量中的比例仍然处于较低水平。2023年，我国实现原煤、原油、天然气产量稳步增长。下一步，我国将全国原煤产量达到47.1亿吨，原油产量达2.09亿吨，天然气产量连续7年增产百亿立方米以上。

与此同时，能源进口量逐年增长，对外能源依赖度不断加深。在进口总量方面，目前中国进口石油已经从亚洲第一变成世界第一。从1992年开始我国成为石油净进口国，至2009年，我国原油进口量占原油供应总量的比例已经超过50%。2011年我国进口石油量为630万桶每日，约为印度的1.6倍，美国的一半；2017年我国进口量达1024万桶每日，首次超过美国；2020年达1287万桶每日，超过欧洲成为全球最大石油进口经济体；2023年中国原油进口数量为5.6亿吨，原油进口金额为3375.0亿美元，中国进口量已占全球进口量的20%。2011年中国原油进口量占表观消费量的55.9%，2015年首次突破60%，3年后突破70%，至2020年我国原油进口依赖度达到73.6%，10年间原油进口的对外依存度增长了18%。

中国原油需求对外依存度的提高，无疑会给中国石油安全带来很大压力。石油安全是中国能源安全的核心，石油安全关系国家根本利益和国民经济安全。在前全球金融危机下，中国能源发展战略仍然应该把石油安全放在其关键位置。中国石油安全问题的根源是国内日益尖锐的资源与需求之间的矛盾，同时也受到国际石油价格波动的冲击。此外，中国对外石油资源不断增长的需求还会对全球石油安全的地缘政治产生不可忽视的影响。因此，中国应对石油安全挑战，提高石油安全程度，应该着眼全球，从战略的高度借鉴国外发达国家与发展中国家的经验，采取降低对石油进口依赖、积极参与国际石油市场竞争、加强国际石油领域合作、加快建立现代石油市场体系、建立完善现代石油储备制度等确保国家石油安全的一整套措施和相应的对策。

### 五、能源消费结构中煤炭所占比重较高

我国"富煤、贫油、少气"的能源储量格局决定了煤炭在我国能源消费中占有举足轻重的地位。能源生产结构中煤炭和煤发电所占比重远高于发达国家和世界平均水平，在一次能源结构中优质能源原油和天然气所占比重仍然较低，其开发利用仍有潜力，水电、核电、煤层气、风能和太阳能等清洁能源和可再生能源开发利用处于起步阶段，煤炭在我国能源消费结构中的占比较大。

2022年能源消费总量为54.1亿吨标准煤，煤炭占能源消费总量的56.2%，煤炭在能源消费中的占比持续下降，较2011年相比，下降14%。作为排放及污染最为严重能源品种，煤炭消费虽然总体能源消费比例呈缓步下降的趋势，但是其消费总量仍然占到全部能源消费的近一半。特别是随着我国经济保持稳中有升的增长趋势，对能源需求尤其是煤炭资源需求急剧扩张，煤炭消费在能源消费总量的比重在逐步回升。

我国从1985年至今纵使煤炭的消费总量一定程度地降低了，但总体能源消费量的占比仍然远远高于其他国家。而日本和美国石油、天然气的占比远高于中国和俄罗斯，石油、天然气是这些国家主要的能源结构，可以看出世界发达国家的能源消费结构形态仍是以石油为主。如今各国的能源消费多以石油为主，

若其能源消费结构不进行优化，能源危机随时都有可能爆发。煤炭、石油等化石能源，虽然全球现在还有一定的储量，但也不是取之不尽的，其能开采的量也十分有限。而能作为煤炭、石油替代品的一些可再生能源种类很少，且利用率不高。比如，太阳能虽具有无尽能量的特性，但其利用成本过高，在短时间内无法得到普遍使用，而且发展速度也较为缓慢。除此之外其他的新型能源也存在这样的问题。因此，人们必须意识到对优化能源结构的研究和分析需要尽早，同时也十分重要。如若不然，矿物资源的短缺会对国家乃至世界造成不可挽回的后果，甚至人类的生存也可能遭受威胁。

## 第三节 中国能源结构面临的困境

能源是经济社会发展的动力，也是碳减排的主体，改革开放之后很长时间里，中国经济的增长形式都是粗放型的，而这种增长的方式会在国家能源消费的过程中产生巨大的浪费，会导致本国的能源消费结构出现能源强度增大、利用效率偏低、消费总量增加等一系列的特征，这也是我们长期习惯使用出口能源耗费量高的制造业来促进经济增长所导致的后果。同样，煤炭作为能源消费结构的主要组成部分，会造成污染，严重地破坏国家生态环境，也会使单位GDP耗能升高。虽然近年来我国一直在推进清洁能源的开发与使用，但长期以来形成的能源消费习惯仍然存在许多问题。中国能源发展的重点问题有以下几个方面：

### 一、能源储备与生产的结构性矛盾

当前，我国的能源储备量与生产之间存在较为严重的结构性矛盾，特别是一次能源中的煤炭、石油等，整体的储产结构并不合理，储量家底不清，后备能源严重不足。2022年，煤炭在一次能源生产和消费中的比重分别为69.2%和56.2%，我国一次能源的生产和消费严重依赖煤炭；石油在一次能源生产中的占比为6.3%，而消费量比重为17.9%，对外依存程度较高；清洁高效的天然气在一次能源消费中的比重仅为8.4%，在一次能源生产中的占比为6%；水电、核电、风电、太阳能发电等非化石能源在一次能源消费中的占比 17.5%。随着经济的快速发展，我国市场上对各项能源的需求量在不断提升，石油能源的生产及消费比重严重不匹配，后备能源量严重不足，若无法调整能源储备与生产之间的结构性矛盾，难以及时供应并满足市场需求，则会导致我国能源的供需矛盾，从而影响到能源经济的稳定发展。

从电源结构来看，主要是水电开发速度不快，核电和新能源发展缓慢，火电所占的比例仍然过大。2023 年，全国累计发电装机容量约 29.2 亿千瓦。其中，火电发电装机容量约 13.9 亿千瓦，水电装机容量约 4.2 亿千瓦，核电 0.57 亿千瓦，太阳能发电装机容量约 6.1 亿千瓦，风电装机容量约 4.4 亿千瓦。2023 年可再生能源装机总量历史性超过煤电装机。

从增长速度来看，2010—2022 年，中国化石能源生产在一次能源生产结构中的比重仍然维持继续下降的特点，年均化石能源生产在一次能源生产结构中的比重为 84.5%，比 1980—1989 年的年均比重下降了 11.1 个百分点，比 1990—1999 年的年均比重下降了 10.7 个百分点，比 2000—2009 年的年均比重下降了 6.8 个百分点。2022 年，中国化石能源生产在一次能源生产结构中的比重为 81.5%，比 1980 年的比重下降了 14.7 个百分点，比 1990 年的比重下降了 13.7 个百分点，比 2000 年的比重下降了 10.8 个百分点，比 2010 年的比重下降了 8.1 个百分点。长期以来，在中国能源生产结构中，化石能源占据主导地位，但随着国家推动能源转型，实施高质量发展战略，非化石能源比重逐渐呈现上升趋势。尽管中国非化石能源生产实现了快速发展，但在工业化和城镇化加快推进的带动下，中国能源生产结构优化进展比较缓慢，化石能源生产在一次能源生产结构中占的比重仍然过大，结构不合理的局面仍然需要努力破解。

2010—2022 年，中国煤炭生产在一次能源生产结构中的比重呈现较快下降的态势，年均煤炭生产在一次能源生产结构中的比重为 71.7%，比 1980—1989 年的年均比重下降了 0.3 个百分点，比 1990—1999 年的年均比重下降了 2.6 个百分点，比 2000—2009 年的年均比重下降了 4.0 个百分点。2022 年，中国煤炭生产在一次能源生产结构中的比重为 69.2%，比 1980 年的比重下降了 0.2 个百分点，比 1990 年的比重下降了 5.1 个百分点，比 2000 年的比重下降了 3.9 个百分点，比 2010 年的比重下降了 7.0 个百分点。目前，中国煤炭生产在一次能源生产结构中的比重仍然过大，以煤炭生产为核心的能源生产结构尚未发生根本性的改变，总体上与能源转型趋势不符，因此，客观上需要高度重视，尽可能尽快改变上述局面。

2010—2022年，石油在中国一次能源生产结构中的比重继续保持下降态势，年均石油生产在一次能源生产结构中的比重为7.8%，比1980—1989年的年均比重下降了13.6个百分点，比1990—1999年的年均比重下降了10.1个百分点，比2000—2009年的年均比重下降了4.7个百分点。2022年，中国石油生产在一次能源生产结构中的比重下降到6.3%，比1980年的比重下降了17.5个百分点，比1990年的比重下降了12.7个百分点，比2000年的比重下降了10.5个百分点，比2010年的比重下降了3.0个百分点。石油在中国一次能源生产结构中的比重没有形成主导地位，这与全球以石油为第一大能源的一次能源生产结构形成落差，或者说，中国能源从来就没有形成与国际能源市场相对应的"石油时代"。

2010—2022年，天然气在中国一次能源生产结构中的比重呈现快速提高的特征，年均天然气生产在一次能源生产结构中的比重为5.1%，比1980—1989年的年均比重提高了3.0个百分点，比1990—1999年的年均比重提高了3.0个百分点，比2000—2009年的年均比重提高了2.0个百分点。2022年，中国天然气生产在一次能源生产结构中的比重保持在6.0%，比1980年的比重提高了3.0个百分点，比1990年的比重提高了4.4个百分点，比2000年的比重提高了3.4个百分点，比2010年的比重提高了1.5个百分点。天然气在中国一次能源生产结构中的地位上升较快，目前已经趋于与石油地位相当，但总体上与预期目标还有较大差距，需要今后加快发展。

随着消费需求的不断增长，我国将面临资源约束矛盾日益加剧的问题。我国能源资源总量比较丰富，但人均占有量较低，特别是石油、天然气，2023年，中国天然气人均生产量164.88立方米，2023年，中国石油人均生产量0.28吨。随着国民经济平稳较快发展，城乡居民消费结构升级，能源消费将继续保持增长趋势，资源约束矛盾会更加突出。

## 二、能源结构不合理

随着经济、社会的快速发展和人民日益增长的美好生活需要，能源需求和消费保持较高的增长，各类能源需求中对于清洁能源的需求不断提高。能源可以进一步分为再生能源和非再生能源两大类型。再生能源包括太阳能、水能、风能、生物质能、波浪能、潮汐能、海洋温差能、地热能等，它们在自然界可以循环再生，是取之不尽，用之不竭的能源，不需要人力参与便会自动再生，是相对于会穷尽的非再生能源的一种能源。2023年，全国可再生能源发电量达到2.95万亿千瓦时，同比增长8.3%，占全国总发电量的32%。然而，由于"富煤、缺油、少气"的能源结构特点和长期"重产出提高，弱质量发展"的工业结构，我国能源消费结构还是以煤炭为主，石油和天然气的比重很低。

能源资源与消费市场逆向分布，能源地区结构性问题突出。区域经济未与当地的资源禀赋优势结合起来，能源加工能力的深度不够，不能减缓区域经济对资源的依赖。我国东、中、西部地区能源资源分布不均，煤炭、油气、水电等集中于华北、西北、西南地区，但东南沿海地区是我国经济增长较快的地区，也是能源消费较高的地区，这里煤电装机多且密，它们大多远离能源产地，从而形成了"西煤东运，北煤南运"的局面。历年来，煤炭运量占铁路运量的40%以上，约占水运的30%。这给交通运输带来了极大压力，也相当不经济且加大了环保压力，制约了能效提升。

### 三、能源利用效率不高

我国能源技术虽然已经取得很大进步，能源利用效率持续提高，能源强度逐步降低，但与国际先进水平相比还有很大差距。能源效率通常是指单位能源消耗产生的GDP，而能源强度是指每生产一单位GDP所消耗的能源总量，能源强度越低，能源使用效率越高。从能源强度来看，能源效率继续提高。2022年我国全社会完成的名义GDP为1,210,207亿元人民币，用电量总额为86,372亿千瓦时，单位GDP电耗713.7千瓦时，与2021年单位GDP耗电723.3千瓦时相比，我国经济发展节能指标提升了1.3%。2022年单位GDP能耗下降到0.45亿吨标准煤/亿元人民币，比1981年的水平下降了96.26%，比1991年的水平下降了90.47%，比2001年的水平下降了67.86%，比2011年的水平下降了43.04%。但中国的能源强度的绝对数值在各个时间阶段均高于全球平均水平，与世界主要发达国家相比也还存在较大差距。2021年主要发达国家的能源强度大多在3—4之间,而我国高达8.89,也远高于全球6.19的水平。

我国存在可再生能源利用不充分的问题。我国可再生能源产业在技术、规模、水平和发展速度上与发达国家相比仍存在很大差距。我国可能再生能源产业大部分技术仍处于研发或示范阶段,核心技术落后,进而形成可再生能源成本高市场小的恶性循环。随着我国工业的持续发展,各类基础建设在不断完善的过程中,也促使了重化工机电行业的发展。各行业的发展,使市场对各类能源以及矿产品的需求量持续走高。但我国能源开发利用的技术及管理水平无法满足市场经济的发展现状,在能源开发利用工作中,缺乏科学可行的能源战略与战略协同,能源开发利用方面的科学技术和管理水平存在较大差距,导致部分行业在发展过程中存在重经济、轻能源的问题。其主要表现在推动行业发展、拉动经济水平的过程中,这些行为忽视了对能源的保护工作,未曾深入了解能源、经济协同发展的意义与价值。

发达国家的经济增长中科技进步所贡献的份额一般都在50%—70%。中国"六五"期间科技进步所贡献的份额还占到32%,"七五"期间反而降到24%。自20世纪90年代以来,中国的基础设施建设和重化工机电快速发展,对能源和矿产品的需求急剧增加,但能源开发利用的技术水平和管理水平较低,科技创新支撑引领不够。能源生产消费方面的基础和原始创新能力不强,一些核心技术和专业装备都受到他人的制约,存在被人"卡脖子"的风险。

### 四、能源污染相对严重

近几年,能源经济持续走高,社会的发展与进步是有目共睹的。然而,在经济快速增长的同时,大气污染、生态环境恶化现象极为严重。我国工业及能源经济的飞速进步,付出的代价就是我们赖以生存的环境,各类能源的污染及能源的损耗日益提升,生态环境治理工作、节能减排工作刻不容缓。如今,我国已经在生态文明建设方面颁布了一系列的政策及条例,但实施效果依然存在问题,环境污染、能源污染、能源缺口大等问题并未真正解决。

我国一次能源以煤为主,其带来的直接恶果就是大气中二氧化碳和烟尘排放量大幅度提高,严重污染环境。2023年中国碳排放量达到126亿吨,相较于

2022年增长了5.65亿吨是迄今为止全球最大的增幅。1990—1995年，中国新增碳排放量1.96亿吨，占同期世界新增排放量的85.6%。1996年以来，随着能源消费结构及产业结构的变化，二氧化碳、二氧化硫、烟尘和固体废弃物排放量开始出现下降的趋势，但环境污染依然严重，环境治理任重道远。

目前，我国二氧化硫和二氧化碳气体排放量分别居世界第一位和第二位。我国一些大中工业城市比如沈阳、兰州、太原等消耗的能源仍以燃煤为主，冬季污染指数常常高达300以上。燃煤排放的一氧化硫，是造成酸雨的主要原因。环境破坏进一步导致一系列灾难。仅以酸雨为例，酸雨使土壤营养素透过率增加，养分流失，土壤肥力下降，土地贫瘠化。此外，酸雨会直接危害农作物的生长和发育，被酸雨伤害的树木，木材产量大幅度降低；酸雨还使湖泊、河流酸化，影响水生生物繁殖危害人体健康。据估算，目前我国受酸雨污染的农田超过4千万亩，每年损失达数十亿元。

世界范围内的能源消费增加使碳排放量与日俱增，2023年全球二氧化碳排放量总计为409亿吨，其中中国二氧化碳排放量达到126亿吨，占30.9%。近年来，我国的碳排放总量跃居各国首位，美国从最初的第一位降至我国的后一位，究其主要原因，是我国的主要能源依旧为碳含量最高的煤炭，巨大数量煤炭在经过不充分燃烧后产生的二氧化碳、二氧化硫等对环境有着极大污染的化学物质的排放总量逐年增多。而煤炭等化石能源是不可再生的，其消耗数量的增加所带来的环境问题也越来越严峻，因此研究人员后期更多地将目光放在了可再生能源的未来发展上。但在推进清洁能源的过程中，越来越多的煤炭资源从燃煤电厂转移到煤化工行业。对其来说，仍然面临生产能力饱和、水资源短缺、环境污染等难题。因此，在"双碳"背景下，如何提高能源利用效率，降低资源消耗和污染排放，实现智能绿色高效发展，也是行业面临的课题。

**五、能源安全问题**

从1990年开始，我国能源的供求状态发生了很大的变化，由自给自足开始对进口能源产生巨大的依赖性，能源的对外依存度在不断地增长，能源安全问题带来的风险也逐渐增大，2019年我国原油和天然气的对外依存度分别达到了

72.55%和42.56%。我国石油进口量（石油消费量－石油生产量）处于一直递增的状态，可见石油消费量的增长导致我国对石油的需求逐年增加。截至2023年，我国石油对外依赖程度（石油进口量/石油消费量）达到73%，已位于世界石油进口国前列。自2008年以来，天然气对外依赖程度一直在增加，2018年达到43%，2019年达到42.56%，2022年达到41.2%，2023年达到42.3%。石油和天然气大量依赖进口、自给率低将会对我国能源供给造成较大的威胁，而煤炭、石油和天然气具有相互替代的作用，若想降低煤炭的消费并改善我国的能源结构，势必会增加石油与天然气的消费，这就对其供应能力有了更大的要求。

现今国际上不断提升对温室气体减排的要求，这对中国是一个极大的压力，同时中国也面临着油价升高和环境保护问题亟待解决的多方压力。2020年9月，习近平总书记在第七十五届联合国大会一般性辩论上宣布，中国二氧化碳排放全力争取在2030年前达到峰值，努力在2060年前实现碳中和，为完成《巴黎协定》中有关气候变化所设定的目标付出更多的精力和时间。作为世界第二大经济体，中国当前仍处于工业化和城市化进程的中后期，能源总需求在一定时期内还会持续增长，关于工业化、城市化发展以及环境质量需求三者之间怎样达到平衡也是一个十分棘手的问题。而从碳达峰到碳中和，发达国家有60—70年的过渡时间，而中国却仅有短短30年左右的时间。这表明，中国温室气体减排的难度会比发达国家更大。碳中和的目标会推进我国能源结构优化的速度，因此必须要清楚此时中国能源发展所遇到的机会和挑战。

在2024年的中国能源发展报告中，国家能源局副局长何洋指出，今年是习近平总书记提出"四个革命·一个合作"能源安全新战略十周年，在以习近平同志为核心的党中央坚强领导下，我国能源事业发展取得了一系列突破性进展和标志性成果，能源安全保障能力持续提升，能源科技创新驱动作用持续发挥，在全面梳理和记录我国能源电力行业发展取得辉煌成就的同时，持续深度剖析行业热点问题、难点问题、深入研判未来趋势和重点，对于凝聚行业共识、汇集多方力量，助力加快构建新型能源体系具有重要意义，分别从新型能源体系建设取得积极进展、建设"双碳"目标下的新型能源体系等方面阐述。我国在发展国家中名列前茅，但在能源发展问题上依旧逃不开安全问题和其他问题带来的各种挑战，能够推测出将来不短的时间内，我国在油气进口方面依然会在世界能源进口总量中占据很高的比例，并处于一个上升的态势。这也意味着，我国经济的发展情况依然与能源进口产地和渠道息息相关，并伴随巨大风险。

# 第三章 中国能源安全与国家能源战略保障

## 第一节 能源安全及其地位

能源是社会发展和人类文明进步的基本物质保障，对于一个国家和地区经济的发展起着重要的推动作用。能源的开发与利用推动社会的进步与世界经济的发展，也影响着世界的未来。但随着经济的发展、世界人口的上升，能源也面临着许多问题，能源消耗对环境的影响与能源短缺等问题突出，能源安全对于一个国家持续、稳定的发展十分重要。

### 一、能源安全的定义

有关能源的定义，美国的《科学技术百科全书》将能源定义为"可从其获得光、热和动力等能量的资源"，我国的《能源百科简明词典》将能源定义为"产生热能、光能、电磁能、化学能等各种能量的自然资源"。能源是一种可以相互转换且呈现多种形式的能量源泉，是自然界中能为人类提供某种形式能量的物质资源。根据划分的依据不同，能源可以划分为不同种类。根据能源是否加工转化可以将其划分为一次能源与二次能源。一次能源是自然界本就存在的能源，不需要经过人类加工与转化；二次能源是指由一次能源加工或改制而形成的能源。按照能源利用情况可以将其分为常规能源与新能源。常规能源是指人类现在大规模开发和利用的能源，如煤炭、天然气、石油等；新能源是指在新技术的基础上进行开发利用的能源，如太阳能、地热能、海洋能等。一般来说，新能源相对于常规能源是可持续发展的、可再生的且更为清洁、环保。根据能源使用是否对环境造成污染可以将其分为清洁能源与非清洁能源。清洁能源的使用对环境的污染较少，而非清洁能源对环境的污染通常较大。根据能源是否可以再生可以将其分为可再生能源与非再生能源。可再生能源是在一段时间内可以恢复的能源，如风能、太阳能等，它们不会随着人类的使用而减少；非再生能源是使用后无法恢复的能源，是随着人们的开发利用而减少的能源，如石油、天然气等。最后，按照市场的流通属性可以将能源分为商品能源与非商品能源。商品能源是指能作为商品在市场上流通的能源，非商品能源是指通过自产、自采以自用而不进入商品流通领域进行市场买卖的能源。

关于能源安全的定义，联合国认为能源安全是指在任何时候各种所需能源以充足的量和市场能够承受的价格供应市场。美国能源专家艾瑞克·道斯与丹尼尔·耶金对能源安全的定义与联合国有相似之处，他们都认为能源安全是指在保障国家利益安全前提下，以合理价格获取充足的能源供给。事实上，迄今为止，学者们对于能源安全还没有统一的定义。能源安全的定义最早可以追溯到20世纪70年代的全球性石油危机。学者赞诺扬对全球性石油危机进行了分析，他认为"石油安全"与"能源安全"可以构成同义词，各个国家采取不同的手段和措施防止石油供应的中断，但国际石油市场的波动是不可避免的。此外，学者罗伯逊曾在研究中指出全球化背景下能源安全与石油安全是息息相关的，能源安全可以定义为消费国的能源供应安全和石油生产商的市场安全。但是天然气、水能、风能、核能等清洁能源逐渐被广泛应用，对这将进一步扩大能源安全的定义范围。因此，有关能源安全的概念具体从两个方面来理解：一是狭义上的能源安全是保障国家在战争期间获得充足的能源供应；二是广义上的能源安全是国民经济正常运行下能源的合理供应。在《欧盟能源供应安全战略》中，能源安全就是实现一个国家或者地区社会进步和国民经济持续发展的能源保障。由上文可知，对于能源安全定义的理解在不同时期会有所区别，但总体可以概括为：能源安全是指一个国家或地区能够以合理的方式和价格获得充足的能源供应来保障国家与社会的持续发展。

## 二、能源安全的地位

国家安全就是一个国家处于没有危险的状态,以及国家既没有外部的威胁也没有内部的混乱与斗争。当前的能源安全是国家安全的重要保障,想要保证国家安全,就要先解决能源安全问题。在当前世界能源消费结构中,石油是占比最高的能源。近十几年来,石油在各类能源消耗中占比高达40%,这表明石油为近年来最重要的能源。因此,石油安全的问题十分重要,这不仅是一个国家发展燃料的问题,还牵扯着国家安全、对外发展战略、国民生活等多方面的问题,而且随着现代化军队的发展,军队装备对石油的需要也加强,石油是军队力量发挥作用的重要条件。各地区与国家之前的冲突与矛盾常常因为石油争夺引发的。20世纪的4次中东战争基本上都是为了争夺石油资源而引起的。这都显示了以石油为主的能源安全在国家安全中的重要地位。能源安全的重要地位可以从以下几点进行阐述。

第一,能源安全是国家经济发展的保障。历史上多次出现石油供应中断,其中1973年与1979年的石油中断形成了石油危机,这两次危机严重冲击了石油消费国的经济发展,而且对石油出口国的出口收入也产生了严重的影响。在新中国成立之初,我国的石油供给半数来自苏联,但当时石油只占能源结构的5%,对中国经济的影响还没有那么大。随着我国工业化的发展,重工业发展对能源安全的要求不断提高,与此同时,石油的进价也是一路攀升,这就意味着中国经济发展进程中经济发展成本也在不断提升。对外能源依赖性越强,经济发展就越会受到制约。从经济学角度来说,能源与劳动、技术等一样都是生产与经济发展不可少的要素,经济的增长越来越依赖能源,能源的高效利用也是经济发展速度提升的关键,能源结构的优化也会推动一个国家经济的高质量发展。能源利用可以促进经济的发展,也可以制约一个国家或地区的经济。比如,许多的不可再生能源都存在短缺的问题,这就意味着能源供给如果无法得到保证,那么国家经济发展就会受到制约。

第二,能源安全是国民生产生活的物质基础。人类对能源的开发与利用能够推动人类文明的进步,能源决定着人类生产生活的方式。人类对能源的使用扩大了人类生活的范围，人类可以在更冷或更热的地区生产生活；人类对能源的使用也促进生产活动的进行，通过使用能源改变人类的劳动工具，让其服务于人们的生产，提高了生产的效率与质量。就生产方式而言，人类从火烤食物的初级阶段逐渐演变到冶炼工具，人类对能源的利用不仅满足了人类的生存需求，改变了人类的生活方式，更进一步推动了生产力的发展和社会制度的演变。在18世纪60年代工业革命中，蒸汽机的发明把煤炭能源带入到人们的生活之中，相比于薪柴能源，煤炭能源提供的热能更加高，这使以农业为主的生活方式受到了巨大的冲击；石油的开发与内燃机的使用更是让人们可以到达更远的地方；电力的普及让人们生活更加光明，以电为能源的电话机等电子设备为人们的远距离交流提供了便利，人们的生活也更加丰富。能源是一个国家人民生活水平重要的物质基础，人们的生活与能源息息相关，无论是人们的饮食、出行，还是人们的学习、工作，都对能源的使用有着高度的依赖，现代的社会生活已经完全离不开能源的使用了。一个国家的安定需要保障其人民生活的安定，而人民的日常生产生活又与能源安全不可分割，进一步就能直接影响到国家的安全，这也体现了能源安全的关键地位。

第三，能源安全是国家军事力量的支撑。恩格斯指出"在任何地方和任何时候，暴力都是依靠经济的条件和资源来取得胜利"。能源决定着现代工业的发展，而工业革命以后的战争又是以工业为基础，现代军事装备与力量又依靠机械力量，所以能源在现代军事和国防中处于极其重要的战略地位。在第一次世界大战中，内燃机的发明与使用使战争成为机器与机器之间的战斗：在陆战之中，英国率先研制适合陆地战斗的坦克；在海战之中，比起燃煤的舰艇，燃油的舰艇更加具有优势；在空中，飞机被用于战斗与资源的运输，海陆空三军加入战斗的前提就是保障能源的供给。在第二次世界大战中，能源对战争的影响也是巨大的，能源的生产与消费直接影响战争的策略。因为德国没有持久战争的能源供应，其60%的石油是由欧洲大陆以外进口来的，所以希特勒采取"闪电战"的战术。在斯大林格勒战役中，德军第六军被苏联包围时因缺少燃料、活动不便而导致战败。第二次世界大战以后，战争的机械化水平达到了一定的高度，对能源的要求也相对提高。例如在海湾战争之中，据报道美军的一个装甲师每日会耗油9.5万升，而美国公布的资料中显示每天会消耗6813万升的燃料，42天大约会消耗230万吨燃料，这样一场战争如果没有能源的支撑是无法进行的。

同样，对于现代国防来说，如果没有大量能源的供应，就无法维持现代防务系统，国家的军事实力也无法得到体现。一个国家的主权、安全与发展利益要想得到保障，就必须要有强大的军事和国防力量，国防与军事安全是一个国家安全坚强的后盾，在国家安全体系中，军事安全发挥着至关重要的支柱作用，而军事安全与国防力量又以能源安全为基础。因此，能源安全与国家安全是相关联的，能源安全在国家安全中的地位不可忽视。能源安全关乎每一个独立主权国家的生存与可持续发展，它影响着一个国家经济的发展、人民生产生活方式的选择、军事力量与国防力量等许多方面，在国家安全中处于核心地位。

## 第二节 中国能源安全面临的挑战

### 一、中国能源安全供求的现状

#### （一）石油资源储量少

中国面积广阔，海岸线漫长，拥有许多岛屿，自然资源与能源十分丰富。我国石油资源总量丰富，但资源分布不均，人均占有量水平低。2005年，英国石油公司报道称中国的石油可开采总量和剩余可开采储量在全球分别排名第十一位和第十位。2010年，原国土资源部公布数据显示，我国新增探明地质储量为11.5亿吨，可采储量约2.1亿吨。2024年，自然资源部发布的《中国矿产资源报告（2024）》显示，2023年我国石油、天然气剩余可采储蓄量已达38.51亿吨、67424.52亿立方米，同比增长2.16%、2.68%；国家发展和改革委员会、海关总署数据显示：2021年我国石油产量1.99亿吨，同比增长2.4%；进口量5.13亿吨，同比降低5.4%；石油的对外依存度达到72.05%。自1992年以来，我国能源消费总量一直大于能源生产总量。我国石油消费量的增长率高于能源消费量的增长率，且石油的消费总量增长也高于石油生产总量的增长。2005年至2020年，我国的石油生产量远远不能满足国内需求，供需之间的缺口是不断扩大的。我国的石油供需矛盾已经成为了经济发展的重大阻碍。

（二）煤炭的主导地位

根据《中国矿产资源报告（2024）》的数据可知，2023年中国的煤炭储量为2185.70亿吨，产量达48.3亿吨，同比增长4.2%。丰富的煤炭资源为煤炭在我国能源结构中占据主导地位提供了基础。国家统计局发布的数据显示，2023年煤炭消费占一次能源消费总量的比重为55.3%，与10年前相比下降了12.1个百分比；2023年中国能源消费总量为57.2亿吨标准煤，比上年增长5.7%，煤炭消费量占能源消费总量比重为55.3%，比上年下降0.7个百分点，但其仍然占据主导地位，这也显示出煤炭在我国能源结构中举足轻重的作用。

（三）电力供应增长较迅速

1985年，我国制订的"七五"计划中将电力作为能源工业发展的中心，极大地促进了电力工业的发展与进步。2010年，全年社会用电量为41,923亿千瓦时。中电联数据显示，2010年年底，全国发电装机容量为9.62亿千瓦，同比增长10.07%，电力需求保持旺盛增长态势，"十五""十一五"进入快速重化工业时期，用电需求保持的位数高速增长"十三五，十四五期间用电总体保持快速增长"。《中国电力发展报告2024》显示，2022年我国的电力需求是平稳上涨的，全社会用电量为9.2万亿千瓦时，同比增长6.7%。预测在未来几年，全国电力需求将保持增长，预计2025年全社会用电量将达到9.8万亿—10.2万亿千瓦时。

当然，我国对于电力供应的保障也在不断增强。截至2023年年底，全国发电装机总容量达到29.2亿千瓦，同比增长14.0%；全国发电量9.4万亿千瓦时，同比增长6.9%；"西电东送"规模超3.0亿千瓦时，同比增长1.33%。我国电力行业绿色低碳转型步伐加快。2022年新增非化石能源发电装机容量约1.5亿千瓦，占总新增装机容量的83.0%；新增非化石能源发电量约2500亿千瓦时，占总新增发电量的84.0%，电力供应的增长稳定。

（四）新能源市场不断扩大

中国面积广阔，拥有丰富的太阳能资源，当前我国的太阳能产业规模为世界第一，是全球重要的太阳能光伏电池生产国家。党的十八大以来经济社会发展成就系列报告指出，截至 2021 年年底，全国发电装机容量 23.8 亿千瓦，比 2012 年增长 1.1 倍，年均增长 8.4%；太阳能发电由 2012 年的 35 亿千瓦时增加到 2021 年的 3258 亿千瓦时，增长约 93 倍，年均增长 65.49%。2021 年，分布式光伏规模新增 2900 万千瓦，第一次突破新增光伏发电装机的 50%。与此同时，新增分布式光伏中，户用光伏年度新增装机规模 2021 年首次超 2000 万千瓦，达到约 2150 万千瓦，发展势头强劲。除了太阳能的利用，我国的风能资源使用起步早，且不断发展，进入 21 世纪后，我国对风能的使用更是加大了力度。我国 2009 年新增风电装机容量 13,800 兆瓦（0.138 亿千瓦），同比增长 124%，新增市场容量位于全球第一，连续四年的累计装机容量翻倍增长，成为世界第二。2023 年上半年，全国风电新增并网装机 2299 万千瓦，同比增长 77.7%，在全部新增电源装机中占比 16.3%，累计装机约 3.9 亿千瓦，在全部电源装机中占比约 14.4%。根据行业预计，2023 年全年新增装机将超 6000 万千瓦，"十四五"时期末风电累计装机有望达到 6 亿千瓦左右，风能的需求与供给也不断增长。此外，还有海洋能、生物能等其他新能源的发展与利用。面对环境保护与绿色发展的要求，我国对新能源的需求将持续上涨。

**二、中国能源安全面临的挑战**

（一）能源结构性矛盾突出

能源安全的结构问题是当前中国能源安全的核心。由于新中国成立初期受到国际封锁，一直到改革开放前，中国能源的供应都以国内供给为主，而中国的煤炭资源又十分丰富，这就导致了在中国的能源消费结构中煤炭资源占据主导地位，约占 75%。

2008 年，作为中国主要能源的煤炭占已探明化石能源总量的 94.3%，占一次能源生产总量的 76%。我国在已探明化石能源可储量中的石油、煤炭和天然气结构分别为 5%、91% 与 4%，而世界结构分别为 20%、60% 与 20%，与世界一次能源的消费结构占比相比较而言，我国的能源消费结构比例悬殊。在 2008 年美国的能源消费结构中，煤炭的占比仅为 24.58%，欧洲和日本的煤炭占比也远远小于石油和天然气的占比。由此可见，中国相对于其他国家而言，能源结构层次较低。进入21世纪后,中国的能源消费结构有不断增长的趋势,但中国能源结构性矛盾也越来越突出。国家发布的信息显示,2010年上半年,单位GDP能耗升高,同比上升0.09%。信息还显示,从主要耗能行业单位增加值能耗来看,煤炭行业下降2.69%,钢铁行业下降1.64%,建材行业下降7.61%,化工行业下降4.28%,纺织行业下降2.42%,石油石化行业上升11.35%,有色行业上升8.11%,电力行业上升4.19%。2019年我国煤炭消费占能源消费总量比重为57.7%,比2012年降低10.8个百分点。2022年全国能源消费总量为54.1亿吨标准煤,同比增长2.9%。其中,煤炭消费量增长4.3%,原油消费量下降3.1%,天然气消费量下降1.2%,电力消费量增长3.6%。煤炭消费量占能源消费总量的56.2%,同比上升0.3个百分点。

总体而言,中国当前的煤炭占能源比例大幅度下降,但其仍然居于主位;当前石油供应短缺、煤炭供应为主的结构性矛盾仍然居于核心,石油供给不足的问题将会越来越突出。

(二) 能源进口依赖程度强

我国对外部能源的依赖度较高,尤其是石油对外依赖问题十分严重。自20世纪90年代以来,中国经济的高速发展导致了中国对石油消费量的急速上涨,1993年中国的石油进口量第一次高于了石油出口量,这表明中国成为了石油进口国。1995年中国的石油进口金额首次超过了出口金额。2004年我国的石油消费约3.18亿吨,而进口高达1.43亿吨,对外依存度为45.7%,2010年这一比例增长至55.14%,2022年则高达71.2%。我国石油对外进口依赖性大有以下几个原因:首先,我国石油资源储量不足,石油资源可采储蓄量总共为130亿吨至150亿吨,占世界可采储量的3%。其次,我国石油赋存的条件差,陆地上35.8%的石油大多分布于沙漠、沼泽、黄土源、高原等环境较为恶劣的地区,其余则位于海拔2000米至3500米之间的地区。我国的非常规石油资源在石油总量中占比大,陆上重稠油占比16.4%,海上重稠油占比33.3%,在我国石油剩余探明可采储量中,有50%的石油为稠油、重油、低渗油、特渗油和埋藏超过3500米的地区,这就意味着对石油的勘探之艰难,其开发和利用更是成本较高,对技术要求也更高。此外,在未勘测的原油之中,由于未勘测的原油自身多样性及勘探难度，难以保证其品质。

总的来说，虽然我国石油总量较多，但人均占有较低，且勘探和开采困难。随着我国工业化与城市化的发展，加之人们生活要求与水平的提高，我国对石油的消费量是在大幅度增长的。石油的国内供给远不能满足国内石油消费的需求增长，石油的国内供求矛盾不断加剧。为了保障民生和经济发展，我们就不得不向外进口石油，因此对外石油的依赖性也就越来越强。

（三）能源的利用效率低下

近年来，我国经济的快速发展主要得益于第二产业的快速发展，特别是工业生产规模的扩大和资源的大量消耗。工业是中国能源消费和碳排放的主要来源，尤其是钢铁、电力、石化、煤化和水泥等高耗能行业。2020 年，这五大行业的碳排放占全国排放量的 73% 左右。《中国统计年鉴 2024》数据表明，1990—2005 年中国能源消费弹性约为 0.55，2010 年前后能源消费弹性高达 0.7，显示出对能源较高依赖度。

总而言之，我国经济的小幅度增长却需要消耗大量的能源，且在短时间内我国的产业结构难以得到有效的调整，经济增长仍然需要靠第二产业发展，而第二产业耗能高、浪费大、污染大。以二氧化碳为主的温室气体排放导致的全球气候变暖，正严重威胁着人类的生存和可持续发展，无论是对于中国还是世界，能源消耗的污染气体排放都是影响其发展的重要问题。

作为全球最大的能源消费国，中国因能源消费导致的污染排放面临着国际指责，特别是发达国家提倡绿色发展，控制排放量，能源消耗的污染面临着巨大的经济与政治的压力，这表明能源污染排放问题对中国经济的发展至关重要。《中国能源统计年鉴 2023》中数据表明，从 GDP 的能耗水平来看，2011 年至 2022 年，中国单位 GDP 能耗呈现下降的态势，年均单位 GDP 能耗下降 0.59 亿吨标准煤/亿元人民币，比 2001 年至 2010 年年均下降了 52.03%。这表明，在过去的这段时间，中国的单位 GDP 能源消耗持续下降，能源利用效率不断提高，但与国际发达国家相比，中国单位 GDP 能耗下降水平仍然存在很大差距。

能源利用效率低下就意味着我国需要消耗更多的能源用于生产和发展，这将导致在进行行业生产过程中排放大量二氧化硫和氮氧化物等大气污染物，进一步加剧污染问题。这不仅会影响到公众健康与环境安全,也会提高国家治理的成本,减缓经济发展的速度。因此,我国的能源效率问题与能源排放污染问题不可忽视。

(四) 能源的空间配比错位

我国的水能资源储量位居世界第一,但其分布很不均匀,主要集中于我国西南地区,全国81%的水能资源位于长江流域及以南的区域,而西北地区水资源较少。

除水资源外,我国的石油资源分布也不均衡,我国石油资源主要集中于渤海湾、塔里木、鄂尔多斯、柴达木、东海陆架、准噶尔、松辽和珠江口等8大盆地,占全国石油资源的81.13%。此外,中国的石油资源陆相油藏占大部分,主要含油气区有:东部包括东北和华北地区,中部包括广西、福建、安徽、江西等地区,西部主要包括青海、新疆和甘肃西部地区,南部包括桂、闽、皖、赣等地区。

虽然煤炭资源储量十分丰富,广泛分布在全国30多个省区市,但山西、内蒙古、新疆、贵州和宁夏6省的煤炭资源总量占82.8%。根据我国第二次煤田的预测资料表明,埋藏在1000米之下的煤炭资源总量达2.6万亿吨左右,其中大别山—秦岭—昆仑山一线以北地区资源占2.45万亿吨,占煤炭总量的94%左右,而以南的地区只占了约6%。天然气资源集中分布在塔里木、四川、鄂尔多斯、东海陆架、柴达木、松辽、莺歌海、琼东南和渤海湾9大盆地,其可采资源量18.4万亿立方米,占全国的83.64%。

我国能源总体分布广泛但不均匀,煤炭主要分布在华北与西北地区,石油和天然气能源主要分布于东部、中部地区和海域,水力能源主要分布在西南地区,然而我国能源高消费地区主要是京津冀、长三角、珠江三角洲、老工业基地等地区,资源赋存与资源的消费地区存在配比错位的问题,能源需要通过运输才能到达所需地区。

(五) 能源的进口存在隐患

从油气资源的进口情况来看,我国能源进口主要存在以下隐患:

一是油气能源进口地是十分集中的。我国的石油进口主要是源自于中东地区与非洲地区。中东地区是我国石油的第一大来源地，我国在中东地区的石油进口量占我国石油进口总量的50%左右，其中主要的进口国家为阿曼、沙特和伊朗，占中东地区总量的80%左右。其次就是非洲地区，2005年，我国在非洲地区的原油进口量占石油进口总量的30.3%。印度尼西亚和越南是我国在亚洲地区的石油来源主要集中地。由于中国和俄罗斯之间的关系不断发展与变化，俄罗斯对于我国的石油进口发挥着越来越重要的作用，我国对俄罗斯近几年的石油进口量不断地上升，在2005年达到石油进口量的10.1%，2023年上半年，海关总署发布的数据显示，俄罗斯对中国的原油供给量同比增长27.3%左右，达到了5260万吨。我国石油的进口来源近80%来自于中东和非洲地区，而这两个地区尤其是中东地区是政治经济局势不稳定的地区，任何的政治变动、恐怖事件和局部动荡都会给中国的石油供给安全带来威胁。

二是油气资源进口的线路较为单一。我国油气资源进口主要经过马六甲海峡地区，仅有少量石油通过俄罗斯远东地区和哈萨克斯坦的陆路运输，93%的油气资源进口则是通过海上运输。海上航线主要是非洲航线与中东航线，均需经过马六甲海峡，该海峡频繁地会有恐怖事件发生，发生在马六甲海峡的海盗袭击事件占全球的60%左右。随着国际恐怖组织的介入并与当地海盗勾结，油轮成为了他们袭击的目标，而且海峡的交通秩序也难以维护，十分混乱。当前我国的海上石油运输经过马六甲海峡的运输量占石油进口总量的80%左右，而且经过马六甲海峡运输的船只中超过60%的船是在为中国运送油气能源。因此，对于我国而言，马六甲海峡是我国能源运输的"海上生命线"。但中国运输能源的船只主要是依靠新加坡、印度尼西亚、马来西亚和泰国来共同监管，若被外部力量控制，中国的石油安全就会随时受到威胁。

三是油气进口稳定性难以控制。中国对石油进口主要依赖中东地区，但中东地区又是极不稳定的地区，经常受到战争和恐怖袭击的威胁。从中东进口的份额过多，导致我国石油获取来源充满了不稳定性。此外，中国与伊朗、委内瑞拉等主要产油国保持了较好的政治和外交关系，从这些国家进口的石油日益增多，但是这些国家与世界主要大国之间的关系也不太稳定，且其国内的政治形势充满不确定性，中国又与这些国家相距较远，石油运输安全是十分重要的问题,这些问题的存在使中国所面对的石油来源充满了不稳定性。

(六)存在地缘政治风险性

中国能源安全问题不仅要保障国内的供应安全问题,而且还涉及国际能源供求和能源地缘政治的战略问题——中国的能源战略已经成为影响21世纪亚洲乃至世界地缘政治平衡的重要因素。

在油价高涨的时期,能源竞争既关乎一个国家经济的发展,也是一个国家的政治问题。中国与日本、中国与印度之间的能源竞争由于一些非经济因素变得更加微妙。虽然中国已经与中东、南美、非洲、中亚、俄罗斯、哈萨克斯坦、东盟等主要产油国家和地区开展能源合作,但是其他国家对这些地区的能源尤其是对石油资源的争夺也是同样激烈的。中国石油外交面临的局面是十分复杂的,且中东地区的政治长期以来都是处于动乱状态的,各种势力为了获得热点地区而展开斗争,在美国攻打伊拉克以后,这一地区的石油外交变得更加复杂与混乱。国际争夺中东石油资源已至白热化,而美国通过军事和外交策略取得优势,日本和印度为了获得石油资源支持国内经济的发展,也通过经济、政治等手段对这一地区积极开展石油外交。在东亚地区,从俄罗斯的远东地区、经日本海、东海、南海到马六甲海峡,中国、美国、日本、俄罗斯、韩国甚至还有印度都加入了这场能源安全的博弈中。

由于国际高油价的推动,各国对石油资源的争夺更加激烈。石油竞争已经在全世界石油产地和石油运输管道扩散开来,除了中东地区、东亚地区,在中亚地区、里海地区、拉美的加勒比海地区以及苏丹和西部非洲地区,大国间的竞争也越来越激烈。中亚地区的利益之争主要在美国和俄罗斯之间展开,对中国来说,东亚新月形地带因涉及中国的主权领土完整和能源等综合因素显得尤为重要,其中朝鲜核问题、东海石油争端和我国台湾地区问题使中国的能源外交变得更加复杂。尤其是与马六甲相连的南海,由于周边各国不断加快对南沙岛礁和相关海域的军事控制,包括美国和印度在内的大国力量也以维护航道安全为理由开始介入,使南海问题进一步国际化。现在中国和越南、文莱、印尼以及马来西亚都存在南海划界问题。南海问题一方面是主权之争,另一方面就是石油资源之争。

总之，石油资源的获取涉及中国的内政、外交，涉及地缘政治和大国关系格局，这些使得以获取资源为目的的石油外交变得更加复杂。

（七）新能源利用存在的问题

对于新能源的开发与利用存在的问题主要有以下几点：

一是缺乏完善的制度。国家的扶持政策没有形成完整体系，还有待优化和完善。中国能源政策缺乏长远、系统且统一的能源战略，在能源的管理上，中国缺少统筹考虑，政出多门，责任部门缺失，这不可避免地对中国能源可持续发展的有效实施增加了困难和障碍，导致中国能源战略不够清晰、变动频繁。缺乏完善并具可操作性的法律，中国能源立法尚以调整某一能源行业关系的能源单行法为主，缺乏全面体现能源战略和政策导向、总体调整各能源行业关系的基础性法律，且法律条文操作性、实施性差。目前，涉及中国未来能源整体战略、能源管理架构、定价机制、战略储备等重要问题的能源法草案征求意见稿已经公布，但该法案出台仍需要一个复杂的过程。回顾中国新能源的发展历程，从起初的政策性发展阶段中的农村能源阶段为解决中国边远地区的用电问题，到后来的替代能源阶段，为了满足工业发展的需要，将新能源作为替代能源开发利用，再到清洁能源阶段，为了应对全球气候变化、环境污染问题而将新能源放到清洁能源地位，到如今放眼全球新能源已经成为发达国家将其视为新兴产业来发展的产业性阶段。然而中国在上述的 4 个阶段中，新能源都是被迫发展，处于被动地位，且新能源产业家底薄弱，内供不足，产业链不平衡的问题逐渐凸显。然而，遵循发达国家范例来开发新能源，虽然理论上只是一个过程，但该过程是非常困难的。中国的市场经济本身是不完善的，再加上新能源的特殊性，新能源产业几乎是政府的独角戏。20 世纪 90 年代末至今，新能源没有形成一个完整的产业链，更没有市场机制可言。此外，还有市场供求不平衡、政府职能过大等问题。

二是我国新能源发展财政政策偏颇，财政政策存在财政系统性不够强、财政支持领域界限不清晰、财政政策鼓励措施力度较小和财政政策对地方政府激励措施不足的问题。

三是我国新能源发展税收政策不足，税收政策存在增值税的导向不强、关税的调整不均衡、企业的所得税优惠不落地和其他地方税种不明朗的问题。

四是新能源的创新动力不足。中国新能源技术水平近几年已有了较大提高，开发和利用技术已具备一定基础，已初步形成了产业化。但结合发达国家新能源发展各个方面的成功经验来看，与国际新能源技术先进水平相比，中国还有差距，而造成这些差距的因素是多方面的。我国新能源在技术创新上的政策和法律法规是不完善的，新能源的创新制度水平也不完善。多方面的问题造成我国新能源的开发与利用面临着诸多问题，而发展新能源是国家实现可持续发展的重要条件，新能源的开发与利用可以帮助国家减少对有限资源的依赖性，同时又可以降低对环境的污染。对于一个国家而言，推进新能源的高质量发展是必然的趋势。

### 三、大部分地方政府及人们对新能源的重视和了解不足

通常人们普遍认为中国是一个地大物博的国家，这种陈旧的观点使人们没有对能源问题及环境问题的危机感。所以国家的总的方针和政策已经制定完成，可一到地方政府却没有重视起来，也未能给予当地的有利资源进行新能源的开发与推广利用工作具体地落实到政府的日常工作计划进程之中，没有把中央下达的文件方针策略落实到具体的工作当中去，这就大大阻碍了新能源的开发与利用。

## 第三节　中国能源安全战略保障

### 一、调整和优化能源结构

所谓的能源结构优化就是要加速推广和使用清洁能源、可再生能源等新能源，从而实现能源结构的多元化，并且要打破我国现有对煤炭依赖过大的能源结构局面，此外，还要推进煤炭的洁净利用技术的开发与推广。

当然，对于我国能源结构的调整，从长远来看是需要采取市场手段来调整的：第一，需要减少对化石能源的补贴，而且要征收环境税，以促进能源使用

转变，促进结构优化。第二，形成合力的市场定价机制，国家需要对石油的供应安全予以高度重视，石油的供应稳定是能源安全的重要标志。有了能源安全，才能保证国家的经济安全乃至领土完整。虽然能源行业是竞争性行业，但能源是一种具有战略意义的特殊商品。在当前我国产品升级和经济结构战略性调整的背景下，油气供应安全显得尤为重要，推动油气进口品种多样化、方式多样化与渠道多样化，对于国家能源安全至关重要。我们还应当充分发挥"两种资源、两个市场"的作用，把握时机，从国际市场进口石油补充国内不足，但也不应过分依赖进口。我们要提高能源技术水平，提高煤炭洁净化水平，提高煤炭在发电中的比例，改善终端能源的消费结构。另外，为实现能源结构升级的长期目标，还可以采取许多其他的措施，例如，继续给水电建设予以大力支持，给水电、风电等可再生能源有限上网，对于光伏技术开发持续提供补贴，通过创新技术，推进可再生能源的规模化和产业化发展，从而实现建立可持续的、以可再生能源为主的能源体系。

### 二、强化能源储备能力建设

战略石油储备是石油消费国为了应对石油危机所采取的重要手段之一。这不仅可以保障石油的供应、稳定石油价格、减少风险，还可以保障国家、企业稳定持续的发展。

2008年的金融海啸导致国际油价大跌，中国获得了建立能源储存的良好机会。短期国际油价大幅度地下降，无法改变全球石油供需紧张的实际情况，事后世界经济回暖，国际油价会重新恢复高位运行。事实确实如此，近年来，国际石油的价格不断攀升，全球原油储备资源日趋紧张。因此，我们必须要加快石油等能源储备能力的建设。

在石油的储备方式上可以将地面储存和地下储存相结合、人工设施储存和天然地理环境储存相结合、盐穴、溶洞等现有设备储存和新建基地储存相结合以及实物储备与资源产地储备相结合。其中，实物储备是以原油或成品油的实物形态加以储备，资源产地储备是将探明的可以开发利用的石油资源暂不开采出来而保存在地下加以储存。同时，也应考虑到战备安全、储存成本以及运输等其他因素。我们要合理地进行石油储备基地的布局，要考虑到交通运输的便利、良好的水域条件、优越的地理位置等。储存石油的目的是应对突发事件，如若出现突发事件，要能够迅速及时地把战略储备的石油运输到需要石油的地方，防止造成更加严重的后果。因此，在能源储存方面，要着重考虑其使用及运输的便捷性。

另外，能源储备的安全也是非常重要的，因为能源储备安全可以保证国家安全和经济建设持续运行。因此，储备地点的选择、储备方式的选择以及储备石油的安全管理必须要综合考虑。此外石油的储藏要依据油价适时地调整，在国际油价不断升高的情况下，如果没有石油储备，就会受到严重的影响，所以无论国际油价的高低情况如何，都应该保持石油储备的进行。在高油价时，保持"慢慢进、不断进、悄悄进"的策略，在低油价的时候，坚持"深挖洞、广泛储油"的策略，抓住原油储备的良好机遇。

### 三、深入推进"一带一路"能源发展

"一带一路"倡议是党和国家主动应对全球形势深刻变化、统筹国内国际两个大局作出的重大战略决策，是新时期我国大周边外交的重要战略布局，对于推进我国与共建国家全面合作和共同发展意义重大。这其中推进中国与"一带一路"共建国家的能源合作是"一带一路"倡议合作推进进程中最为重要的一个方面。关于"一带一路"进程中推进国家能源安全需要从以下几点进行：

一是要区分合作。首先，要重点加强与"一带一路"共建国家的能源合作，特别是在上游领域，包括扩大能源投资合作，并利用油气国家开放政策的机会，突破勘探和开发的投资壁垒；其次，要进一步提升能源贸易合作水平，依托与巩固现有的贸易伙伴关系，同时开拓新的能源市场，并关注潜在风险；最后，加强与共建国家在能源下游领域的合作，包括建立一体化的产业链，与通道国家合作建设炼化及存储设施，并与海洋国家加强海事合作。

二是要拓宽合作的视野，构建保障中国能源安全的能源大丝路。从保障中国能源供给安全的角度出发，中国应当进一步拓宽"一带一路"的能源合作事业，将东太平洋航线与北极洋航线一并列入"一带一路"能源合作的范围。

三是要依托"一带一路"的倡议平台，构建基于丝路精神的能源合作机制。中国与世界绝大多数国家都有良好的关系和交往，在推进多边能源合作方面参

与并建立了一些能源合作机制，有诸多的能源合作、探索和举措，这都是构建"丝绸之路"能源合作机制的良好基础。

四是要多举措推进"一带一路"能源合作，有力保证中国能源的安全。这要求我国要深化合作共赢的能源合作理念，实现中国与"一带一路"共建国家的共同发展，要着力强化共同能源安全的合作意识，坚持树立能源合作正确义利观，要积极帮助共建国家实现经济的整体发展。我国要采取点线面相结合的方法，全面保障"一带一路"能源合作的实施。当然，坚持"一带一路"能源发展倡议也需要与时俱进，不断赋予"一带一路"能源合作新的理念，推动"一带一路"能源合作的持续发展。

### 四、坚持节约能源的发展战略，坚持推进能源清洁高效的利用

能源是贯彻全面协调可持续发展的科学发展观的关键领域之一。21世纪头20年的中国能源战略，实施可持续发展能源战略应作为新时期我国能源发展的基本方针，其总方针就是"坚持开发与节约并重，把节约放在首位"，在科学发展观指导下走能源节约型发展道路。

为实现中国能源的可持续发展，应贯彻落实科学发展观，实现经济发展方式的根本转变。实现经济发展方式的转变对能源安全的保障主要体现在以下几个方面：一是能源供应要从简单满足经济发展对能源的需求转向实现经济、社会、环境的协调发展，在满足经济发展需求的基础上重视环境效益的双重目标，体现以人为本、全面协调可持续发展的科学发展观；二是能源安全战略的重点转向提高能源的供应能力与提高能源的使用效率并重；三是能源产业的发展方式市场化，充分发挥市场化机制，保障能源有效供给、能源使用效率提高和能源结构优化；四是从全球角度来制定新时期中国的能源战略，在经济全球化的背景下，中国的能源安全要充分利用国内国外两种资源、国内国际两个市场，从利用国内资源满足发展需要转变到利用全球资源综合平衡。总而言之，要从我国能源资源和开发利用的实际情况出发，把能源与社会经济和环境作为一个彼此影响又相互联系的整体，加强我国能源环境保护要坚持能源工业持续协调的发展战略，在能源开发利用的各个方面制定并实施有利于改善环境的技术经济政策，在发展能源的过程中减缓或解决能源所导致的环境问题。同时，继续

落实和完善行之有效的环境保护政策和措施，采取多种手段有效地防治环境污染保护自然生态。此外还要依靠科学技术，实现节约能源、高效利用的目标。

### 五、大力开展能源友好外交，参与国际多边能源合作

在经济全球化背景下，世界范围内的能源合作已成为各能源国家维护自身能源安全的必然选择。21世纪，中国的能源安全与国际能源安全紧密相连，中国需要推进与其他能源国家和相关能源国际组织的合作，以期在合作中促进能源发展，在合作中保障能源的安全。

在加强中国与世界能源的合作中，中国与东北亚能源合作主要是指中国与日本、韩国等国家共同开发中亚地区、远东地区以及俄罗斯西伯利亚的石油和天然气，并铺设石油或天然气管道。此外，中亚与俄罗斯的能源也是十分丰富的，中国与俄罗斯和中亚开展积极的能源合作是实现中国能源来源多元化的一项重要举措。然而，由于我国的经济实力有限，俄罗斯也正处在经济的转轨时期，两者都缺乏足够的资金来开展能源合作，而仅跨国管线建设就需要几十亿或上百亿美元的投资，两国经济都难独立支撑。因此，中国要想早日从俄罗斯和中亚地区获得能源供应，可以吸引同时拥有充足资金与先进技术的日本和韩国来共同参与该地区的能源开发与合作。

所以中国应加强与日本和韩国的能源对话，共同探讨能源开发的方案与措施以避免发生恶性竞争。这不仅有利于东北亚各国的能源安全同时还促进了中、日、韩的友好合作。当然，我国也要关注国际能源机构，国际能源机构是石油消费国政府间的经济联合组织，其主要目的是建立能源消费国的合作机制，减少石油危机对各国发展的威胁。对我国而言，加入国际能源机构可以成为国际能源成员国，这样在能源消费问题中保持联系和合作，能够保证能源的市场信息得以交流互通。此外，我国还可以借鉴外国先进的能源技术与发展经验，推进国家的石油储备。

### 六、加大对国内能源的勘测，提高能源开发技术

虽然我国的能源资源丰富，但开发和利用的比例尚低，这主要是因为开发环境面临的挑战和技术相对落后造成的。因此，为了确保能源长久的安全，就

必须加强对国内能源的勘测与开发。

首先，优先加强西部地区的能源开发是我国的重要战略决策。由于西部地区能源资源丰富，加强该地区的油气开发不仅能增加国内供应，减少进口依赖，同时也促进了西部地区的经济发展。其次，随着陆地油气资源的逐渐枯竭，向海洋油气资源的开发转移势在必行。这要求我们必须加大科研投入，培养高技术人才，采用国际先进技术并创新本土技术，力求掌握核心技术的主动权，加大对海洋油气的开发，以应对海上油气勘探开发的高投入、高风险和高科技挑战。

### 七、推进新能源的开发与利用

对中国而言，新能源与可再生能源是落实科学发展观、促进经济社会可持续发展、改善环境、转变经济发展方式和调整经济结构中要大力发展的战略性新兴产业。要促进我国新能源行业快速、健康发展可以从以下几点着手：

一是制定发展规划，完善法律法规，根据中国国情从国家整体发展的战略高度统一协调国家能源建设，将新能源的发展作为可持续发展战略保障体系的重中之重。首先，要落实新能源产业发展规划，把握新能源发展的主要思路、重点任务，明确阶段性目标，充分发挥我国相对于发达国家的低成本制造优势、相对于其他发展中国家的技术创新优势，以需求拉动技术创新推进产业化，努力把新能源产业发展为一个具有竞争优势的产业。其次，建立健全新能源战略实施机制，在统筹安排设定新能源战略布局的同时，也要建立完善的实施机制。我国虽然于2005年通过了《中华人民共和国可再生能源法》（以下简称《可再生能源法》），但在新能源与可再生能源的法律法规体系上仍存在不足之处。因此，我国需进一步完善新能源法律法规体系，为具体实施新能源战略建立良好的保障和实施机制。最后，实施市场准入政策规范市场秩序，给予可再生能源广阔的市场发展空间，保证可再生能源的持续稳定发展。同时，对于非水电类可再生能源，规定一定的市场份额。

二是推动科技发展，重视科技作用。作为一个高技术行业，新能源的开发和利用离不开科技的支撑。新能源需要科技撬动以降低成本，形成规模化、产业化。同时，新能源行业的发展对于国内科技进步具有强大的推动作用。

三是加大新能源政策支持的力度。首先，国家应大力加强对新能源行业的支持力度，明确支持的方向和重点，在可再生能源丰富的农村地区大力发展沼气、生物质能等可再生能源。这不仅可以拓宽就业渠道、提高农民的收入水平，还能够调整农村的产业结构、改善农村的生产与生活环境，为农业、农村、农民的和谐发展提供契机，从而推动整个国家能源战略的转变。其次，尽快建立新能源产业专项扶持基金。由于新能源产业的规模较大、成本较高、培育时间相对较长，需要较长时间的扶持。通过成立新能源专项扶持基金，可以为新能源的持续发展提供资金支持，保障新能源的研发与应用。无论从战略意义还是从规模、时间上来说，都有必要建立国家专项扶持基金。最后，要扶持高科技研发和相关教育和培训。研发经费要用于研发具有自主知识产权的高新技术和国有品牌，对致力于新能源核心技术和关键零部件攻关的高校院所和国内企业应给予重点支持。此外，要重点投资于大中专院校，培养专门的高科技研发人才。同时，投资于高级技工的培训并投资建立科学技术网络，随时随地进行技术指导。

四是推动新能源的技术创新。首先，要强化政府的责任并提高新能源比重。强化政府责任并不是指简单地加大力度，各级政府在建立健全与新能源相关的制度时重要的是要做到适度，既不能"缺位"也不能"越位"，不做"守夜者"更不做"独裁者"。政府需要加强社会主体对加快新能源技术创新的重要认识，并利用各种方式提供资金支持。想要保持新能源技术创新的可持续发展，能源政策就需要随之保持长期稳定。由于中国经济发展的现实需要，在未来一段时期内中国常规化石能源高比例的结构难以从根本上改变，因此政府以出台政策的方式去引导尤为重要。政府要统筹协调新能源与传统能源之间的补充、替代速度，增加新能源投入便是最便捷明晰的能源调整方式。由于中国是一个庞大的能源经济体，长期存在固有习惯性能源消费，能源消费结构不容易改变。如果政策调整的力度不够，技术创新过程激励因素较弱，新能源技术就会发展缓慢，还会造成整个产业发展迟缓，错失历史机遇。因此，我国需要长期调研，不断调整政策力度，才能使中国新能源平稳高速发展，为中国由能源大国向能源强国转变提供政策保证。其次，需要完善中央和地方政府对中国新能源技术创新的财政体制，积极推行有利于新能源技术创新的税收立法与政策。美国由于受决策机制和利益集团阻挠等因素影响,在新能源技术的应用推广上也一直缓慢。反观中国,由于财政体制效率更高,在新能源领域更有望赶超。此外,中国的能源改革需要建立一个全新的执行机构,才能逐步实现对能源的集中有效管理,成立"能源委员会"或"能源部"代替"能源局",以"能源法"的制定代替"能源管理办法""能源规划",以此来实现由更高的权力机构来执行"能源变革"的战略使命,从而增加执行力。为了实现政府管理层面的集中管理,就应该让"能源委员会"或"能源部"的职能更明确清晰,即其职能是实施国家能源战略、开展能源变革、确保能源安全、服务经济发展、社会进步、人民生活、军事需求、实现能源战略的有效储备。

此外,还可以依托工程推动企业发挥创新主体作用。从目前情况来看,中国的新能源技术创新大多围绕在宏观层面,这样的技术创新整体性强,但施行起来较为空泛,导致微观主体企业的创新能力和积极性都不够。无论是国家、区域还是产业,虽然层次不同,但同样是技术创新的主体,归根结底还要落实到微观层次的新能源企业上,没有微观部分的积累就无法完成向更高层次的演变。而依托工程恰好是衔接宏观主体与微观主体的关键部分,它能使系统整体有效地联系起来,让新能源在建设和使用中,逐渐建立起产业创新或区域创新的雏形并逐步完善;让微观实践活动成果不断得到展现与应用,进而逐步为中观层次技术创新体系的架构和国家宏观层面的技术创新战略提供经验、奠定基础。企业通过工程发展自我,完善与技术创新相关的建设。从促进企业技术创新主体地位的角度说,需要大力强化企业的技术开发工作,特别是在中国目前的科技管理体制和人才分布格局下,企业科技人才比例偏少,创新资源不够,更需要鼓励有条件的企业建立研发中心或技术中心等研发平台。国家创新系统是庞大的系统,依靠产学研的模式固然有优势,但其整体创新系统体系的扩大化势必然造成整体效率的下降。相比之下,企业主体自有的技术研发平台会是更加有效率的平台。

在这里就需要发挥政府及相关各个部门的联合职能,提出新能源领域的大方向,明确重点技术和配套技术的攻关。要以国家牵头的方式选定有代表性的项目作为示范工程,选择的标准要优先考虑那些具备自主知识产权同时又具有自主创新空间的新能源项目。政府给予这些项目优惠的政策支持,起到项目工程对企业积极性的激发作用。对于计划要专项进行研究，发挥企业在技术创新中的主体作用，并且在强调政府引导的同时，还要充分调动和鼓励企业、社会加大对能源科技的投入，这样可以建立多渠道的资金支持，推动技术成果产业化，促进知识产权自主化和市场竞争力，使能源技术与装备具有更强的后发优势和可持续发展能力。当然还可以借鉴外国先进的技术与经验。

# 第四章 我国能源政策与法规框架

## 第一节 我国能源政策的演变历程

### 一、节能政策与减排政策并行的政策形成阶段（改革开放至"七五"）

（一）形成阶段的主要政策

1978年《中华人民共和国宪法》（以下简称《宪法》）第11条规定，"国家保护环境和自然资源，防治污染和其他公害"。1982年《宪法》第26条规定："国家保护和改善生活环境和生态环境，防治污染和其他公害。"相比1978年版《宪法》，1982年版《宪法》明确了环境保护的范围和内容，突出对生态环境的保护。宪法是国家的根本大法，具有最高的法律效力，是制定普通法律的根本依据。依据《宪法》的规定，1979年颁布实施的《中华人民共和国环境保护法（试行）》[以下简称《环境保护法（试行）》]提出了"全面规划，合理布局，综合利用，化害为利，依靠群众，大家动手，保护环境，造福人民"的环境保护"三十二字工作方针"，这是中国有史以来第一部环境保护的综合性法律。

改革开放后，中国经济发展速度明显加快，能源紧缺逐渐成为制约国民经济发展的"瓶颈"。1980年国家计划委员会、国家经济委员会出台《关于加强节约能源工作的报告》和《关于逐步建立综合能耗考核制度的通知》，将节能减排的重要意义提高到"不仅影响着国民经济，更是代表了社会发展的程度"，确立了"节约与开发并重，充分发挥资源的可利用率"的政策方针，首次把节能工作纳入国民经济和社会发展计划中。国家成立了专门管理机构，把节能作为一项专门工作纳入国家宏观管理范畴，从而确立了节能在能源发展中的战略地位。为了进一步推广节能技术，自1982年起，我国相继发布了《对工矿企业和城市节约能源的若干具体要求（试行）》、《超定额耗用燃料加价收费实施办法》、《关于按省、市、自治区实行计划用电包干的暂行管理办法》和《中国节能技术政策大纲》。在此基础上，1986年国务院发布的《节约能源管理暂行条例》进一步完善了节能技术政策，提出了对工业企业实行合理用能、合理布局的原则。同时，该条例重视节能技术的开发和推广，对节能技术改造和应用科研采取扶持政策，将重大节能技术纳入国家重点科研计划；要求加快节能法规、标准和规范的制定。这项条例有效促进了中国能源的合理开发和使用。

为了减少污染物排放、治理环境污染，1982年国务院发布《征收排污费暂行办法》。征收排污费是用经济手段加强环境保护的一项较好的办法，目的是促进企业、事业单位加强经营管理，节约和综合利用资源，治理污染，改善环境。1983年实施的《中华人民共和国环境保护标准管理办法》对大气、水、土壤等环境质量制定了相应标准。1984年全国人大通过《中华人民共和国水污染防治法》（以下简称《水污染防治法》），这是中国第一部关于防治水污染、保护和改善环境的法律，是水污染防治领域的专项法律，其全面规定了水污染治理的管理体制和基本制度。1985年实施的《工业企业环境保护考核制度实施办法（试行）》，明确了各工业企业要以经济效益、社会效益、环境效益的协调发展为目标，充分利用一切能源资源，尽可能地采用无污染工艺，最大限度地减少污染物的排放。

（二）形成阶段的主要成果

我国政府自1981年起就将节能作为国家五年计划和年度计划的组成部分进行计划指导。在计划指标中，包括节约能源、减少产品消耗、增加节约目标等多个方面，除此之外，还包括了技术改造、节能科研等多种项目。正是这种指导性的计划，使节能减排工作得到了飞速发展。总的来说，这一阶段的节能减排政策经历了从计划经济到市场经济的转型期，在当时经济条件的影响下，节能减排的政策也随之发生了一系列变化，采取了以行政性政策为主的方式来推动节能减排工作更好的进行。随着经济的高速发展，能源紧缺成为了阻碍经济发展的重要因素，这也就更加奠定了节能减排在当时社会发展中的重要地位。与此同时，政府方面也采取了一系列举措，加大了管理力度，先后制定了200多项能源基础、管理、技术和产品标准，从基础上逐步加强了对企业的能源管理。此外，政府还适当地提高了原来过低的能源价格，对各种能源实行两种价格，并对节能项目提供资助，奖励节能。由于目前我国的能源存在价格过低且无法调节的现状，这种奖励的手段更能够推动能源的开发和节约，较为充分地调动企业节能的积极性。

（三）形成阶段的主要问题

我国从1979年开始进行节能减排工作，我国的节能减排政策仍属于"资历尚浅"的阶段，虽然得到了国家的高度重视，也取得了一定的成效，但仍然有很多问题和不足。究其原因，主要是这一阶段的节能减排政策主要以行政手段为主，由于某些惩罚措施和执法手段的强制性不足，往往造成政策在执行过程中威慑力大大减弱，一些企业为追求眼前利益，宁愿承担相应的惩罚。同时，由于政府和企业在节能减排中定位不清，节能减排政策无论是宏观政策的制定，还是具体的实施管理，基本上都由政府直接操作，并且大量使用行政手段，即使是经济性政策，也往往由政府直接管理，节能减排成了政府单方面的行为和责任。政府和企业在节能减排工作中的定位不清，使企业未能完全发挥作用。节能是我国长期的能源政策，为了能够在这条道路上更长久地发展，就必须在党和政府的号召下不断完善节能减排政策体系，突破固有的节能减排工作，更重要的是在提高能源开发能力的同时充分利用能源，减少能源的浪费，促进节能减排工作的全面发展。

## 二、节能减排上升为基本国策的政策发展阶段（"八五"至"九五"）

### （一）发展阶段的主要政策

发展阶段主要在 20 世纪 90 年代至 20 世纪末。1989 年全国人大修订出台了《中华人民共和国环境保护法》（以下简称《环境保护法》）。该法总结了《环境保护法（试行）》实施 10 年来的经验教训，确立了"环境保护与经济、社会发展相协调"的原则，推动了单行环境法律法规的创制，标志着中国的环境保护事业进入了法制化阶段。1990 年国务院《关于进一步加强环境保护工作的决定》开篇强调"保护和改善生产环境与生态环境、防治污染和其他公害，是我国的一项基本国策"，要求加大城市环境监护力度，治理工业污染。1991 年国家环境保护局发布的《中华人民共和国大气污染防治法实施细则》针对大气污染做出了相关规定，明确大气污染的范围和内容，提出防治大气污染的更高要求和目标，要求地方政府运用多种手段来保证本地区的大气质量。1996 年国务院发布的《关于环境保护若干问题的决定》要求抓紧建立全国主要污染物排放总量指标体系和定期公布制度，实行环境质量行政领导负责制。

鉴于新能源和可再生能源的重要性得到国际社会的高度重视，1995 年发布的《关于新能源和可再生能源发展报告》《1996—2010 年新能源和可再生能源发展纲要》鼓励开发风能、太阳能和地热能等新能源，新能源得到了跨越式的发展。1997 年《中华人民共和国节约能源法》（以下简称《节约能源法》）明确节约资源是中国的基本国策。国家实施节约与开发并举、把节约放在首位的能源发展战略，制定节能标准与能耗限额，淘汰落后高能耗产品，加强重点用能单位的管理，完善节能优惠政策、技术政策，要求调整产业结构、企业结构、产品结构和能源消费结构，尽可能减少单位产值能耗和单位产品能耗，努力建设资源节能型社会。《节约能源法》确定了节能在中国经济社会建设中的重要地位，使节能工作有法可依，为节能行动提供了法律保障，有效促进了节能减排工作的发展。1999 年实施的《重点用能单位节能管理办法》规定了重点用能单位每年最大限度使用能源的数量，要求促进节能技术进步，提高能源利用效率，进一步降低成本，提高效益，减少环境污染。

## （二）发展阶段的主要成果

受当时社会及经济发展的限制，发展阶段的节能减排政策和法规，基本上还是在计划经济的框架内制定和实施的，虽然为了适应市场取向的改革做了一些调整，但总体上仍保持着鲜明的计划经济特征，主要体现在：把定额管理作为主要内容，构建完善的节能管理、监测网络和技术服务体系，把节能作为重中之重，严格进行全面统一的管理；将节能看作是一种能源资源，并把其列入国家政府的首要发展项目中，在保证能源利用率稳步上升的同时保证能源正常的供需平衡；在必要的时候政府可以采取行政与财政手段相结合的方式，对节能技术进行示范和推广；企业还可以设立与节能有关的奖项，不断鼓励员工研究出能有效提高能源效率的方法。我国1992年开始在市场经济体制中掀起了二次改革的浪潮，特别是以市场为基础的价格、财税、金融体制改革，再加上当时企业自主经营权的不断壮大，直接导致了20世纪80年代所制定的与节能减排有关的政策遭受冲击，以政府的行政手段为基础所设立的定额管理及相关法规的效能大为减弱，鼓励节能的措施也遭到了市场体制的阻碍。

## （三）发展阶段的主要问题

从根本上说，我国能源效率的进一步提高，取决于宏观经济改革的进展。因为无论是依靠改善经济结构，还是通过推进技术进步节能减排，都有赖于市场机制发挥主导作用。然而，节能手段过于单一在很大程度上限制了节能减排的继续发展。在20世纪与21世纪80年代，我国在节能减排领域已经开始摒弃低效率的计划经济模式，着手建立适应市场经济的新体制，节能减排管理也逐步由行政手段为主转向法律、经济与行政手段相结合，加强其监督、协调和服务功能，我国的能源战略也由"节约与开发并重"转变为"节能优先"。此外，现有的节能减排政策市场性严重不足。下一阶段，在体制转型期内，我国应在现有节能机构的基础上转变职能，巩固和发展20世纪80年代取得的节能成果，继续推进能源价格改革，定价原则应反映全部供应成本，并逐步取消补贴；建立市场激励机制和能源审计制度，取代定额管理和企业节能奖；培育节能资本市场、技术市场和竞争性的节能设备市场；加快节能技术服务中心的商业化，并通过教育和培训，使管理人员掌握市场经济的节能理论和方法。

### 三、转变经济增长方式的政策修正革新阶段（"十五"至"十一五"）

（一）修正革新阶段的主要政策

随着中国经济持续高速增长，环境保护、能源安全的压力越来越大，节能减排的重要性日益凸显。2002年发布的《中华人民共和国清洁生产促进法》（以下简称《清洁生产促进法》）鼓励企业参与研发和推广清洁生产技术的工作，提高清洁生产水平和技术改造能力，达到减少污染排放的效果。2003年发布的《排污费征收使用管理条例》指出，加强对排污费征收、使用工作的指导、管理和监督。不同于上一阶段的《征收排污费暂行办法》，2003年的《排污费征收使用管理条例》规定所有排污企业都需缴纳一定数额的排污费，排污费的征收、使用必须严格实行收支两条线。2004年出台的《能源中长期发展规划纲要（2004—2020年）》（草案）提出，坚持和实施节能优先的方针，制定和实施统一协调的促进节能的能源和环境政策、促进结构调整的产业政策、强化节能的激励政策，加大依法实施节能管理的力度，加快节能技术开发、示范和推广，推行以市场机制为基础的节能新机制。2005年的《关于做好建设节约型社会近期重点工作的通知》提出，围绕提高资源利用效率这一核心，重点发展循环经济，鼓励节能、节水、节材、节地与资源的综合利用，加快建设节约型社会。2006年的《国民经济和社会发展第十一个五年规划纲要》提出，必须加快转变经济增长方式，要把节约资源作为基本国策，发展循环经济，保护生态环境，加快建设资源节约型、环境友好型社会，促进经济发展与人口、资源、环境相协调。同时，市场机制在节能减排中的作用得到重视。2007年的《能源发展"十一五"规划》提出，加快可再生能源的发展，促进资源节约和环境保护，积极应对全球气候变化。2007年的《国务院批转节能减排统计监测及考核实施方案和办法的通知》建立了全套的节能减排统计、监测和审核三大体系，标志着中国节能减排目标责任制得到了落实。2008年修订后的新《节约能源法》制定了节能管理的一系列具体化方针，进一步明确了节能执法主体和重点用能单位的节能义务，强化了节能法律责任。在新法中，政府机构也被列入监管重点，我国的节能政策体系得到了完善。

面对中国重大水域严重污染的严峻事实，2000年颁布实施的《中华人民共和国水污染防治法实施细则》进一步强调对水污染的监督管理，细化法律责任，加大处罚力度。随后国务院相继批复了太湖流域、巢湖流域、淮河流域的水污染防治"十五"计划。2008年环保部出台《关于加强重点湖泊水环境保护工作的意见》，提出要"以污染物减排为核心，以保障饮用水安全为重点，综合运用经济、法律和必要的行政手段，坚持不懈地推进全面、系统、科学、严格的污染治理"。2008年修订的《水污染防治法》进一步扩大地方政府的责任，加大对违法行为的处罚力度，并且进一步保障公众参与的权利。

（二）修正革新阶段的主要成果

总的来说，这一阶段的节能减排政策在建立健全相关法律法规的基础上，进一步强化了政府的职能，明确了节能减排的法律责任，使节能减排更有号召力与执行力。这个阶段是我国政府对节能减排工作不断修正、变革的阶段，在这一阶段，政府不断进行有关节能减排工作的改革与创新，极大地提升了节能减排工作的重要性，将节能减排工作上升到国家发展战略的地位，为我国建设资源节约型、环境友好型社会，实现可持续发展引导了光明的道路，打下了坚实的政策基础。

首先，能源消耗水平呈现下降趋势，污染物排放得到有效控制，各企业特别是中央企业进一步加快结构调整、加大技术改造并创新管理模式，节能减排卓见成效。"十一五"期间，我国在节能减排相关政策的指导下基本完成了"十一五"规划确定的目标任务。2010年年底，全国单位GDP能耗相比2005年下降19.1%，主要污染物排放总量得到控制，环境污染防治取得阶段性成果。

其次，企业和公众的节能减排意识不断增强，自觉履行社会责任，特别是核心企业积极配合并行动，研讨并制定节能减排的工作计划和实施措施，成立专门的监督部门，制定相应的规章制度，从根本上建立了完善的节能减排体系，充分发挥了其模范带头作用，这也使节能减排工作逐步纳入了制度化、规范化的管理轨道。同时，政府和企业还大力进行节能减排先进技术的研发和推广，将技术进步、节能减排与产业结构优化升级有机协调，用先进的技术推动节能减排继续发展。

最后，相关政策也赋予了重点耗能行业新的生机，在节能减排政策的规范指导下，我国政府加快了低效率小机组电力、煤炭、钢铁等企业的关停、淘汰速度，高能耗行业的发展进入新的上升周期。

### （三）修正革新阶段的主要问题

首先，节能减排各主体缺乏相互协作配合。也就是说，在下一阶段的工作中，为了更好地实现节能减排目标，一方面，政府发挥主导作用，深入贯彻和落实各项政策措施的实施，综合运用经济、法律和行政等手段进行宏观调控；另一方面，积极动员其他社会力量，使制度体系、政策体系、科技体系以及管理体系同全民节能减排观念真正融合，相辅相成。

其次，节能减排观念滞后。应加快转变节能减排理念，积极应对全球性的气候变化，将减慢气候变化以及适应其变化的举措置于社会全面发展的统一规划中，并按计划付诸实施；采取领先的技术为放慢气候异变脚步和应对气候变化提供技术支持与保障，提高全社会的自主创新意识，增强自主创新能力；推动新能源、可再生能源的挖掘开发，推进降低空气中二氧化碳含量等其他节能环保新技术；大力推进气候变化宣传教育活动的开展，促进全民节能减排意识的提高，共同努力来减缓和适应气候变化。同时，还应积极参与国际合作，推进清洁机制的深入发展和先进科技的技术转让等，使节能减排目标尽早实现。

最后，节能减排法律法规体系和财税政策体系尚不完善。应加速修订《中华人民共和国循环经济促进法》和《节约能源法》，出台适应建筑、交通等相关领域的子法，使节能减排目标的实际操作性更强。同时，尽快建立节能减排统计机构、执法监督机构等，并且建立相应的能够反映能耗水平、节能目标、评价考核的统计体系以及负责监管的执法监督体系。另外，发挥市场作用，借助市场机制，根据企业节能目标的实现情况，对节能企业的税收进行不同程度上的减免，对不符合节能目标的企业加大税收征收力度，并且建立起反映资源稀缺程度的价格体系。

## 四、节能减排政策的深化改革阶段("十二五"至"十三五")

(一)深化改革阶段的主要政策

2009年哥本哈根世界气候大会的主题是国际社会共同合作,应对全球气候变化。中国政府承诺,到2020年中国单位国内生产总值$CO_2$排放比2005年下降40%—45%。与之相对应,中国节能减排政策法规增加了减少温室气体排放的内容。以《国民经济和社会发展第十二个五年规划纲要》为引导,中国节能减排工作的重点转向积极应对全球气候变化,加强资源节约和管理,大力发展循环经济,加大环境保护力度,促进生态保护和修复上。2011年国务院印发的《"十二五"控制温室气体排放工作方案》明确了中国控制温室气体排放的总体要求和重点任务,要求加快调整产业结构,大力推进节能降耗,加快建立温室气体排放统计核算体系,大力推动全社会低碳节能行动。2012年中国共产党十八大报告提出"生态文明建设",将生态文明建设纳入中国特色社会主义的事业"五位一体"总布局中,这是中央报告首次将经济、政治、文化、社会、生态文明五大建设并列,具有里程碑的意义。党的十八大报告倡导"绿色发展、循环发展、低碳发展"理念,旨在形成"节约资源和保护环境的空间格局、产业结构、生产方式、生活方式",对我国后续的节能减排政策产生深远影响。2014年修订通过的《中华人民共和国大气污染防治法》和2016年修订通过的《节约能源法》都体现了十八大的精神和要求。

强化价格约束引导,深入实施差别电价,提升高耗能企业生产成本。2010年,我国在实施差别电价政策的基础上,进一步提高了限制类和淘汰类企业电价,并且首次提出对能源消耗超过规定限额标准的企业实行"惩罚性电价",各地可在国家规定基础上,按程序加大差别电价、惩罚性电价实施力度。2013年,国家开始对电解铝企业依据铅液电解交流电耗实行阶梯电价,超过最低标准每吨13,700千瓦时的加收电价。2014年,国家再次运用价格手段促进水泥行业进行产业结构调整,实行基于可比熟料(水泥)综合电耗水平标准的阶梯电价政策。同时,我国还深化价格激励作用,支持可再生能源发展。我国对可再生能源价格实施了价格激励政策,比如对可再生能源发电按照规定的上网价格实行全额强制性收购,保证适当的投资回报。此类政策引导了大量的社会资本积极进入新能源领域，特别是在风电领域，到 2016 年，中国风力发电装机容量已经达到了 1.69 亿千瓦，从 2010 年起年复合增长率接近 50%，风电装机容量跃居全球第一。

2014 年，国务院印发的《2014—2015 年节能减排低碳发展行动方案》要求化解产能过剩矛盾，发展低能耗、低排放产业，优化能源消费结构；狠抓工业、建筑、交通等重点领域节能降碳；从价格、财税、绿色融资等方面进行政策扶持，推行市场化节能减排机制，加强监测预警和监督检查，落实各级目标责任。2014 年年底，国务院颁布的《能源发展战略行动计划（2014—2020）》提出积极发展天然气、核电、可再生能源等清洁能源，降低煤炭消费比重，提高天然气消费比重。2016 年的《工业节能管理办法》要求重点做好节能管理、节能监察、落实企业主体地位和重点抓用能大户等工作，提升工业企业能源利用效率，加快工业绿色低碳发展和转型升级。

2016 年，《中华人民共和国国民经济和社会发展第十三个五年规划纲要》第四章强调"必须坚持节约资源和保护环境的基本国策"，要求加快建设资源节约型、环境友好型社会，形成人与自然和谐发展现代化建设新格局；第四十三章提出"树立节约集约循环利用的资源观，推动资源利用方式根本转变"；第四十四章提出"创新环境治理理念和方式，实行最严格的环境保护制度，强化排污者主体责任，形成政府、企业、公众共治的环境治理体系"。同年，国务院印发《"十三五"节能减排综合工作方案的通知》，该通知要求认真贯彻落实节约资源和保护环境的基本国策，集中各方力量，以降低能耗和改善环境为目标，建设资源节约型、环境友好型社会。《"十三五"节能减排综合工作方案》强化主要污染物减排，例如控制重点流域排放、推进工艺污染物减排、全面推进移动源排放控制、强化生活污染源综合整治、重视农业污染排放治理；要求建立和完善减排、污染防治等综合性平台，实现节能、减排、污染防治等多部门数据及技术共享。由于煤炭等一次能源使用过程中容易产生污染与碳排放，提升非化石能源占比、强化一次能源的清洁使用成为重要工作。

绿色金融为降碳工作提供助力。2016 年，中国人民银行、财政部等 7 部委联合印发的《关于构建绿色金融体系的指导意见》，提出了我国第一个较为系统的绿色金融发展政策框架。我国在绿色金融产品与政策工具等领域取得了诸多进展，到目前已经围绕绿色信贷、绿色债券、绿色股票、绿色保险、绿色基金与碳金融等建立了多层次的绿色金融市场，并匹配了相应的政策支持，是全球首个构建起较为完善的绿色金融政策体系的国家。

碳交易成为重要的市场化降碳手段。2017年，国家发展和改革委员会（以下简称国家发改委）印发《全国碳排放权交易市场建设方案（发电行业）》，正式启动全国碳排放交易体系建设工作。同年，国家发改委、国家能源局印发的《能源生产和消费革命战略（2016—2030）》提出，非化石能源消费比重由2020年的15%提升至2030年的20%，到2050年提升至50%，"煤炭清洁高效利用"被列入"面向2030国家重大项目"。

2020年12月的全国能源工作会议提出加快风电光伏发展，大力提升新能源消纳和存储能力。2021年国务院印发的《2030年前碳达峰行动方案》将能源绿色低碳转型作为重点任务，提出推进煤炭消费替代和转型升级、大力发展新能源、合理调控油气消费、加快建设新型电力系统。同年，中共中央、国务院《关于完整准确全面贯彻新发展理念做好碳达峰碳中和工作的意见》提出，到2030年非化石能源消费比重达到25%左右，到2060年非化石能源消费比重达到80%以上，并且明确需要加快构建清洁低碳安全高效的能源体系，严格控制化石能源消费，不断提高非化石能源消费比重。

（二）深化改革阶段的主要成果

深化改革阶段不仅侧重于提高能源效率和能源安全，而且还包括人类强烈关注的环境问题，特别是与气候变化有关的问题。因此，"十二五"规划（2011—2015年）被认为是中国的"绿色革命"。在这份规划中，应对气候变化首次被作为中国经济面临的重大挑战。"绿色增长"和"绿色发展"这两个词越来越多地出现，逐渐取代了"可持续发展"一词。"十二五"规划提出了到2015年实现与2010年相比，能源强度降低16%，碳强度降低17%，非化石能源在一次能源消费中的比重从2010年的8.6%提高到2015年的11.4%，总能源消耗量不超过40亿吨煤当量以及可再生能源将占发电资源的20%的目标。与成功的"千强企业节能行动计划"一样，"十二五"期间也设立了"万强企业节能行动计划"。该计划包括14641家公司，目标是在该计划期间节省250亿吨煤当量。在此期间，能源强度也继续下降。此外，2014 年，在两个省（广东和湖北）和五个直辖市（北京、天津、上海、重庆和深圳）建立了几个碳市场。2016 年，在福建省和四川省又设立了两个碳市场。2021 年 2 月，我国成立了一个全国性碳市场取代了这些区域市场。

"十三"规划（2016—2020 年）被描述为"新时代"。它将"绿色发展"作为其五大支柱之一。"十三五"规划呼吁"能源革命"的到来，反映了通过提高能源效率和能源多样化以支持可再生能源和低碳能源的意愿。该规划提出，到 2020 年能源强度降低了 15%；到 2020 年将碳强度降低了 18%；为低碳技术创新提供资金；非化石能源在能源结构中的份额达到 15%；到 2020 年，将煤炭在能源结构中的份额降至 58% 以下，能源消耗目标低于 50 亿吨煤当量。被列入"十二五"规划的"万家企业节能计划"实现目标，在"十三五"规划中蜕变成 3 万强计划。

从"十二五"开始可再生能源变得更加多样化。煤炭在能源结构中的份额有所下降，从 2011 年的 70.8% 下降到 2020 年的 56.8%。由于能源政策的多样化，天然气和水电得到发展，风能、太阳能发电和生物质发电也有大幅增长。非化石能源（可再生能源和核能）在能源结构中的份额从 2011 年的 7.4% 增加到 2020 年的 15.9%，这一份额超过了"十三五"规划中设定的目标。

### （三）深化改革阶段的主要问题

在深化改革阶段，我国的人口、资源、环境之间的矛盾持续突出，下一阶段将进一步激化，资源紧缺、环境污染问题都成为亟待解决的关键重点问题。作为世界上人口最多的发展中国家，在为庞大人口提供基本生活保障的基础上，全面提升人民生活水平也是我们的重要目标。现阶段我国社会、经济发展的不成熟和不发达，严重制约了人口、资源、环境之间矛盾的顺利解决，我们既要做到大力发展经济以满足人民的基本需求，还要促进资源节约，提高资源的利用效率，维持经济的发展后劲。与此同时，我们也要注意降低固体废弃物、气体污染物、温室气体、重金属以及放射性污染物质等环境污染物的排放，减少对环境的破坏。这些都是我国接下来节能减排工作的重心和需要挑战的难题。

首先，我国当前激励配套政策滞后，地方政府资金支持紧缩和银行信贷严重不足，部分地区对高能耗、高污染企业的相关奖惩措施落实力度亟待提高。应强化地方政府对节能减排工作的支持力度，从财政补贴等方面为高能耗、高污染企业的挖潜改造夯实财力基础，从税收方面为高能耗企业的转型升级创造条件，加大对企业更新技术、购买新进设备以降低能耗方面的支持力度。

其次，我国地域广博，不同区域发展在经济增长速度、工业化水平和经济结构水平等方面具有较大差距。因此，我国应当制定差异化的政策措施，促进节能减排的区域协调发展。

最后，部分地方政府之间存在恶性的经济竞争等现象，严重制约了节能减排工作的顺利开展。应尽快转变现有的 GDP 考核方式，正确引导地方政府之间的竞争，重塑全方位、多角度的政绩考核体系，将节能减排指标切实囊括到对地方政府的政绩考核中，监督地方政府在重视经济发展速度的同时也关注经济发展质量，在加大招商引资的同时将环境代价考虑其中，建立完善高能耗、高污染企业的甄别监督体制，夯实节能减排工作顺利推进的基础。

### 五、我国能源政策高质量发展新阶段（"十四五"）

**（一）高质量发展新阶段的主要政策**

1. 技术发展开始成为政策关注的重点

实现"双碳"目标需要依托技术的突破性进展、加强政策对低碳技术的支持。2020 年，《中共中央关于制定国民经济和社会发展第十四个五年规划和二〇三五年远景目标的建议》提出，在"十四五"期间要坚持绿色低碳发展原则，完善绿色低碳技术的研究与应用。2021 年中共中央、国务院出台的《关于完整准确全面贯彻新发展理念做好碳达峰碳中和工作的意见》也明确提出强化基础研究和前沿技术布局，加快先进适用技术研发和推广。

2. 保障能源安全并增强能源供应能力

2022 年年初，《"十四五"现代能源体系规划》提出了"十四五"时期能源保障更加安全有力、能源低碳转型成效显著、能源系统效率大幅提高、创新发展能力显著增强和普遍服务水平持续提升 5 个现代能源体系建设的主要目标。国家能源局在《2022 年能源工作指导意见》中突出了"以保障能源安全稳定供应为首要任务"。在生产供应方面，要求做到以下几点：第一，要加强煤炭托底保障能力。优化煤炭产能布局，建设煤炭供应保障基地；完善煤炭跨区域运输通道和集疏运体系，增强煤炭跨区域供应保障能力。第二，提升电力安全保供能力。要发挥煤电支撑性调节性作用，统筹电力保供和减污降碳，根据发展需要合理建设先进煤电；充分发挥现有煤电机组应急调峰能力，有序推进支撑性、调节性电源建设。此外，为提高电力可靠性水平，《电力可靠性管理办法（暂行）》对包括电力系统、发电、输变电、供电、用户可靠性管理做出明确要求。第三，增强油气供应能力。加快油气先进开采技术开发应用，持续提升油气勘探开发力度；积极扩大非常规资源勘探开发，加快页岩油、页岩气、煤层气开发力度；推动老油气田稳产，加大新区产能建设力度。第四，完善能源价格运行机制。《关于进一步完善煤炭市场价格形成机制的通知》提出加强煤炭市场价格调控监管，引导煤炭价格在合理区间运行；《关于完善进口液化天然气接收站气化服务定价机制的指导意见》将气化服务由政府定价转为政府指导价，实行最高上限价格管理，激发接收站活力和积极性，更好发挥价格杠杆调节供需的作用。

尽管政府政策围绕保障能源安全提出了前瞻性的应对措施，但夏季的极端天气还是对四川等局域能源市场造成了巨大冲击，煤炭作为能源"压舱石"的作用更加凸显。2022年的《关于加强煤炭先进产能核定工作的通知》，主要通过核增煤矿产能利用率再挖潜、基本建成煤矿投产、长期停产煤矿复工复产等措施提升短期内煤炭安全稳定供应能力。

3. 落实"双碳"目标并调整控制指标

从对标"双碳"目标来看，现行能源体制机制和政策还存在一些明显的问题，包括能源消费模式向绿色低碳转型的意识还需要增强、新的安全保供风险增多、能源输送等基础设施不适应新能源大规模发展、能源市场体系还不完善、能源管理的协同机制有待改进等。2022年国家发改委、国家能源局《关于完善能源绿色低碳转型体制机制和政策措施的意见》作为"双碳1+N"政策体系的重要保障方案之一和综合性政策文件，突出统筹协同推进能源战略规划、统筹能源转型与安全、统筹生产与消费协同转型和统筹各类市场主体协同转型，从体制机制改革创新和政策保障的角度对能源绿色低碳发展进行系统谋划。在能源绿色转型具体目标上，国家发改委、国家能源局发布的《"十四五"现代能源体系规划》一方面提出了"十四五"非化石能源消费比重、非化石能源发电量占比、电能占终端能源消费比重，以及水电、核电装机规模等量化指标；另一方面设置"加快推动能源绿色低碳转型"专章，包含非化石能源发展、新型电力系统、强化节能降碳等内容，也重点提出了"十四五"能源绿色低碳转型重点工程，将碳达峰要求落实到具体任务、行动和工程上。为进一步提升能源标准化水平，2022年国家能源局印发的《能源碳达峰碳中和标准化提升行动计划》提出，增强能源绿色低碳转型领域标准供给，完善标准体系，加强标准化与技术创新和产业协同发展，重点任务主要涉及非化石能源、新型电力系统、新型储能技术、氢能技术、能效相关标准、能源产业链碳减排标准。

节能减排是实现"双碳"目标、促进能源绿色转型的重要保障措施之一，需要加强能耗总量和强度控制的"双控"政策与"双碳"目标任务的衔接。2021年国务院《关于印发"十四五"节能减排综合工作方案的通知》提出了"十四五"时期节能减排工作任务书、时间表、路线图，并且要求完善实施能源消费强度和总量"双控"、主要污染物排放总量控制制度，实现节能降碳减污协同增效、生态环境质量持续改善。同时，该方案提出的风电、太阳能发电、水电、生物质发电、地热能发电等新增可再生能源电力消费量不纳入能源消费总量控制，是完善能源"双控"制度的重要举措。《关于进一步做好新增可再生能源消费不纳入能源消费总量控制有关工作的通知》明确以绿证作为可再生能源电力消费量认定的基本凭证；《关于进一步做好原料用能不纳入能源消费总量控制有关工作的通知》明确用于生产非能源用途的烯烃、芳烃、炔烃、醇类、合成氨等产品的煤炭、石油、天然气及其制品等原料用能，将不再纳入能源消费总量控制。这一系列政策调整对推动能源清洁发展、促进区域经济和相关企业高质量发展具有重要意义。

4. 构建适应新能源发展的新型电力系统

电力市场在未来的绿色低碳能源体系中占有举足轻重的位置，市场建设的复杂性和难度前所未有。2022年中国电力行业在全国统一电力市场体系建设、适应新能源的新型电力系统建设和新型储能发展规划等方面取得了重大进展。

一是明确了全国统一电力市场体系建设目标。中国电力市场多元竞争主体格局初步形成，市场化交易电量所占比重大幅提升，但电力市场仍存在功能不完善、交易规则不统一、跨区域交易有壁垒等问题。以实现电力资源在更大范围内共享互济和优化配置，加快形成统一开放、竞争有序、安全高效、治理完善的电力市场体系为目标，2022年，国家发改委、国家能源局《关于加快建设全国统一电力市场体系的指导意见》提出，到2025年全国统一电力市场体系初步建成；到2030年全国统一电力市场体系基本建成，适应新型电力系统要求，提升电力市场对高比例新能源的适应性，国家市场与省（区、市）/区域市场联合运行，新能源全面参与市场交易，市场主体平等竞争、自主选择，电力资源在全国范围内得到进一步优化配置。

二是加快构建适应新能源发展的新型电力系统。2022年，国家发改委、国家能源局《关于促进新时代新能源高质量发展的实施方案》提出，要加快构建适应新能源占比逐渐提高的新型电力系统。其主要途径为：（1）通过源网荷储时空布局和建设的系统优化，全面提升电力系统调节能力和灵活性，持续提高电力系统总体接纳新能源的能力；（2）提高配电网智能化水平，着力提高配电网接纳分布式新能源的能力；（3）稳妥推进新能源参与电力市场交易；（4）在政策机制上强化落实可再生能源电力消纳责任权重制度。

三是新型储能高质量规模化发展。新型储能是建设新型电力系统、推动能源绿色低碳转型的重要装备基础和关键支撑技术。2022年，国家发改委，国家能源局印发《"十四五"新型储能发展实施方案》提出了发展目标，到2025年新型储能由商业化初期步入规模化发展阶段，到2030年新型储能全面市场化发展，基本满足构建新型电力系统需求。为了进一步落实完善市场化交易机制，明确新型储能市场定位，提升新型储能利用水平，国家发改委办公厅、国家能源局综合司联合发布《关于进一步推动新型储能参与电力市场和调度运用的通知》，该通知明确了新型储能可作为独立储能参与电力市场，要求建立完善适应储能参与的市场机制，完善调度运行机制。

5. 促进可再生能源高质量发展

在统筹能源安全与新型能源系统建设的背景下，中国可再生能源发展必须坚持"以立为先"的基本发展原则。2022年，中国可再生能源发展总体部署和各分领域的规划得到进一步完善。国家发改委、国家能源局等9部门联合印发的《"十四五"可再生能源发展规划》提出，可再生能源发展要以高质量跃升发展为主题，加快构建新型电力系统，促进可再生能源大规模、高比例、市场化、高质量发展。政策重点集中于以下几个方面。

一是优化可再生能源发展方式，重点完善光伏发展政策。《"十四五"可再生能源发展规划》提出相对保守的目标，2025年和2030年非化石能源消费占比分别达到20%左右和25%左右，风电、太阳能发电总装机容量达到12亿千瓦以上，这些指标均具备进一步提高的空间；坚持生态优先、因地制宜、多元融合发展的原则，在"三北"（东北、华北北部和西北）、西南、中东南部、东部沿海等地区按照不同区域的资源禀赋特点和发展条件，优化发展方式，大规模开发可再生能源。在光伏行业发展方面，针对市场运行中出现的供需错配、供应链价格不稳定、地方市场割裂、供应链配套供应保障能力不足等问题，《关于促进光伏产业链供应链协同发展的通知》和《关于促进光伏产业链健康发展有关事项的通知》在产业布局、行业秩序、全链合作、协同发展等方面提出了具体要求，同时提出以沙漠、戈壁、荒漠地区为重点加快建设大型风电、光伏基地，从保障多晶硅合理产量、支持多晶硅先进产能按期达产、鼓励多晶硅企业合理控制产品价格水平、保障多晶硅生产企业电力需求、鼓励光伏产业制造环节加大绿电消纳等多个方面促进光伏产业链健康发展。此外，国家能源局等5部门联合印发的《智能光伏产业创新发展行动计划（2021—2025年）》提出，在"十四五"期间提升光伏行业智能化水平，拓展智能光伏应用领域，促进新一代信息技术与光伏产业融合创新，加快提升全产业链智能化水平，增强智能产品及系统方案供给能力，促进中国光伏产业持续迈向全球价值链中高端。

二是着眼未来，先期布局氢能产业。氢能是绿色低碳能源，具有良好的消纳和储能能力，是未来能源产业的重点发展方向。《氢能产业发展中长期规划（2021—2035年）》明确提出了氢能和氢能产业的战略定位：氢能是未来国家能源体系的重要组成部分，是用能终端实现绿色低碳转型的重要载体，氢能产业是战略性新兴产业和未来产业重点发展方向。根据规划，到2025年，中国将初步建立以工业副产氢和可再生能源制氢就近利用为主的氢能供应体系；到2030年，形成较为完备的氢能产业技术创新体系、清洁能源制氢及供应体系；到2035年，形成氢能产业体系，构建涵盖交通、储能、工业等领域的多元氢能应用生态，可再生能源制氢在终端能源消费中的比重明显提升。考虑中国制氢、储氢、运氢及应用还未形成高效完备的产业链，该规划将创新摆在产业发展的核心位置，全面促进氢能制备、储存、输运、应用全链条技术创新，突破关键核心技术，提升装备自主可控能力。

（二）高质量发展新阶段的政策机理

此阶段政策以"双轮驱动"为主要特点，政府与市场并重。

政府方面，主要通过能源领域更加严格的控制型指令约束高耗能高排放行业发展，进而推动产业结构升级。能耗双控政策要求对新增能耗 5 万吨标准煤及以上的"双高"项目加强窗口指导，对不符合要求的项目严格把关，且不予提供信贷支持。在此政策影响之下，钢铁、水泥等多个行业被要求限电、限产甚至停产，比如水泥行业受限产政策影响，多地水泥市场价格出现明显上涨。在工业领域，中共中央、国务院《关于完整准确全面贯彻新发展理念做好碳达峰碳中和工作的意见》指出，将对新建、扩建钢铁、水泥、平板玻璃、电解铝等项目严格落实产能等量或减量置换，出台煤电、石化、煤化工等产能控制政策。高耗能高排放项目准入标准的提高也帮助各行业控制产能，逐步解决产能过剩问题，从而优化整体产业结构。

市场方面，进一步完善投资政策、财税价格政策、碳排放市场等市场化机制，从而推动碳减排。在投资政策方面，在政府引导下构建低碳相关的投融资体系，加大对碳中和相关绿色低碳投资项目的支持力度，为市场主体的绿色低碳投资增添活力。在财税价格政策方面，以加大对绿色低碳产业发展、技术研发的财政投入为主要手段，广泛推行绿色采购制度，助力企业高效生产绿色低碳产品和开发技术；研究碳减排相关税收政策，实行税收优惠，助推绿色低碳经济发展；强化价格的约束引导，严禁对"双高"行业实施电价优惠以提升其生产成本，加大差别电价等政策的执行力度以体现价格的激励作用。同时，碳交易是核心的市场调节机制，通过优化配置碳排放资源，为排放实体提供经济激励，以低成本完成碳减排目标。目前，电力行业已率先被纳入全国碳交易市场，向其发放碳排放配额，未来化工、建材、钢铁等高耗能行业也将逐渐进入。碳市场机制有利于淘汰落后产业，实现产业优化升级，也能够倒逼企业使用新能源，减少对碳排放权的需求，从而达到节能降碳的效果。

## 第二节 我国现行节能减排政策存在的问题及对策建议

### 一、我国现行节能减排政策存在的问题

我国现行的节能减排政策主要是结合了财税政策和行政治理。相比于行政治理，财税政策对节能减排的管理更加直接有效，通过节能减排的财政、税收和金融手段，引导节能减排价格机制的建立，国家通过价格杠杆引导企业开发新技术生产更多节能减排的产品，并倡导消费者购买和使用节能产品，建立绿色环保的消费习惯。行政治理从另一个层面反映了国家进行节能减排工作的决心和方向，政府综合采取结构调整、工程技术、管理创新等措施，大力推进能源节约和污染物减排，促进能源效率提高、环境质量改善，节能减排工作取得了一定成效。但是综观西方发达国家和地区在节能减排上取得的成就，相比之下，我国的节能减排工作还存在很多不足的地方。

（一）法律体系不完善

虽然我国颁布了以《环境保护法》《节约能源法》等为核心的环境保护法律体系，同时还有国家经济发展和环保部委出台配套的法规辅助法律的实行，但是在具体的节能减排方面，我国的法律法规并不够完善，主要体现为两个方面：首先，在时间上起步比较晚。虽然我国从 20 世纪 70 年代开始就制定了环保的相关法律，但是直到 1997 年《节约能源法》的出台，才把节约能源作为一个单独的概念上升到法律层面，促使节约能源成为我国的基本国策。而美国早在 1975 年就颁布实施了《能源政策和节约法案》，紧接着 1976 年颁布《资源节约与恢复法》和 1978 年颁布《国家节能政策法》，在 20 世纪 70 年代就出台了 3 部关于节能的专门法律；而作为欧洲节能减排体系最为完善的德国也于 1976 年就首次颁布了《建筑物节能法》。这些国家关于节能法案的颁布足以比中国早了 20 年左右。其次，在内容上更多的是通过行政规章的形式制定出来，缺乏法律的权威性。我国除了上述的《节约能源法》，在节能工作方面主要是通过制定行

政法规和规章进行管理，比如《节约能源管理暂行条例》、《民用建筑节能条例》和《节约用电管理办法》等。美国除了颁布上述的 3 个法案，还继续颁布了《联邦能源管理改进法》、《国家能源政策法》和《国家家用电器节能法》等。同样，德国也相继颁布了《可再生能源优先法》和《节约能源法案》。这些法案的颁布对该国的节能减排工作提供了坚实的法律依据，完善了他们的相关法律体系。

（二）公众参与不足

环境问题是一个公共问题，其带来的公害性对社会整体影响深远，因此节能减排天然地需要公众的参与，需要社会的协同管理。节能减排的公众参与可以分为直接参与和间接参与两个方面。直接参与表现为节能减排信息的公开、节能减排听证会和各种宣传教育活动。间接参与主要表现为面对节能减排不作为，或者受到了企业污染影响的公众能够通过正式渠道进行举报或诉讼，表达自己的利益诉求。美国政府制定了环境保护影响评价机制，明确包括了对重大决策的公众参与和对具体项目的公众参与。加拿大《环境保护法》中第 2 条明确规定鼓励加拿大人民参与对环境有影响的决策过程和向加拿大人民提供加拿大环境状况的信息。而我国在中央集权的政治体制下，公共管理主体上以政府为主，无论是政策的制定还是执行，都是由政府一手主导，公众缺乏参与的渠道和意识。因此，我国主要是在环保宣传和有限的环保信息公开方面进行了有限的公众参与。

（三）管理方式单一

首先，管理方式上以政府的直接管理为主。相比于西方国家通过发挥市场机制调节作用的做法，我国大多是靠指令性政策强制节能减排，现有市场化导向的经济政策较少并且不成熟，资金来源方式单一，缺乏来自市场的竞争力量，而且经常受到政治力量的干预。其次，缺少社会力量或者非官方组织进入节能减排管理领域。我国没有专门的节能减排社团组织，现有的绿色环保组织主要是起到环保宣传的作用，对节能减排工作没有明显的影响和促进作用。就算是大型企业（通常来自国企）内部成立了节能减排小组，这些也只是在正式组织的直接管辖之下，并没有能够和市场力量有效结合。

## （四）财政税收政策不合理

我国的环境税收政策主要是以资源税、环境保护税、耕地占用税、车船税、烟叶税五大税种为主，但是其内容相对简单，调节力度比较小。目前我国还没有严格意义上的环境税，更是没有专门的节能减排税收制度。我国目前主要是通过增值税、消费税和资源税等对企业或产品进行节能减排的限制。这些税制主要是针对矿油产品和汽车排放等项目，而水资源并没有被列入资源税的征收范围，对排污减排的治理主要是制定排污收费制度对废气等污染排放实行收费，而且收费的对象和收费的项目不完善，主要是针对企业的过量排放进行收费处理。由于收费标准不高，不足以抵消企业的治污成本，因此对企业的制约力度不明显。综观发达国家专门开征的"能源税"、"水资源税"和"生态税"等，这些税收的有效执行，能更好地促进节能减排，营造了良好的环保税收环境。

## （五）财政支出力度不够

首先，节能环保财政支出比重不高，逐年增长趋势不明显。据财政部官方的统计数据显示，2018年全国公共财政支出220,906亿元，节能环保支出6353亿元，占总支出的2.88%。2019年全国公共财政支出238,874亿元，节能环保支出7444亿元，占总支出的3.09%。2020年全国公共财政支出245,588亿元，节能环保支出6317亿元，占总支出的2.58%。2021年全国公共财政支出246,322亿元，节能环保支出5536亿元，占总支出的2.25%。2022年全国公共财政支出260,609亿元，节能环保支出5396亿元，占总支出的2.08%。2023年公共财政支出274,574亿元，节能环保支出5633亿元，占总支出的2.05%。由上述数据可以看出，近五年来我国在节能环保上的支出年增长率并没有明显的增长趋势，甚至出现有点忽高忽低的态势。其次，我国主要是通过绿色补贴、绿色采购的方式引导企业和居民的行为，相对比西方发达国家财政直接拨款、多种财政性补贴、多种基金和专项资金而言，我国的环保财政支出远远是低于发达国家水平的，补贴的范围也比较狭窄，难以满足环保的需求。

## （六）节能减排技术水平有待提高

我国节能减排技术还处在比较落后的水平。发达国家主要通过技术手段提高煤炭的能效、降低其污染排放，我国煤炭用于发电和生活消耗的能效远低于发达国家，这样不仅会造成能源的浪费，还大幅度地污染环境，我国多地区出现雾霾天气。虽然在国家的大力支持下，我国的节能减排技术取得了一定的成就，也完成了自己的一些研发项目，但是总体上还与国际先进水平存在比较大的差距，对新能源的开发技术不强，自主研发能力较弱，缺乏核心自主知识产权。

## 二、对完善我国现行节能减排政策的建议

借鉴西方发达国家的成熟经验，对完善我国的节能减排政策提出以下几点建议：

### （一）完善法律法规体系

制定以节约能源法为核心的节能减排法律体系，参考欧美发达国家的经验，把很多由行政部门制定的规章，上升到法律层面，制定"节能管理法""节能减排法案"等专门的法律。同时，建立强有力的配套制度，继续完善相关法律的执行办法，以确保法律能够得到切实的执行。积极推进节约能源法、气候变化立法等行政法规的制定及修订工作，完善和规范节能减排标准的制定，出台专门的环境评价机制，包括事前、事中和事后的评价，促使节能减排工作逐步走上法制化、规范化的道路。

### （二）提高节能减排公众参与意识，拓宽节能减排公众参与渠道

首先，要从法律上明确节能减排公众参与的合法性，其应包括公众参与的程度、政府环境信息公开的范围、公众参与的具体渠道，而不是简单地泛泛地等同于原来法律当中规定的赋予公众参与环境保护的某些权利和义务。其次，要借鉴西方发达国家的节能减排政策经验，积极引导公众的高效参与。其前提是保障公众节能减排的知情权，还要确保公众监督的权利和渠道。因此，随着网络技术的不断普及，信息传播的速度越来越快，政府在深化政治体制改革的同时，要学会顺势而为，加强和公众之间的信息沟通，而不是固守以往的信息选择性发布的做法，要把公众真正地纳入节能减排体系当中来。2015年原环境保护部公布的《环境保护公众参与办法》为节能减排公众参与提供了制度参考，

促进公众参与更加规范化、制度化、理性化。

（三）转变政府职能

转变政府职能，直接管理向间接管理转变，逐步退出对工业能源领域的直接管理，引入市场竞争机制，把能源使用效率的改进基于市场机制的基础之上，促进工业企业的优胜劣汰。通过市场经济的价格杠杆引导企业改进新技术，降低能源消耗成本，提高能源利用效率，促进资源节约型、环境友好型社会的建设。除了市场机制，还要调动非营利组织的积极作用，比如欧盟能源技术组织等。因此，我国也应该放开对非营利组织的管控，促进非营利组织的发展，发挥他们"第三方"组织的优势，以弥补政府自身的不足；还可以引进专业的环境测评或者节能减排机构，配合政府开展节能减排工作，提高政府节能减排工作的专业性和科学性。这样，我国就能吸引更多的社会力量参与到节能减排工作当中来。

（四）优化环境税收体系，开征环境税

目前，发达国家的普遍做法是分别针对节能和减排开征不同的税种。在节能方面，发达国家几乎都对能源消费进行征税，例如，奥地利、挪威、瑞典等国对工业用重油征收消费税，美国已有38个州开征能源开采税。在减排方面，通常是征收大气污染税、水污染税、固体废物税等。不少国家建立了一整套完整的环境税收制度来提高环境污染的成本，强制企业节约能源，减少排放。我国借鉴发达国家的经验，可以开征环境税或污染税，主要以大气污染税、水污染税、固体废弃物污染税、垃圾污染税和噪声污染税为主，完善能源税征收力度，加强碳税、燃油税等的调控力度。同时，实行费改税，我国目前实行排污收费制度，排污收费项目应并入相应的污染税税目。还应规范排污征收标准，把各类资源性收费比如矿产资源管理费、林业补偿费、育林基金、林政保护费、水资源费、渔业资源费、电力基金等并入资源税。

（五）加大对节能环保的支出力度

我国应该调整公共财政节能环保支出结构，加大对节能环保的支出力度。一方面，既要中央财政的资金支持，也鼓励地方财政积极投入，建立财政直接拨款、政府财政补贴、环保贷款和节能基金等多元化的资金投入体系；另一方面，逐步形成财政资金和社会融资相结合的金融机制，以弥补财政政策在市场失灵领域的缺陷，加强"以奖代补"力度和范围，节能技术的研发和示范项目实施财政补贴制度，并在信贷政策上有所倾斜。此外，开展节能宣传教育，推广民间节能工程，定期更新节能产品目录，对于进入节能产品目录的产品或企业予以奖励或者税收减免政策。

### （六）提高节能减排技术水平

积极学习和引进国际先进的能源和环保技术，促进国内技术的研发创新。欧美发达国家在能源和环保技术研发上起步早、进步快，拥有丰富和成熟的技术经验。当今世界国际间交流越来越频繁，我们应当积极学习和引进他们的先进技术，并且消化吸收为自己的核心技术。同时，提高煤炭利用技术，把有毒空气污染物排放控制作为环境影响评价审批的重要内容，完善有毒空气污染物的排放标准与防治技术规范对我国非常有必要。为此，政府应加大节能减排技术的支持力度，加快建立以企业为主体、市场为导向、产学研相结合的技术创新体系，推动建立企业、科研院所和高校共同参与的创新战略联盟，促进科技成果向现实生产力转化。

我国在短短的 20 多年里不断努力完善环境保护的管理体系，以解决在经济快速发展过程中带来的严重的环境污染问题。但是通过上述分析，发现目前还是存在一些主要问题，这些问题的解决可以通过借鉴西方国家的成熟经验进行逐步完善。目前，《中华人民共和国环境保护税法》（2018 年修正）极大地推动我国环境保护工作的实施进展，环保税法比排污收费有更大的约束力度，这对于我国的环境保护起到里程碑的作用。

## 第三节 我国能源政策前瞻

### 一、多措并举，加强能源供给安全保障

当前，中国能源供给仍可能会面临以下几个挑战：（1）能源需求回升幅度

不确定性大；（2）乌克兰危机下国际油气市场供给保障依然存在较大风险，尤其是剧烈的价格波动会对中国能源市场形成冲击；（3）极端气候对中国局部区域能源供给和需求的冲击越来越频繁，风电、光电和水电的稳定性受到考验。因此，中国能源政策将把保障供给放在首位。

一是加大煤炭优质产能释放力度。短期内，煤炭需要继续发挥能源供给的兜底保障作用，优化蒙西、蒙东、陕北、山西、新疆五大煤炭供应保障基地建设，推动在建煤矿尽快投产达产，提高煤炭铁路运输能力，实现生产高效、供应足量和运输畅通。同时，深化煤炭与煤电、煤电与可再生能源"两个联营"，制定煤矿保供与弹性生产办法，形成煤矿应急生产能力，全面增强煤炭安全增产保供的能力和韧性。从中长期来看，需要大力发展煤炭智能绿色开发与清洁低碳利用技术，突破煤炭企业投资意愿低迷的"瓶颈"，提升煤炭产能的柔性调节能力，更好地保障中国的能源安全。

二是推动油气增产增供，加快天然气管网和储备能力建设。过去几年，面对复杂的资源条件，中国主要石油企业通过技术创新和降低勘探开发成本，向陆上深层、深水及非常规资源等领域进军取得不错成效。2024年国家政策支持加大油气勘探开发力度，强化"两深一非一稳"重点领域油气产能建设，坚决实施"大力提升油气勘探开发力度七年行动计划"，加快国家重大战略性基础设施工程建设，加快地下储气库建设，巩固和拓展与周边油气资源国合作，夯实跨境油气进口通道体系，促进国际油气合作高水平发展。通过科技创新支撑油气增储上产，加强化石能源清洁高效利用，加大油气资源勘探开发和增储上产力度，深化电价政策和电力交易改革，实行两部制电价政策。

三是多方开拓资源来源渠道，稳妥增加能源进口，满足国内需求。进口仍是满足中国能源需求的重要渠道，而目前国际油气市场供应不稳定带来的价格高涨给中国带来了较大的经济负担。妥善处理与资源供给方关系，稳妥增加进口，有助于提升中国能源保障能力。

**二、节能提效，促进绿色低碳发展**

从中国的能源消费结构、使用效率、产品品质等方面来看，在政策上促进能源效率提升和能源节约，存在巨大的降低碳排放空间。一是强化能耗强度、降低约束性指标管理。鼓励企业加大投入力度，实施煤电节能减排改造，开展油品质量升级；采取多种措施促进北方地区清洁取暖等；增强能源消费总量管理弹性，降低碳排放和实现绿色低碳发展。二是调整优化工业领域能源消费结构，加强节能。在能源消费结构方面，继续推动煤炭减量替代，按照"以气定改"原则推进工业燃煤天然气替代；推进工业用能多元化、绿色化，具备条件的工业企业、工业园区建设工业绿色微电网，加快分布式光伏、分散式风电、高效热泵、余热余压利用、智慧能源管控等一体化系统开发运行，推进多能高效互补利用。在节能方面，挖掘钢铁、石化化工、有色金属、建材等行业节能潜力，进一步健全完善工业节能标准体系，鼓励加大专业化节能服务力度，加大节能装备产品供给力度，加快建立统一的绿色产品认证与标识体系，完善绿色产品认证采信机制。三是加强污染治理和节能减碳能力建设。2024年中央预算内投资重点支持项目包括：污水垃圾处理等环境基础设施建设，污水资源化利用，城镇生活垃圾分类和处理，城镇医疗废物危险废物集中处置等项目建设；重点支持电力、钢铁、石化等重点行业节能减碳改造，城镇建筑、交通等基础设施节能升级改造，重大绿色低碳零碳负碳技术示范推广应用，绿色产业示范基地等项目建设；支持循环经济发展，资源综合利用，水资源节约项目建设，推进园区循环化改造，支持秸秆综合利用及收储运体系建设项目；重点支持细颗粒物和臭氧污染协同治理，环境污染等第三方治理，重点行业清洁生产及重大环保技术示范。四是加快推动建筑节能和绿色建筑发展。建筑业是能源主要消费领域之一，在节能提效促进绿色低碳发展方面具有重要作用。政策方面应进一步提升建筑节能、绿色建筑和绿色建材标准规范，同时加大建造推广力度，推动可再生能源建筑应用，推进既有建筑节能改造，提升建筑能源利用效率，优化建筑用能结构，打造建筑产业绿色竞争力。

### 三、加快发展清洁能源，构建新型电力系统

中国以风电、光伏发电为代表的清洁能源发展已进入平价无补贴发展的新阶段，其不但面临着实现装机规模跨越式发展、在电力消费中占比快速提升、发展模式由政策驱动向市场驱动转变的新要求，而且仍面临着电力系统对大规模高比例新能源入网和消纳的适应性不足等制约因素。为适应新阶段和新形势，

在政策层面应有更高的要求和措施。

一是加大清洁能源投资建设力度。2023年是中国"十四五"各项经济指标落实的关键年份，加大投资力度对于提升清洁能源产业竞争力和实现碳达峰、碳中和目标都是根本性保障措施。中国清洁能源发展已经领跑全球，乌克兰危机进一步证明了发展清洁能源有助于提高能源安全性和自主性。中国需要大幅提高清洁能源投资水平，建设多能互补的清洁能源基地，以沙漠、戈壁、荒漠地区为重点加快建设大型风电、光伏基地。目标是2023年风电、光伏发电新增装机规模在2022年增加1.3亿千瓦的基础上提高到1.6亿千瓦，风电和光伏发电累计装机规模分别达到4.3亿千瓦左右和4.9亿千瓦左右。按照2020年以来的年度新增装机规模，预计在"十四五"结束时，中国可以超额实现2020年12月习近平总书记在气候雄心峰会上提出的2030年风电、太阳能发电总装机容量达到12亿千瓦以上的目标。围绕形成氢能产业体系、构建多元氢能应用生态、可再生能源制氢在终端能源消费中的比重明显提升的目标，需要通过支持技术创新促进高效氢气制备、储运、加注和燃料电池等全产业链环节的发展，为氢能的产业化发展创造条件。

二是加快新型电力系统基础设施建设，提升清洁能源消纳和存储能力。在经历了2021年多地限电、2022年夏季川渝地区电力吃紧及外部国际能源市场的剧烈波动之后，加快构建新型电力系统成为2023年能源政策的重点内容。夯实电力供应保障基础，推进跨省跨区特高压输电工程规划建设，提升重要通道和关键断面输送能力，发挥跨省跨区电网错峰支援、余缺互济作用，提升电网的跨区域配置能力；提高大型风电、光伏发电基地外送规模和新能源消纳能力，促进新能源就地就近开发利用。

三是提升能源产业运行和设备的智能化水平，保障重大自然灾害等极端条件下能源供给安全。保障煤电油气运安全稳定运行，强化关键仪器设备、关键基础软件、大型工业软件、行业应用软件和工业控制系统、重要零部件的稳定供应，加强能源关键信息基础设施安全保护和电网运行安全风险管控，保证能源核心系统运行安全。

四是适应新形势的要求，加快修订《可再生能源法》，为可再生能源发展提供法律支持和保障。

## 四、推进能源体制改革，促进产业融合发展

随着能源结构向绿色低碳转型，传统化石能源的地位和角色都在发生变化，但市场体制改革依然是推动能源结构转型的制度保障。

一是在油气行业，需要继续优化开放准入和法治化、规范化管理。面对当前复杂的能源供需形势，要推动中国境内油气增储上产，引导和鼓励社会资本进入油气勘探开采领域，加快制定石油储备条例，为石油储备和应急动用提供法律依据。

二是尽快推出统一的电力现货市场基本规则。在电力体制改革中，随着多地电力现货市场开启试运行，承接《加快建设全国统一电力市场体系的指导意见》，研究制定全国统一电力市场发展规划，明确各类市场功能定位，确保市场基础制度规则统一。同时，综合考虑新型电力系统建设的要求，对风电、光伏发电等新能源、储能、分布式发电、负荷聚合商、虚拟电厂和新能源微电网等多种新兴市场主体都要开放，这些都是相较于以往电力市场建设出现的新事物。另外，面对韧性系统和保障电力输送安全的需要，建立电力市场化容量补偿机制，有利于弥补发电企业固定成本回收缺口，激励各类电源投资，保障系统发电容量充裕度和调节能力，形成以电力用户为中心、以电力为核心、以互联网及其他前沿信息技术为基础的能源互联网。

三是进一步完善能源价格形成机制，疏导产业链成本。在燃煤发电价格方面，要推动中国煤炭市场价格形成机制能够更加准确地反映市场供需形势，科学设计燃料成本与煤电基准价格联动机制，进一步放宽煤电中长期交易价格浮动范围，以调动煤炭企业和电力企业的生产积极性。在天然气价格形成机制方面：其一，要逐步消除由于交叉补贴引起的价格扭曲，探索推进终端销售价格市场化；其二，逐步将气电纳入电力中长期市场，突破补贴电量对气电企业的限制，逐步实现企业依据购气成本变化和电力市场价格走势自主选择交易；其三，探索建立电价和气价联动机制，在广东、天津等各地不同形式实践的基础上，稳步推进气电参与市场化交易。另外，需完善电力需求响应价格补偿机制，逐步形成电力可中断用户清单，以适度的激励措施引导市场主体参与电力需求响应，以市场化方式降低高峰时段负荷需求，达到削峰目的。

四是推动能源产业融合发展。在能源结构绿色低碳转型背景下，传统化石能源与新能源的地位呈现此消彼长的态势，但传统化石能源的退出不会一蹴而就，在未来较长时期内，多种能源的融合互补、渐次降碳发展将是主要形态。可以重点考虑的路径包括：将煤电节能降耗改造、供热改造和灵活性改造与光伏发电、风电基地建设有机结合，将燃气发电与光伏发电、风电技术深度融合，将主要流域水力发电与光伏发电、风电一体化融合开发建设，截至2024年6月底，我国水电装机已达到4.27亿千瓦，不断提升水力发电、光伏发电、风电等可再生资源的综合利用水平以及稳定性。

**五、积极推动国际合作，构建更高质量的能源国际合作体系**

中国能源国际合作以新格局促进新发展，努力实现开放条件下的能源安全，扩大能源领域对外开放，积极参与全球能源治理。一是坚持"引进来""走出去"。在能源领域加大外资引进力度，面向《全面与进步跨太平洋伙伴关系协定》（Comprehensive and Progressive Agreement for Trans-Pacific Partnership，CPTPP）和《数字经济伙伴关系协定》（Digital Economy Partnership Agreement，DEPA）等高标准经贸协议，主动对照相关规则、规制、管理、标准，深化中国能源相关领域改革。支持中国能源企业走出去，务实推进与重点能源资源国合作，依托建设投资、工程服务等业务，参与全球能源勘探开发、贸易、运输与工程建设等，提高企业的国际竞争力。二是推动构建全球大宗能源商品合作伙伴关系。积极参加多边国际组织的协调，加强市场监管合作，畅通供应链，稳定国际能源市场供需形势，为开放、稳定、可持续的国际能源市场建设创造条件。三是深入推进清洁能源国际合作。发挥中国清洁能源全产业链优势，扩大清洁能源领域技术交流和知识共享，降低能源领域投资贸易壁垒，促进清洁能源贸易和投资，推动建立中国—东盟清洁能源合作中心，共建中阿清洁能源合作中心，推进氢能、储能、风电、智慧能源等重点领域对欧合作，维护全球清洁能源产业链和供应链的安全和稳定。四是构建更高质量的能源国际合作体系。统筹用好国际、国内两个市场和两种资源，加强与区域组织的合作，建设运营好"一带一路"能源合作伙伴关系，积极参与能源领域重要多边机制合作，扩大国际合作范围，深化国际合作层次，提升国际合作质量。

# 第五章 可持续发展与绿色能源转型

## 第一节 可持续发展的概念与重要性

### 一、可持续发展的概念

可持续发展源于1980年的"绿色运动",由于1960年发达国家在非洲以及南美洲大量收购可耕种农地用来耕种咖啡和甘蔗,用所得的金钱购买粮食供应给当地居民。然而,由于土地开垦过度且缺乏长期合理开发规划,咖啡和甘蔗糖的期货在短期内快速贬值,南美各国经济迅速崩溃,加上水土流失、滥用农药以及过度消费行为持续扩大使土地贫瘠甚至沙漠化,乃至引起饥荒。因此,以环境为导向是可持续发展的重中之重,其主要目标在于关爱人类、提高生活质量、保障健康和高效的生活条件。因此这也在人类生活水平与环境品质间建立了直接联系,使我们无法忽视环境状态。人类存续不仅意味着维持当代人口的生活平衡,也意味着要保障未来后代有条件使用自然资源。

"可持续发展观"的概念,最早出现在20世纪80年代中期一些发达国家的文章和文件中,其最常见的定义来自于布伦特兰委员会的《我们共同的未来》报告:"既能满足我们现今的需求,又不损害子孙后代,能满足他们需求的发展模式。"自从"可持续发展"概念诞生以来,资源和环境情况不断恶化,使国际社会对于可持续发展以及其内涵产生了广泛的关注可持续发展的概念已经逐步渗透进了社会发展的各个领域。

可持续发展是既能满足当代人的需要,又不会损失后代人满足需要的能力的发展。它主要包括两个关键概念:(1)从保持资源容量,实现资源永久持续利用来说,可持续发展指的是在提升和创造当代的同时,不能以降低福祉为代价;(2)在合理利用自然生态体系方面。长期单纯追求经济增长的发展模式导致对于自然环境不可逆地被破坏,各种环境危机浮现人们逐渐认识到了经济发展受到环境承载力的制约。

由此可见,可持续发展是一个内涵极其丰富的概念,其核心就是要在合理利用自然资源的基础上正确处理人与自然之间的关系。由于可持续发展在社会发展方面的不同决定了不同研究者对于其理解不一致,强调的侧重点也有所不同,也就出现了不同种类的对于可持续发展的定义。而对于可持续发展的概念和内涵的深入理解,也是可持续发展研究的重要内容。

对于中国来说,中国是一个发展中的超级大国,其人口众多,而自然资源容量有限,且地区间分布不均衡,加上自身经济基础仍然较为薄弱,总体科技水平处于相对落后的水平。这就导致了中国对于可持续发展概念的理解与实践区别于世界上主要的发达国家,它代表着发展中国家的社会普遍需求以及相关利益,也体现了作为发展中大国的担当以及特殊要求。

而对于在能源领域中可持续发展的定义,可以从科技利用以及资源的使用效率方面进行界定。持这种界定方法的原因是人们认为在实施可持续发展的战略中科学技术水平的提升起到了关键作用。如果没有科学技术水平的提高,就不能实现人类对于资源的合理利用。

伴随着经济的快速发展,我国能源安全以及能源资源相关的全球气候变化问题日益严峻。能源可持续发展面临问题重重,主要问题可以表现在以下几点:

(一)能源供需矛盾日益尖锐

21世纪初至今为能源消费的快速增长阶段,中国能源消费增长率维持在了9%以上的水平,其中在2003年、2004年中国能源消费总量增长率曾经一度达到过顶峰。总体来说,在中国目前的能源消费结构中,煤炭能源需求占比最多,超过 60%。天然气以及石油的需求增长较快，将从 1990 年的 14.8% 扩大到 2030 年的 26.4%。水电、核能以及其他新型能源虽然起步较快，而且也能得到新技术的支持，但是其在能源结构中占比重不大。因此，可以得出一个结论，就是在未来发展到 2030 年的时期，中国的能源需求将呈现出多元化的发展趋势，但这并不能改变煤炭、化石资源在能源消费结构中占比的主体地位，而且在较长的时间内不会发生根本性转变。

中国工业化结构倾向重工业发展。1996 年之后，中国工业发展出现了转折变化，即重工业在历史上首次发展在工业占比上超轻工业。在诸多因素诸如推动发达国家将主要制造业引入中国、国内消费结构变化、中国改革开放以及现代化进入了新的发展阶段等的共同作用下，自 2002 年起，新的经济发展形式已经转变为以重工业为主导的显要特征，甚至发展到 2006 年至 2007 年重工业比重已经接近 70%。重工业倾向的发展意味着将进行更多的资源投入。

（二）能源经济仍然是进口导向型

1993 年之后，中国就成为了石油以及煤炭的净进口国，即不再出口其他国家。而从 1993 年至 2004 年短短 10 年之间，这两种资源的对外依存度从 0 呈指数级增长到了 44%。截至 2023 年，中国石油的国内消费增加至 7.56 亿桶，而国内的产量却仅为 3.9 亿桶，产量与需求之间存在巨大缺口，缺口高达 3.66 亿桶。根据计算可得，中国石油依赖进口程度将高达 55.6%，而这个进口程度根据国际能源署（International Energy Agency，IEA）在《2023 年世界能源展望》中预测，将会在 2030 年增长到近 80%。因此，中国目前的资源容量、资源需求情况以及日益扩大的能源进口依赖程度会对中国能源安全造成威胁。

（三）能源价格迅速提升

近几年，石油、天然气、煤炭等传统能源的价格出现了上涨的势头。根据欧洲基准价格、美国现货煤炭价格指数、日本煤炭进口价格进行分析，近 5 年来，全球煤炭价格从 85 美元/吨上涨到了 140 美元/吨，涨幅达到了 64.71%。2018 年，全球原油平均价格曾经一度达到了 65 美元/桶，而在 2023 年，全球原油平均价格则先是由于地缘政治以及全球经济和全球局势共同作用涨到了 100

美元/桶以上，而后又一路承压回落至 80 美元/桶左右，涨幅则达到了 25%。由此可以得出结论，能源价格在快速攀升，而能源价格攀升也是能源供需矛盾日益尖锐的集中表现。

（四）环保压力不断增加

伴随着能源消费总量的迅速增长，诸如二氧化碳等的一些污染气体排放量不断增加，中国的环保压力也逐渐增大。2018 年中国能源消费总量达到了 37.7 亿吨标准煤，二氧化碳排放总量达到了 117.79 亿吨。到 2023 年，能源消费总量达到了 54.41 亿吨标准煤，二氧化碳排放总量则达到了 368 亿吨。虽然从 2002 年开始，中国煤炭消费所导致释放的碳排放总量占二氧化碳排放总量的比例在不断下降，但是按照预测，在 2025 年时该比例仍然会维持在 70% 以上。世界银行 2012 年的数据显示，世界上污染最严重的 30 个城市中有 20 个在中国，并且伴随着煤炭消费量的不断增加，中国已经成为了世界上最大的二氧化硫排放国，仅次于世界第一美国的第二大二氧化碳排放国。

在 20 世纪 80 年代末和 90 年代初，人们对能源发展的看法比较狭隘，其主要关注减少排放和能源安全。此外，人们孤立地看待能源问题，而没有将其与其他发展问题联系起来。随着时间的推移，人们开始从更广阔的视角看待能源发展问题，开始考虑潜在的社会和经济影响，而不仅是环境影响。目前，人们已经认识到能源在推动社会和经济发展方面的必要性，而且随着人们对气候变化的严重性及其对全球潜在影响的认识不断提高，改变当前生产和消费模式的必要性也日益受到重视。可获得性、可负担性、能源向可再生能源的过渡以及能源效率等问题是世界上大多数政府（如果不是所有政府的话）都在讨论的话题。因此，"可持续能源与环境"的概念已逐渐有了更全面的定义，其重要性也在不断增加。

（五）国际背景下的中国碳排放

中国境内因使用化石燃料而产生的人均排放量在 2005 年超过了世界平均水平，在 2013 年超过了欧盟的水平。如果根据商品的消费地、而不是生产地来分配排放量，那么中国的排放量则会低 15% 左右。换言之，虽然中国大规模的出口行业确实是造成高排放量的因素之一，但是它的权重比一般人认为的要低。在 2019 年，即能找到数据的最近一年，欧盟基于消费而产生的人均排放量仍然高于中国，但之后两者趋同。中国基于消费产生的人均排放量与其 GDP 水平相比较高，其原因是中国的能源密集型经济结构。大多数能源最密集的商品，比如钢铁、水泥和有色金属，均国内生产、国内销售。此外，中国也是排放密集型商品的主要进口国。暗含在中国贸易中的排放量在 2007 年全球金融危机前后达到顶峰，此后一直在下降。也就是说，自 2008 年以来，净出口对中国的排放增长没有任何贡献。中国气候行动的重点之一是降低其经济的二氧化碳强度，即单位 GDP 二氧化碳排放，中国在这方面取得了快速的进步。然而，与其他非经济合作与发展组织国家的平均水平相比，中国需要降低的起步指数非常高，与发达国家相比差别就更为明显。与其他在过去几十年中实现快速经济增长的新兴经济体相比，由于能源结构中的高煤炭比例和能源密集型经济，中国走的是一条二氧化碳强度远超其他的增长轨迹。自 2013 年以来，中国二氧化碳排放的增长速度放缓，这使中国与其他新兴国家的二氧化碳强度水平在一定程度上趋同，但与大多数人均 GDP 水平与之相当的其他新兴国家相比，中国的人均排放量仍然是它们的两倍以上。

## 二、可持续发展在能源领域的重要性

### （一）发展可再生能源能够创造就业机会

在中国，可再生能源行业是一个相对较新的行业，可以吸引许多公司投资。这可以创造大量新的就业机会。根据 IEA 估计，向净零排放的过渡将引起能源部门就业岗位的全面增加。虽然到 2030 年化石燃料生产领域可能会失去约 500 万个就业岗位，但清洁能源领域预计将创造 1400 万个新就业岗位，净增加 900 万个就业岗位。此外，能源相关行业还需要至少 1600 万工人，例如，在电动汽车和超高效电器制造或氢等创新技术领域需要工人来担任新角色。这意味着到 2030 年，清洁能源、高效和低排放技术领域总共可创造超过 3000 万个就业岗位。

### （二）开发可再生能源是推进我国经济发展的有效途径

开发利用可再生能源，可以调整能源结构、保护环境、解决农村用能以及边远地区用电问题和生态建设、开发西部,这些都是促进我国经济可持续发展的重要因素。根据中华人民共和国自然资源部所出示的2023年我国矿产资源报告显示,我国常规能源探明总资源量为8231亿吨标准煤,探明剩余可采总储量约为1500亿吨标准煤,约占世界探明剩余可采总储量的10%,主要以煤炭资源为主,石油、天然气占比很小。根据国际能源署(IEA)所提供的数据。截至2023年,煤炭占中国一次能源使用量的55%,占全球煤炭消费量的23%。同时我国能源产业的发展在很大的程度上付出了资源、安全和环境的代价,来支撑国民经济的快速发展。就这种形势来看,我国在能源资源供应总量上将面临更大的压力,能源结构急需进行调整,能源的供应安全也将面临极大的挑战。

我国可再生能源资源丰厚,具备显著的发展潜力。依据国家《可再生能源中长期发展规划》的要求,在未来较长时期内,可再生能源的消费比例将在能源总需求中占据重要地位。可再生能源的年利用总量也将持续增加,有望逐步实现国家规划的长期发展目标。

回顾近年来的发展历程,我国在水电、风电、生物质发电、沼气、太阳能等多个可再生能源领域均取得显著成效。在过去的几年里,水电装机规模逐年增长,风电与太阳能发电的技术不断突破市场应用规模不断扩大,生物质能源利用逐步增强,沼气的开发和利用稳步提升,太阳能热水器的推广覆盖广泛,燃料乙醇和生物柴油的生产能力也显著提高。

进入新时期,尤其是近年来,我国在可再生能源领域的装机容量和技术水平进一步提升,风电和太阳能发电的总装机规模屡创新高,生物质发电与沼气利用的年增长速度加快,各类可再生能源的技术研发和产业化推广持续推进。这些成就表明,我国可再生能源的开发利用规模与速度均位居世界前列,为未来实现更大规模的能源转型奠定了坚实基础。

(三)开发利用可再生能源是缓解能源需求压力的必然选择

伴随着经济的快速发展,我国的能源环境以及与能源直接相关的全球气候变化问题也日益严峻。人们迫切需要高效洁净的能源来缓解生态环境压力。可再生能源具有分布广泛、资源潜力大、环境污染低、可永续利用等特点,可以为国家生态环境的改善做出贡献。因此,可再生能源作为一种重要的替代能源,将在未来能源供应结构中起到显著作用。研究可再生对于缓解中国能源需求压力等问题具有广泛深刻的意义。

(四) 可再生能源价格更加稳定、安全

当今世界正值百年未有之大变局，国际形势风云变幻，政治经济格局深度调整。2021 年以来的欧洲能源危机，其原因除了俄乌地缘冲突，还包括极端天气影响、碳价影响气价及经济刺激政策促使能源需求反弹等。由此可见，当前国际油气贸易所面临的风险特别是非传统风险日益复杂。石油和天然气是综合属性最强的大宗商品，海外油气资源能否"买得到、买得起、运得回"的问题更加严峻。长期以来，中国高度依赖海外进口油气，2021 年中国原油和天然气对外依存度分别高达 73% 和 45%。中国进口油气主要来源于中东、中亚、俄罗斯和非洲地区，超过 80% 的进口原油都要通过咽喉要道马六甲海峡。而未来中东各国政治局势扑朔迷离，美国及其盟友对华态度日益敌对，俄乌冲突愈演愈烈，中国海外油气供应的地缘政治风险和运输通道风险有所上升。国际能源市场的金融风险也不容忽视，全球通胀持续加剧，国际油价大幅波动，都给中国国际油气贸易带来更大负担。同时，中国虽是全球最大的油气进口国，却没有与之匹配的定价权和话语权，也没有具有国际影响力的交易中心，抵御能源市场风险的能力严重不足。

不断变化的能源市场和地缘政治的不确定性使能源安全和能源基础设施的弹性成为许多国家能源战略的首要任务。地缘政治冲突和动荡往往伴随着能源价格上涨和资源获取有限，这些严重威胁能源供应安全。而可再生能源在当地生产，其减少了对能源进口的需求，因此受地缘政治危机、价格飙升或供应链突然中断的影响较小，从而增强了地区能源安全。

(五) 发展可再生能源经济性更高

可再生能源实际上是当今世界大部分地区最便宜的电力选择。可再生能源技术的价格正在迅速下降。可再生能源开发利用的建设费用下降决定了可再生能源价格下降。IEA 发布的《2022 年可再生能源发电成本》显示，2022 年所新增的可再生能源降低了全球发电行业的整体燃料费用。截至 2022 年，从 2000 年起的新增产能为电力领域节约了至少5200亿美元的燃料费用。在非经济合作与发展组织国家中,仅在2022年新增产能的使用寿命周期内所节省的成本就将高达5800亿美元。

2022年,大宗商品和设备成本波动导致各国在2022年经历了截然不同的成本趋势。然而,在全球层面,公用事业规模太阳能光伏发电的加权平均电力成本下降了3%,陆上风电下降了5%,聚光太阳能发电下降了2%,生物能源发电下降了13%,地热发电下降了22%。

除这些直接的成本节约以外,其对减少二氧化碳排放和本地空气污染所带来的经济效益也十分显著。如果没有过去20年间对可再生能源的推广,那么2022年化石燃料的价格冲击对经济的破坏会更严重,并可能超出很多政府利用公共资金进行缓冲的能力。

在过去的13年至15年间,太阳能和风能的可再生能源发电成本在不断下降。2010年至2022年,即使没有财政的支持,太阳能和风能也比化石燃料更具成本竞争力。全球太阳能光伏发电的平均加权成本降低了89%,降至0.049美元/千瓦时,几乎比全球最便宜的化石燃料还要低1/3。陆地风电同期降低了69%,降至0.033美元/千瓦时,略低于2022年最低火电价格的一半。

价格下跌使可再生能源在各地更具吸引力,包括对低收入和中等收入国家,因为对新电力的额外需求将主要来自这些国家。随着可再生能源的成本下降,未来几年大部分新电力供应确实有机会由低碳能源提供。到2030年,来自可再生能源的廉价电力可提供全球总电力供应的65%。到2050年,它可以使90%的电力部门脱碳,从而大幅减少碳排放并有助于缓解气候变化。

(六)可再生能源发展所面临的问题是实现中国可持续发展的挑战

任何事物的发展必须有一个过程,可再生能源的发展也是一样的。虽然我国可再生能源开发利用已经取得了很大成绩,对于中国经济的可持续发展也起到了巨大的推动作用,但是可再生能源发展面临的诸多问题和困难,对于实现中国经济的可持续发展仍然是一个巨大的挑战。

除了风电、水电、沼气和太阳能热水器,其他可再生能源发展仍然较为缓慢,产业基础也较为薄弱,应用规模较小,还没有形成支撑可再生能源技术大规模发展的人才培养、研究开发、设备制造和技术服务体系，其中突出表现为人才缺乏。其原因主要是资源特性，或者是能源转化效率低，或者是工艺设备材质要求高等，造成投资成本高于常规化石能源，并导致了运行成本失去了竞争力，形成了一定的市场障碍。特别是在中国这样的发展中国家，虽然为了改善环境而发展可再生能源，但却因技术设备的不先进，需要引进又缺少资金；国家的政策扶持因为财力的困乏而不到位，进程缓慢。同时，建立一套可以支持可再生能源健康发展的研究开发和产业服务体系绝不是一朝一夕的事情，需要几年、十几年甚至几十年的不懈努力。

## 第二节 推动绿色能源转型——中国视角

自改革开放以来，中国经济实现了高速增长，取得了举世瞩目的成就。然而，随之而来的是资源和能源消耗的急剧增加以及环境排放的显著上升。以能源消费为例，根据国家发展改革委员会于 2022 年所出示的我国能源生产和消费相关数据显示，2022 年中国的能源消费总量达到 46.4 亿万吨标准煤，是 1980 年的 7.5 倍，显现出 40 年间能源需求的显著扩张。然而，伴随着工业的迅速发展，主要污染物的排放也呈现出大幅增加的趋势。以工业固体废物为例，根据中华人民共和国生态环境部所出具的中国生态环境统计年报显示，2022 年全国一般工业固体废物的产生量达到 41.62 亿吨，相较 2012 年增长了约 1.3 倍。这种以资源、能源大量消耗和环境质量损耗为代价的经济增长模式，不仅透支了发展质量和效益，也对环境造成了巨大的压力。

面对这一局面，中国在改革开放进程中确立了保护环境和节约资源的基本国策，致力于实施可持续发展战略，积极探索绿色转型的发展路径。尤其是党的十八大以来，中国将生态文明建设作为"五位一体"总体布局的重要组成部分，提出了绿色发展的新理念，加快顶层设计与制度体系的建设。通过一系列政策措施的推动，中国的绿色转型取得了历史性成就，实现了经济发展模式的深刻变革。

## 一、推动绿色产业结构调整和转型

调整优化产业结构和提高产业链水平是绿色能源转型的重要途径。根据测算，产业结构调整对碳减排贡献度超50%。自改革开放以来，中国在加快推进工业化的同时，大力推进产业结构调整，2012年服务业比重首次超过第二产业，成为国民经济第一大产业和经济增长的最大引擎。三大产业结构由1978年的27.7:47.7:24.6调整为2021年的8.3:41.2:53.2。与改革开放初期相比，第二产业比重下降7个百分点，服务业比重提高27.6个百分点。在工业部门内部，淘汰煤炭、钢铁、水泥、平板玻璃、电解铝等行业的落后过剩产能，加快传统产业绿色改造升级，更新工艺技术装备，降低能耗和排放。比如，有色金属工业全部淘汰落后的自焙槽电解铝生产工艺，水泥行业实现新型干法水泥基本全覆盖。同时，大力培育新能源、节能环保、新一代信息技术、生物、新材料、新能源汽车等战略性新兴产业，发展绿色服务，推行合同能源管理、合同节水管理，构建以绿色为特征的产业体系。近年来，中国积极推动智能制造发展，"互联网+"制造模式不断涌现，工业互联网已广泛应用于石油、石化、钢铁、家电、服装、机械、能源等行业，为制造业绿色转型提供了强劲动力。

## 二、提高能效和能源结构调整

中国以煤炭为主体的资源禀赋特征决定了能源结构调整和现代能源体系建设在绿色转型中的重要性。自"十一五"以来，中国将单位GDP能耗指标作为约束性指标，已经连续纳入了3个五年规划，推进工业、建筑、交通等重点领域节能降耗，能源利用效率大幅度得到提升，单位GDP能耗呈现下降趋势。2005—2020年累计下降了41.5%，年均下降4.0%。2022年，全国单位GDP能耗下降到0.52吨标准煤/万元。能源结构调整取得进展，煤炭占一次能源消费比重由2012年的67.4%下降到了2022年的56.2%。用能方式清洁低碳化进程加快，特别是煤炭清洁高效利用迈出实质性步伐，累计完成煤电超低排放改造7亿千瓦以上，提前完成了2025年的目标；新建煤电机组全部为超低排放，煤电机组污染物排放控制指标已经处于世界领先水平。清洁能源利用大幅增加，水电、风电、太阳能发电装机容量居于世界第一，非化石能源、天然气消费比重分别提升至 14.3%、7.8%。中国已经成为了全球利用非化石能源的引领者。

具体来说，从能源结构来看，最显著的特点是可再生能源的普及和煤炭的逐步淘汰。目前，煤炭消费比重已过峰值，开始缓慢下降。到 2025 年后煤炭消费开始快速下降，将导致一次能源消费和二氧化碳放达到峰值。在 P30 和 P25 情景下，煤炭消费占比到 2040 年分别降至 30% 和 25%，到 2050 年均降至 15% 左右。从排放达峰年到 2040 年，P25 情景下煤炭消费每年减少 7.5%，P30 情景下每年减少 10%。短期内更严格的煤炭消费限制可以显著降低到 2030 年以后脱碳的难度。在 2050 年碳预算收紧的情景具有传导至近期和中期的减排压力，从而更加大幅度地减少煤炭消耗。

相比之下，可再生能源目前占一次能源消费的 10% 且增长缓慢，其主要是为了满足日益增长的能源需求。未来，可再生能源将是最有希望填补煤炭消费下降所造成的缺口从而取代化石燃料的能源。2035 年至 2040 年，可再生能源将成为中国的主导能源。到 2050 年，可再生能源将占中国一次能源消费的比重约为 60%。同样，在 2050 年碳排放较低或较早开始减排的情景下，可再生能源的比例更高。

### 三、能源节约和循环利用持续推进

能源节约和循环利用是绿色能源转型的重要体现。2002 年中国制定了第一步循环经济立法《清洁生产促进法》，标志着污染治理模式由末端治理向全过程控制转变。自此之后，中国加快了绿色循环低碳发展进程，强化约束性指标管理，实行能源和水资源消耗、建设用地等总量和强度双控行动，提高节能、节水、节地、节材、节矿标准。加强重点行业、重点企业、重点项目的节能减排，推行企业循环式生产、产业循环式组合、园区循环式改造，推动传统的"资源—产品—废弃物"的线性增长模式向物质闭环流动的可持续发展模式转换。实施近零碳排放区示范工程，主动实行碳排放的有效控制。推动实施资源节约利用行动计划，比如实施了万家企业节能低碳行动、绿色建筑行动、车船路港千家企业节能低碳行动、节约型公共机构示范、循环经济典型模式示范推广等，推动资源绿色低碳循环利用，不断拓展绿色发展空间。

我们可以发现，在中国的可持续建筑政策体系发展过程中，为使建筑业向可持续方向转型,中央政府制定了一系列法律、法规、计划和规定。有关可持续建筑的法律、政策和规定可分为三类,即框架政策、配套规定和具体说明。有 7 项政策可被视为框架政策,为可持续建筑提供总体指导。《建筑业"十二五"规划》和《节能减排"十二五"规划》具体提出了"十二五"期间（2010 年至 2015 年）可持续建筑业的战略重点和发展重点,以及颁布 5 部法律对包括建筑业在内的所有行业的环境保护活动进行了规范。与框架政策相比,配套法规更具体地关注建筑业可持续发展的各个层面。《无障碍环境建设条例》为残疾人无障碍设施的建设提供了法律依据,而《民用建筑节能条例》和《国家机关节能条例》则规定民用建筑和国家投资建筑都应采取节能策略。同样,一些配套法规也强调了建筑施工企业的安全管理和环境管理体系。为了提供详细说明,中央政府进一步发布了许多具体说明,条例共确定了 15 项具体指示条例。国务院《关于加强城市基础设施建设的意见》和《关于实施绿色保障性住房的通知》分别加强了城市基础设施和保障性住房建设。可再生能源在建筑中应用的具体指示和激励措施也见于许多法规中,例如《关于组织开展光伏建筑应用示范工作的通知》、《关于组织开展 2012 年太阳能光电建筑应用示范工作的通知》和《关于进一步推进可再生能源建筑应用工作的通知》。而上述法律法规和指示如何对可持续建筑产生有效的激励作用则至关重要。

### 四、绿色科技创新和标准体系建设得到加强

科技创新能够有效提升能源利用效率和集约化水平,是推动绿色转型的关键举措。自改革开放以来,中国实施科教兴国的战略方针,科技投入大幅度增加,在 2014 年中国超过了日本和欧盟,成为了全球第二大研发投入经济体,研发总支出占到了全球的近 1/4。在 2021 年时中国研发总支出接近 3 万亿元,占国内生产总值比重达到 2.19%,超过欧盟 15 国 2.1% 的平均水平。绿色技术的研发投入也大幅度增加,1990—2014 年之间,中国与环境相关的专利数量增加了 60 倍,而 OECD 国家仅增加了 3 倍,中国的绿色技术专利申请数量在过去 10 年增速超过了所有其他技术专利数增速。与此同时,降低绿色技术的转移成本,推动绿色技术的示范和推广,促进节能减排、资源综合利用等新技术的利用,绿色科技创新日益成为绿色发展的源动力。推进绿色技术研发与标准一体化,

加强科技对于标准制定的支撑作用,并动态提高行业绿色标准。比如,目前中国大规模火电机组的实际能耗和排放标准均已达到世界先进水平。借鉴国际经验,建立统一的绿色产品标准、认证、标示体系。

**五、推动绿色金融和绿色服务市场兴起**

推动绿色金融与绿色服务市场的发展是实现绿色转型的重要路径之一。绿色金融不仅是应对环境问题和气候变化的重要工具,还能促进资源的高效利用和绿色产业的培育,助力企业向环保方向转型。我国在绿色金融领域的探索与实践日益深化,尤其是在环保节能、清洁能源、绿色交通和绿色建筑等领域,金融行业提供了多种形式的服务支持。

自 2016 年 8 月中国人民银行等多个部委发布《关于构建绿色金融体系的指导意见》以来,我国绿色金融体系的建设步伐明显加快,金融机构通过绿色信贷、绿色债券等金融工具,优先支持符合绿色发展要求的项目,推动节能减排和循环经济的发展。这一政策引导了金融资源向低碳环保项目的倾斜,促进了国家在节能减排领域的目标的实现。

为推动绿色金融改革创新,国务院常务会议于 2017 年决定在若干省区设立绿色金融改革创新试验区,进一步推动地方绿色金融的发展。这些试验区为地方绿色项目的融资和创新提供了重要平台,促进了区域性绿色产业的蓬勃发展。

与此同时,我国还积极推行能耗和碳排放的市场化管理机制。通过设立全国统一的碳排放权交易市场,完善相关监管规则,逐步形成了一套较为成熟的碳交易体系。随着排污许可证制度的推行和排污权有偿使用与交易试点的扩展,碳排放和排污权交易市场的进一步发展为能源转型提供了更加灵活的市场化工具。这些举措不仅为绿色能源的融资开辟了新渠道,也为减排目标的实现提供了更为有效的市场手段。

总之,绿色金融的发展和相关市场机制的建立,对于优化我国的能源结构、推动绿色转型和应对气候变化具有深远意义。在未来的绿色发展过程中,金融业将继续发挥关键作用,推动可持续发展目标的实现。

**六、通过政策创造有利环境**

非化石燃料能源的发展是决定能源转型进展的关键因素之一。《"十四五"

《可再生能源发展规划》为可再生能源的未来发展描绘了一幅充满希望的蓝图，展示了我国在绿色低碳转型方面的坚定决心。与此同时，为应对气候变化、减少对传统化石燃料的依赖，国家持续加大对可再生能源的投入和支持力度，为构建现代能源体系奠定了坚实基础。

《"十四五"现代能源体系规划》作为指导能源系统发展的顶层政策文件，不仅设定了明确的目标，还提出了具体的实施路径。尤其是在煤炭领域，随着全球绿色发展趋势的推进，我国在提高能源效率的同时，对煤炭消费进行了严格控制。《煤炭工业"十四五"高质量发展指导意见》提出，到"十四五"末期，全国煤炭消费量将保持在合理范围内，年均消费增长率控制在较低水平。此外，为推动煤炭清洁高效利用，国家制定了相关指标体系，对煤炭开采、加热炉和气化行业设立了标杆和基准水平，进一步推动了煤炭行业的绿色转型。

在此背景下，国家能源局于2022年发布了改进燃煤电厂能效和灵活性的"三个一批"标准，并在2023年年底前逐步完成对燃煤发电机组相关标准的修订。同时，2021年发布的《全国煤电机组改造升级实施方案》对排放标准进行了更新，明确了到2025年火电平均供电煤耗的目标，以及节能降耗的改造任务。这些政策的实施不仅提升了煤电行业的环保标准，也为我国实现碳达峰、碳中和目标提供了有力支撑。

### 七、打造能源智慧化体系

杰里米·里夫金在《第三次工业革命》中提到，人类历史上数次重大的经济革命都发生在新的通信技术和新的能源体系结合之际。他认为，互联网技术结合可再生能源，就是第三次工业革命的基础。当前，以大数据、物联网及人工智能为核心的信息技术正在重塑能源生产、经营、消费模式，能源智慧化发展将有力推动中国能源供给和消费革命，是构建现代新型能源体系的重要支撑。2015年7月，国务院印发《关于积极推进"互联网+"行动的指导意见》，其中就包括能源生产和消费智能化。2016年2月，国家发改委、工业和信息化部、国家能源局联合印发《关于推进"互联网+"智慧能源发展的指导意见》，提出要发挥互联网在能源产业变革中的基础作用，加快形成开放、共享的能源产业新技术、新模式和新形态。加快推动能源产业全方位、全链条的数字化转型，实现综合能源智慧化发展，更加科学合理地在大范围内调度、整合能源资源，提高能源供给的灵活性，提升能源综合利用效率，加快构建"新能源"+"智能源"的新型能源体系。

**八、推动创新驱动可再生能源大规模发展**

近年来，中国可再生能源技术日新月异，但还缺乏足够的原创技术积累，某些领域还存在明显短板，部分关键原材料、零部件依赖进口，可再生能源产业链尚不能完全自主可控。中国可再生能源产业已经到了从政策扶持向创新驱动转变的关键阶段，中国要在进一步巩固现有技术优势的基础上，尽快补齐短板、消除"瓶颈"，夯实产业发展基础。一方面，要聚焦可再生能源大规模、高比例及高效益开发利用，加大前瞻性、颠覆性关键技术重点方向攻关力度，通过完善创新链增强产业链韧性，不断提升可再生能源产业竞争力。另一方面，要研发更可靠、更经济的水电、风电、太阳能、生物质能、地热能及海洋能等可再生能源发电技术，实现可再生能源大规模发展；突破氢能、核能全产业链的关键技术，推动氢能、核能与可再生能源协同融合发展；加快先进电网技术、储能技术攻关，支撑大规模可再生能源并网和多场景储能，加快规划建设高比例可再生能源接入的智能高效、安全稳定新型电力系统。

## 第三节 低碳能源转型的挑战及应对策略

**一、低碳能源转型的挑战**

对中国来说，从长远来看，能源转型的最终成果是形成以可再生能源为主的能源系统，可再生能源的零排放特点符合减排需求，其属地性和易获取性也能满足能源安全的需求。从短期来看，应对气候变化要求减少化石能源的开发使用，而实现能源安全又需要增加国内油气生产供应、降低对外依存度。因此，需要做好传统化石能源有序退出和兜底保障能源安全的统筹平衡。在以碳中和为导向的能源转型新形势下，中国能源转型所面临的挑战更加复杂，所关注的维度更加多元，所以需要重新认识并且关注转型过程中的能源挑战并且根据挑战提出相应的应对策略。本节将低碳能源挑战主要分为四类，并提出低碳能源转型挑战的框架。

（一）转型的紧迫性及高压力性

能源转型是实现碳中和的关键。由于中国近九成的温室气体排放来自能源部门，能源部门的减排任务尤为繁重。在碳峰值和碳中和目标提出之前，可再生能源发展的目标相对较低。2016年"十三五"规划提出，2020年非化石能源消费占比目标为15%，2030年为20%。然而，2021年10月国务院印发的《2030年前碳达峰行动方案》提出，到2025年非化石能源的比重必须达到20%以上。"十三五"规划中提出的2030年目标已经提前到2025年。风能、太阳能发电量占总发电量的比重目标定为20.14%，比2020年提高10.60个百分点。在"十四五"期间，风能和太阳能发电量预计将超过2010年至2020年这10年的总和，显示出比以前更积极的增长。能源部门必须实现结构转型，以实现碳中和。这意味着能源结构将从以化石为主转向以可再生能源为主。以可再生能源为主的电力部门通常被视为实现碳中和目标的基础和最重要的技术工具。

与风能和太阳能光伏相比，水电的增长应该相对稳定和缓慢，未来其在总发电量中的比重将逐步下降，从2020年的16%降至2060年的10%。水电方面，重点抓好蓄能调峰，支持智慧电力系统建设。生物质发电具有特殊而重要的作用。它可以取代工业燃煤锅炉和农村散煤燃烧，这将是生物质能源促进脱碳的主要场景。自2030年起，结合碳捕获、利用和封存（CCUS）技术，生物质将成为能源系统的负排放源。预计到2050年，生物质能发电量将达到11,000亿千瓦时，在乐观的情况下，实现二氧化碳减排2000多万吨。由此可见，实现碳中和，可再生能源承载着巨大的转型紧迫性和压力。全面的技术战略和政策支持是实现这些目标的基础。但现阶段中国的可再生能源从技术和政策体系上都难以支撑转型目标，在技术基础和政策机制上还存在不少挑战和困难。从技术上讲，它面临着消费困难、产业链不稳定、成本高、自然条件苛刻等问题。在政策方面，由于目前正从补贴驱动向市场驱动过渡，还缺乏相应的市场机制和适当的市场机制。

## （二）消费挑战与技术缺陷

中国可再生能源面临的第一个也是最重要的技术挑战是推动可再生能源消费，它受到了中国政府和业界的高度重视。2021年3月，国家电网公司发布"碳达峰、碳中和"行动计划，改善可再生能源的消费是一项关键任务。2022年6月1日，国家发改委发布了可再生能源发展第14个五年规划。该规划设定了2025年非水电RPS占比为18%的目标，而2020年为11.4%。消费方面的挑战主要来自两个方面：一方面，可再生能源的波动性和间歇性导致其很难接入电网，导致利用率较低。因此，需要储能以减少风能和太阳能的废弃。另一方面，可再生能源利用成本高。目前光伏和风电的发电成本已经变得非常有竞争力，但其利用成本仍然很高，主要是由于削减和额外的成本。

第二个技术挑战来自工业供应链。可再生能源的快速发展大大增加了对关键材料的长期需求。与传统的化石能源发电不同，光伏和风力涡轮机需要更多的锂、镍、钴、锰和其他金属材料，而中国这些材料严重依赖进口。在当前国际动荡和疫情的形势下，这给产业链带来了巨大的冲击和不确定性。同时，可再生能源的规模化和快速的技术迭代对零部件工艺和原材料属性提出了更高的要求。未来，技术创新将比过去更难降低可再生能源的成本。

此外，可再生能源土地利用效率低，自然条件要求较高。风能和太阳能是能量密度较低的能源形式，为了取代化石能源，需要占用或影响更多的土地。交通要求高、建设难度大、资金投入大等问题阻碍了进一步发展。因此，提高效率，充分利用可再生能源的价值，在未来变得越来越重要。

## （三）政策挑战

在过去的10年里，中国的政策和激励主导了可再生能源的发展，在降低削减率和增加装机容量方面取得了显著成效。中国的政策驱动型可再生能源的发展需要转变为市场驱动的发展，这将对其增长构成严峻挑战。结构合理的政策组合在促进新的可再生能源安装和减缓可再生能源发电量的削减方面发挥着至关重要的作用。而中国目前对可再生能源发展的政策基础设施仍然非常适合转型。首先，可再生能源在电力市场中的价值没有得到充分体现。中国目前的电力市场采用可变可再生能源还不成熟。它由中长期电力交易、框架恶劣的现货电力市场和不完善的辅助服务市场组成。在这样的电力市场体制下，几乎所有发电商的收入都来自电能交易。这不仅使调峰能力低的发电商不愿提高调峰能力，不愿建设调峰机组，也阻碍了调峰能力较强的发电商充分发挥调峰能力。因为电力系统的调峰能力是可再生能源接入电网的关键能力。市场不足可能会减少电网中可再生能源的消费空间。同时，如果可再生能源规模呈指数级增长，目前的调峰成本分担可能导致燃煤发电机组严重亏损，迫使其停产。这将进一步削弱电力供应的稳定性。其次，绿色电力供应主要集中在中国西北部，而主要电力需求在东部沿海地区。由于空间不匹配，绿色电力很难跨省跨区调运，企业难以满足绿色电力需求，也难以支付高昂的成本。此外，受可再生能源用电责任考核的影响，交易时间不确定、流程复杂、合同复杂、送电省份送电意愿不足等因素，给跨省绿色电力交易带来了挑战。

（四）制度挑战

尽管社会技术转型需要新的支持性政策，但反创新政策可能会阻碍低碳能源转型，类似于公众抵制变革和投资风险。例如，风机行业需要国内市场需求和研发支持，或者出口导向型制造政策对光伏制造至关重要。此外，短期政策也是低碳能源转型的障碍。例如，不可再生资源丰富的国家往往会给予更多的能源补贴来支持其政党，然而化石燃料价格低廉影响了低碳能源转型的步伐。改革和转型是一个硬币的两个面。因此，成功的低碳能源转型需要改革，然而改革可能会引起冲突，进而引发对变革的抵制。整个政策制定阶段可能会出现持续的冲突，例如关税确定方面的冲突，这可能会影响投资回报。

二、应对策略——中国方案

通过以上分析可以看出，要在能源领域实现碳中和，中国的可再生能源发展需要制度和技术的联合改革，以实现碳中和目标。至于技术路径，重点是促进可再生能源的安装和消费。因此，有必要建立一个新的智能电力系统，它将具有广泛的连通性、灵活性、智能交互和安全性四个特征。在政策方面，要建立均衡的市场机制，充分挖掘可再生能源的价值。在这个关键时期，政策机制和技术的协同效应可以确保可再生能源从政策驱动向市场驱动的稳定过渡。

## （一）技术路径

要实现中国的可再生能源转型，必须建立一个可再生、智能化的电力系统。随着可变可再生能源成为未来能源供应的主体，电力系统需要更先进的管理系统和更高的负载平衡能力。一些高科技，比如人工智能和大数据，可以用来赋能管理系统。为适应可再生能源的高普及率，可再生能源组合电力系统应在能源供应、输电、调度、需求侧和能源储备方面具有以下几个特点。

电力供应：以可再生能源为主的电力系统将形成风能—太阳能—水能—热能—储能互补的范例。可再生能源，特别是风能和太阳能光伏需要成为主要的发电供应，而火电、核电和储能将发挥补充作用。

输电：由于东西极大的不平衡，特高压输电需要成为中国"西电东送"的主要贡献力量。特高压输电网络的建设需要科学、全面的规划。2025年前，优先建设中国西部可再生能源特高压输电通道和东西特高压交流骨干网。2035年前，需要完成东西两个特高压交流同步电网的建设，扩大"西电东送"规模。到2025年，可再生能源将主导电力传输。到2050年，中国"能源互联网"将全面建成。东西部能源传输效率显著提高，能源发展格局发生根本性变化。除了特高压输电，智能微电网是促进分布式可再生能源消费的重要工具。微电网既可以与较大的电网相连，也可以脱离较大的电网运行，从而提供了一种更灵活的可再生能源消耗形式。目前，微电网存在的主要问题是处理和盈利能力较低。因此，有必要对微电网采取奖励措施，鼓励它们作为独立的辅助服务提供者参与市场交易。

智能调度系统：为了解决可变可再生能源的高渗透率带来的问题，必须建立一个反应更灵敏、更强大的调度系统。依托先进的信息技术、大数据、物联网、5G、人工智能等，新的调度系统可以全面覆盖发电侧、电网侧、用电侧、储能侧的方方面面。它具有对电网系统进行高速、智能、灵活感知的能力。在电网外部信息和预测的基础上，通过实时的系统监控和先进的策略，可以实现电网的智能化、精准化自我控制。调度中心还具有事故预测和防护功能，可以最大限度地减少系统事故的损失。电网系统以智能调度系统为核心，实现各方最优调整，反应迅速，稳健性强。

需求侧：要促进可再生能源的消费，应充分利用需求响应（Demand Response，DR）的调节服务。需求响应是通过信息和通信技术控制需求侧资源，为智能电网提供监管服务的有效方式。通过需求响应，引导和改变需求侧的电力消耗，使能源消耗尽可能与可再生能源的产出保持一致。

储能：如上文所述，可再生能源消费难以成为制约其发展的一大因素。高变化性的可再生能源需要一个强大的存储系统来缓解这种削减。未来，中国应通过努力发展灵活能源，实现不同可再生能源和储能系统的整合。可再生能源储能主要有三种类型：（1）机械储能，如抽水蓄能；（2）电化学储存，如储能电池；（3）电子燃料，即通过可再生电力生产的氢气和从氢气中提取的其他电动燃料。

## （二）政策支持

实现向可再生能源的过渡需要作出全面的社会政治努力，以刺激公众对可再生能源的需求。中国过去几十年的政策激励措施为可再生能源发展做出了很大贡献，特别是风能和太阳能光伏的发展。然而，目前的政策组合并不符合具有挑战性的碳峰值和碳中和目标。这就需要完善它，以确保可再生能源的市场化发展。中国有四个主要政策应对机制，即设定更有针对性的补贴、加强现有的可再生能源比例标准（Renewable Portfolio Standard，RPS）和绿色能源系统（Green Energy Coefficient，GEC）、创建定价机制并对可再生能源市场友好以及将可再生能源与碳排放交易体系（ETS）挂钩。通过这些政策措施，可以充分实现可再生能源的价值，促进市场化发展。

1. 完善现行补贴制度，充分挖掘西部中国巨大的可再生能源潜力

现在，还有很多可再生能源需要开发，特别是中国的西南地区。然而，西部地区可再生能源的成本和削减率仍然较高，可再生能源发电仍处于起步阶段，原因是基础设施差、当地用电量较低、输电困难。因此，西藏没有被纳入RPS。这造成了一种恶性循环，即缺乏政策法规会导致这些地区的可再生能源增长进一步滞后。面对碳中和带来的巨大可再生能源发展压力，西部地区巨大的可再生能源资源禀赋和较低的土地成本决定了西部地区发展可再生能源的必要性。

未来，中国应该实施有针对性的激励措施，鼓励西部地区可再生能源的增长，包括提供资金、发展基础设施、推进试点，还应推广一些市场化工具，比如绿色信贷和绿色债券试点。由于可再生能源项目的资金投入特别高，回收期长，盈利能力差，政府对欠发达地区的支持尤为重要。

2. 将可再生能源市场与排污交易制度挂钩

中国目前拥有并存的电力、排污权交易和 GEC 市场。电力需求、碳排放配额和 RPS 都是影响可再生能源消费的关键因素。可再生能源、GEC 等环保权产品可以对碳减排起到一定的促进作用，理顺碳排放和可再生能源之间的定价关系至关重要。因此，在公司的碳排放核算中，应该考虑使用绿色电力所减少的碳排放。排污权交易制度与可再生能源市场之间的关系更加紧密，将提高公司消费绿色电力的积极性。此外，消费可再生能源带来的额外社会成本应通过 ETS、GEC 和 RPS 与全社会所有利益攸关方分担。这样，才能推动能源消费国优化能源消费方式，引领能源消费转型。GEC 和 RPS 还可以与绿色债券等其他金融工具搭配使用。然而，应该强调的是，应避免不同政策工具的重叠。为了促进可再生能源供需双方的增长，应协调市场和政策标准，以最大限度地减少冗余和不平衡。

3. 建设可再生能源友好型电力市场

应采用可再生能源消费最大化的价格机制，增加电力市场中可再生能源的交易。首先，破除市场障碍和行政障碍，构建合理的市场机制，为可再生能源提供一个公平的竞争环境。对于可再生能源用户，应鼓励其签订长期可再生电力购买协议。此外，应加强电力市场，纳入辅助电力服务，体现调峰和储能等灵活调节资源的价值。其次，要增加跨区域可再生能源消费，优化交易制度的灵活性，鼓励更大份额的电力参与省际现货交易。具体措施包括扩大市场化电力交易份额，减少国家送电计划等非市场化用电。同时，应修改输电价格，以降低输电成本对可再生能源跨省消费的障碍效应。只有提供完善的市场机制，才能最大限度地利用可再生能源。

4. 完善可再生能源配额制度

首先，应设计科学和适当的可再生能源制度，重点发展各种形式的可再生能源。目前，可再生能源配额制度的实施还处于起步阶段，目标仅分为可再生能源发电和非水电可再生能源发电，没有体现出可再生能源的多样性。可再生能源配额制度目标应包括每种可再生能源的精确目标。在一个实施周期内，应根据每个省和每个可再生能源的实际完成情况不断修订配额目标。为了适应可再生能源的迅速发展，核查周期应从每年一次逐步改为半年/每月一次。可再生能源配额制度还应考虑到当地电网公司的观点，并实施反馈机制，实现均衡全面发展。其次，应落实完善的配额义务考核机制和严惩措施。第三方监管机构应该参与监督交易定价，检查配额承诺的遵守情况，并惩罚违规行为。对于没有实现能源配额目标的省份，应该制定越来越严厉的惩罚措施。绿色证书市场只有在健全的可再生能源配额监管机制和强制性处罚下，才能完全发挥其作用，对电力市场产生一定的影响。

# 第六章 技术创新与能源效率提升

## 第一节 技术创新对能源效率提升的重要性

### 一、创新与能源的关系

"创新"理论最早是由 J. A. Schumpeter 提出,他在 1912 年出版的《The Theory of Economic Development》中提到"创新"就是"一种新的生产函数的建立",即实现生产要素和生产条件的一种从未有过的新结合,并将其引入生产体系。随着学者们的深入研究,"创新"理论的内涵及范围也开始拓展到经济社会的各个领域。"创新"理论从起源到发展,再到延伸拓展仅用 100 年时间。在这一过程中,技术创新理论已渗透到经济社会的各行各业。技术创新理论的概念形成是一个循序渐进的过程,呈现明显的阶段特征。随着学者们研究的深入,未来的技术创新理论研究也将趋向多元化。

能源是人类生存、发展的基础,而技术创新是人类能源安全与可持续利用的保障。随着经济的快速发展,化石能源消耗量持续增加,人类正面临着日益严重的能源短缺和环境破坏问题,全球气候变暖与能源转型已成为国际关注的热点。化石能源总有耗尽的一天,寻求一种可以接替化石,未来能够为人类提供清洁、可持续的能源就成为当下世界关注的热点。近年来,我国聚焦新能源、新材料、节能环保等绿色低碳产业,不断强化自主创新，加大政策支持力度，有力促进了绿色低碳新兴产业的发展。2006年《可再生能源法》颁布实施以来，以光伏能、风能为代表的新能源开发利用规模显著扩大。根据国家能源局统计数字，2023年新能源装机超过10.5亿千瓦，从2006年占全球比例不到3%提高到2023年占全球比例为39.1%，成为新能源开发利用世界第一的国家。我国在新能源领域产业规模全球领先，根据中国光伏行业协会统计，光伏产业链中多晶硅、硅片、电池片和组件等主要环节在2021年全球市场平均占有率达到70%以上；风电整机国产品牌在全球前15名风机整机制造企业中占据10席。我国虽然在新能源方面位居世界第一，新能源产业创新发展已获得一定成效，但进一步推动新能源领域的技术创新，驱动新能源产业发展，对于我国形成以新能源为主导的能源结构，减少对中东、俄罗斯等国的石油、天然气依赖，具有重要意义。面对当前实现"双碳"目标的新形势，在能源向低碳转型的过程中，技术创新始终扮演着十分重要的关键角色。这不仅有利于节能减排，还使世界范围内风电和光伏发电成本持续下降。当前，世界主要国家和地区高度重视新能源产业技术发展，不断加大投入力度。例如，美国制定了《全面能源战略》，日本制定了《面向2030年能源环境创新战略》，欧盟发布了《2050能源科技路线图》，等等。这些国家和地区都把能源技术视为新一轮科技革命和产业革命的突破口。新能源产业技术创新与颠覆性能源技术突破已经成为持续改变世界能源格局、开启全球各国碳中和行动的关键手段。党的十八大以来，习近平总书记牢牢把握新一轮科技革命和产业变革大势，准确研判我国经济发展的阶段性特征，提出"创新是引领发展的第一动力"的重大论断。

## 二、技术创新推动能源效率提升

技术创新从两个方面对提升能源效率产生重要影响。一方面，技术创新引致的技术进步在能源的生产、流通和消费环节可以提升能源效率。在生产环节，技术创新能直接提高能源生产企业的效率，进而提升能源生产效率；在流通环节，技术创新不仅可以缩短能源的流通时间，实现提速增效，还可以降低能源在流通过程中的损耗，从而提高能源利用效率；在消费环节，凝结了高新技术的产品往往比较节能（如采用新技术生产的家电产品等），在使用过程中能够降低能源消耗，提高能源的使用效率。另一方面，技术创新能推动产业结构优化升级，逐渐淘汰高能耗、高污染产业的落后产能，降低这些产业在国民经济中的占比，进而提升能源效率。此外，产业结构优化升级势必会促进能源消费结构优化，这也有利于能源效率的提升。技术创新对能源效率的影响路径是通过应用新设备、新工艺帮助降低能源投入，增加有效能源产出，从而使单位GDP能源效率提高。

### 三、技术创新影响能源产业发展

一是对能源效率的影响。首先，技术创新直接提高能源效率，技术创新投入中的R&D资金和科研人员投入可以优化现有能源技术，使其应用范围更广，传播规模扩大，进而提高能源效率。其次，技术创新也可以间接提高能源效率，主要表现在将技术创新应用于提升工业化水平、调整产业结构和优化能源结构方面。具体而言，在能源生产过程中，加大投入能源技术创新，引入能源工业的先进技术与高效率设备，减少生产过程中的能耗降低能耗强度，从而提高整体能源效率。此外，技术创新通过优化产业结构和改变能源生产消费结构来提高能源效率。例如，我国政府从2000年开始就不断在能源行业给予大量资金和人才支持，开发新能源，扶持清洁能源产业发展，截至目前，通过利用能源创新技术实现节能2.5亿吨油当量的目标，极大提高了能效和能源产率。

二是对能源系统的影响。首先，技术创新通过创新发展分布式互联网技术来优化分布式能源系统。在分布式能源发展过程中，人们使用各种方法进行综合开发，分布式技术互联网不断创新有利于提高供电效率和节能减排，实现安全高效节能。分布式能源与其他一次能源相比更加安全稳定，对减缓我国能源供应短缺有着不可替代的作用。随着智能电网建设不断完善，互联网分布式能源创新将有效解决分布式能源的技术难题，对我国能源供应和分布式能源发展非常重要，也将为传统能源开发提供更多的创新思路。其次，信息化技术创新为综合能源系统优化提供强大的技术支撑。在能源供应服务方面，能源服务企业在能源物联网支持下逐渐强大，综合服务体系逐渐完善，能源生产供应和管理向更专业的方向发展；在现场管控方面，通过综合系统优化技术和先进的信息技术，智能网络监控和远程控制技术可以大大提高手动操作效率，即使没有监管人员在场，也能对现场进行有效管控。随着能源与非能源创新技术的推广应用，能源综合系统的安全性越来越强，这也为能源系统进一步优化发展打下了坚实的基础。

三是对能源结构的影响。技术创新推动能源结构不断优化，主要表现在能源生产结构和能源消费结构两个方面。从能源生产结构方面来看，随着能源勘探开采和装备技术不断突破极限，煤电落后产能淘汰加速；清洁能源的生产量不断增加，生产比例不断提高，水电、核电、风电、太阳能发电等清洁能源供电比例逐年上涨，2019 年较 2018 年产量上涨 0.8%，占一次能源的比重增加；天然气作为当前能源发展主力军，拥有完整的勘探开发技术体系，产量逐渐上涨，2019 年较 2018 年产量上涨 0.2%，产供储销体系建设也紧跟能源互联网发展的脚步，"全国一张网"格局逐步成型；龙头水库、燃气调峰电站、太阳能热发电技术应用也提升了能源供应调峰建设的速度。从能源消费方面来看，数字化技术、能源互联网等使能源信息透明化、公开化，降低了信息不对称性，配合相应能源政策引导，天然气、水电、核电、风电等清洁能源消费量逐年上升，煤炭消费量不断下降。2019 年天然气消费量较 2018 年上涨 0.3%，水电、风电、核电消费量上涨 1%，煤炭消费量下降 1.3%。总的来看，能源生产结构与能源消费结构都在不断向清洁化和高效化发展。此外，随着能源市场的交互发展，更多信息实现双向交流，能源生产和消费呈现更加均衡化的特征，能源整体市场结构也更加稳定。

四是对能源治理的影响。在能源治理网络方面，技术创新有效促进了能源治理网络的发展。首先，能源消费者将同时成为生产者，公众将成为能源治理中的重要主体。同时，能源治理网络的主体相较于传统能源网络更加多元化，其中包括政府、能源生产企业、能源消费企业、储能供应企业、互联网服务公司、金融企业、信息技术平台公司、居民等，网络关系更加复杂，能源治理面临更大挑战，也将考验决策者水平。其次，多能协同的综合规划模式将取代各自独立的能源品类规划模式，通过增加不同种类能源之间的转换，增加能源利用的灵活性。在政府监管方面，技术创新有效实现了政府监管模式的创新。智慧能源推动政府决策科学化、透明化、信息化。能源互联网将人工交互、人工智能、数据传输、大数据、泛能网等先进技术手段与政府决策科学融合，在能源大数据中心管理平台上，通过信息交流传递数据，对用能企业的能耗过程和用电特征进行对比分析，可有效提升政府能源监管的效率与效益，对政府制订和执行有序的用电方案提供依据。但是，政府如何促进多方大数据集成，如何公平开放地利用能源大数据平台服务参与的多方主体，依然存在一定的不确定性，这就需要进一步的能源创新技术来解决。

## 第二节 中国能源技术创新重点领域和成果

### 一、能源技术创新的重点领域

新一轮能源技术革命孕育新的能源技术成果，新的能源技术正以前所未有的速度更新换代，清洁能源发电、先进核能技术、储能技术、能源互联网等具有重大产业变革前景的颠覆性技术应运而生。随着数字化、云计算、物联网等新能源互联网技术的应用，能源产供储销各环节正发生变革。技术创新覆盖能源行业的方方面面，涉及能源发展的各个对象，作用于能源产业链的上中下游，为能源转型提供了可靠保证。尽管世界各国基于自身资源现状对能源技术创新的认识有所不同，但总体而言能源技术创新主要分为能源技术创新、节能减排技术创新和信息技术创新三个方面。

1. 能源技术创新

近年来，能源行业发展经历了从一次能源开发利用到绿色能源优先发展，从能源利用途径单一到能源系统综合发展阶段，从光伏、风力发电到光热发电，能源技术创新不断引领能源结构优化，调整能源转型方向。在一次能源领域，勘探开发技术重点不断向更深层次推进，炼油化工在分子炼油、催化材料、原料多元化等方面不断创新。火力发电呈现大型化和高参数化趋势，效率和环保水平不断提高。清洁能源技术创新向扩大范围提高效率同时降低投入的方向发展，促进清洁能源与传统能源之间多能互补和综合利用。水电领域攻克一系列安装机组方面的技术难题，建立特大型水电示范工程。开展各类输电技术设计与研究，实现超临界燃煤机组发电、核电常规岛等，搭建起智能电网。规模储能加快实用化步伐,储能技术在反应机理探索、电化学体系新设计、新材料开发方面成效显著。在能源产业方面,新能源汽车广受关注,燃料电池技术创新、无人机驾驶电动车等显示出能源技术创新的强大动力。因此,能源技术创新正通过各方面融入能源转型的过程,为能源转型提供强大动力支持。

2. 节能减排技术创新

发展绿色能源是能源转型的必然选择,对降低能源紧缺压力、有效解决环境问题和改善能源消费结构具有重要作用,而且促进节能减排技术创新是实现能源清洁低碳发展的重要途径。综观全球,节能减排技术创新主要集中在清洁能源重点开发利用、化石能源高效利用、关键材料等重点领域。国家能源局响应生态文明体制改革号召,要求在能源领域实现煤炭节能技术创新,利用系列创新技术对燃煤电厂灵活改造,通过减少蒸汽阻力损失和热降损失实现节能降耗,保证燃煤电厂安全高效运行;实现传统能源循环利用技术创新,比如废气余热循环利用低碳排放供应,通过高温废气余热循环使用,减少碳排放和能源消耗;实现二氧化碳排放技术创新,研发二氧化碳大量捕捉技术,建设百万吨级二氧化碳捕集、利用和封存系统示范工程;实现大型风电技术创新,通过数据采集、数据训练,建立具备生物特性的智慧风电场运营管理系统平台,从源头上减少污染排放。

3. 信息技术创新

信息技术包括现代通信技术和互联网技术,即互联网+、云计算、大数据、各类软件、有线无线通信等。随着这两类技术在能源领域的应用越来越广泛,不同能源品种壁垒被打破,构建能源互联网成为未来发展大势。通过信息技术的强大推动力,能源效率大幅提升,能源生产消费更加多元化,能源安全系数随之提升。例如:在油气勘探方面应用智能探测机器人,能探寻到以前无法开采或开采成本高的油气田,增加全球能源可开采量;在电网中应用智慧系统,能实现电力系统实时监测分析和分配决策,使电力分配使用效率最大化;在能源基础设施中应用信息技术创新(如智能电表、智慧加油站等),可以大幅提高能源大数据采集效率;在能源系统中深度融合通信技术,可以提升整个能源系统的安全可靠性;在能源消费市场应用区块链技术,可以在各种能源交易平台实现点对点交易,方便资产管理与监督,为能源发展带来翻天覆地的变化。

## 二、能源技术创新的主要成果

### (一) 传统能源技术创新

在绿色发展的潮流下,面对新能源逐渐兴起和政府环保政策压力,传统能源企业依据自身优势开展绿色技术创新,延长自身产业链,以寻求新的经济增长点。

1. 传统能源发展现状

由于工业的发展、环保意识的兴起,传统能源(比如石油)价格不断攀升并且供应日趋紧张。为了满足生产、生活及环保的需求,太阳能、风能、水能等新能源逐渐兴起,对传统能源格局造成冲击。与传统能源相比,新能源具有清洁、高效、可再生等优点,积极发展新能源能够在有效缓解资源紧张的同时实现可持续发展。但由于新能源目前的成本较高、基础设施不完善、社会消费传统能源惯性等原因,其发展较为缓慢。2020年以来,受新冠疫情和国际形变化影响,煤炭和石油的市场价格大幅上涨,新能源虽有所发展,但仍旧无法与传统能源相抗衡,政府对于新能源方面的财政补贴和政策扶持力度仍旧低于传统能源行业。在绿色发展的主旋律下,政府相继出台环保相关政策,建立相应环境保护体系,以降低环境污染。环保观念深入人心,消费者逐渐树立起环保意识,在同等价格水平和产品质量下,其消费时更倾向于环境友好型绿色商品。资源型企业为了实现可持续发展,逐渐转变其发展模式,通过提升自身科技水平,降低生产过程中的能源消耗,提升能源利用率;延伸产业链、带动能源相关产品的开发利用,扩大企业的产品服务范围;优化自身产业结构,通过技术创新与资源整合,为企业带来新活力,在自身发展的同时促进节能环保等关联产业的发展。

2. 传统能源绿色技术创新现状

据科学技术部统计,2022年采矿业R&D经费为466亿元,R&D经费投入强度0.67%;石油、煤炭及其他燃料加工业R&D经费为170.6亿元,R&D经费投入强度0.27%。2020年采矿业R&D经费为294.8亿元,R&D经费投入强度0.73%;石油、煤炭及其他燃料加工业R&D经费为189.6亿元,R&D经费投入强度0.45%。从统计数据来看,传统能源企业在技术创新方面的投入有所增长，研发强度也呈现增长态势，这说明企业对于技术的重视程度在不断增加。研发投入为传统能源企业带来回报，目前我国传统能源企业在绿色技术创新方面已取得了较大进步。

传统能源技术创新主要是推动化石能源高效利用。因我国"富煤、贫油、少气"的资源禀赋特点，以碳一化学与化工为核心的煤化工技术蓬勃发展，关键核心技术处于国际领先水平。近年来，我国在碳一分子催化转化方面已取得一系列令人瞩目的研究成果。在合成气（$CO+H_2$）转化方面，其主要的科学挑战是产物选择性的调控。因此，合成气转化产物复杂多样，可以是低碳烯烃、芳烃或汽油、柴油等碳氢化合物，也可以是甲醇、乙醇、乙二醇等重要含氧化合物。中科合成油基于高温浆态床费托合成铁基催化剂技术，实现了多个百万吨级的煤经合成气高效制备清洁油品的工业化应用，该技术及其成套工艺的产能、产物选择性、系统能效等核心技术指标均处于国际领先水平。近年来，基于OXZEO双功能催化剂、接力催化等催化转化新过程迎来快速发展。在二氧化碳转化方面，国内多个团队已在二氧化碳热催化加氢制甲醇、烯烃或芳烃等方面取得了一些重要进展，并且液态阳光（$CO_2$加氢制甲醇）、$CO_2$加氢制汽油技术均完成了千吨级工业示范。在甲醇转化方面，第三代甲醇制烯烃（DMTOIII）技术开始规模化应用，形成了年产量达2000万吨/年煤制烯烃战略产业，实现了煤炭高效利用，保障我国能源安全。

除此之外，中国石油创新并且实现批量复制的"体积开发"理论技术体系，实现四川地区页岩气规模效益和清洁开发，在兼顾经济效益的同时实现绿色环保。中国神华通过地下水库技术，实现全矿井水的综合利用；运用开采新技术，提高资源的回收量，减少对土地表层的破坏，实现煤炭全过程清洁生产，神华宁煤煤炭深加工重大示范工程建成投产。

许多传统能源公司为了加快产业转型升级，实现可持续发展，已经逐步建立起"产学研"体系，通过与高校及科研机构相结合，各自发挥特长优势，针对企业现实问题进行合作，实现资源整合，打破信息壁垒，在提升企业自身竞争力的同时，帮助高校培养出具有实践能力、沟通能力、高素质的复合型人才，为行业未来发展提供人才储备。

## （二）新能源技术创新

### 1. 新能源技术创新的意义

我国实施"创新驱动"发展战略，新能源产业必须以技术创新驱动为发展要义。我国《能源技术革命创新行动计划（2016—2030年）》指出，科技决定能源的未来，科技创造未来的能源。技术创新对能源利用效率提高、对环境质量的保护都将起到无可替代的巨大作用。可以说，新能源产业是我国最具潜力和现实意义的战略性新兴产业，是未来国家常规能源替代的主力军，也是我国能源产业转型升级与优化布局的重要方向。

在当今全球气候变化和环境保护的背景下，新能源产业已成为全球各国推动经济可持续发展的重要战略之一，巨大的发展潜力、强烈的现实意义让新能源领域内的风能、太阳能光热产业扮演着国家常规能源未来可替代的主要角色。在我国新能源产业发展过程中，技术创新发展演变特征表现为从初步的探索阶段到跟进引进阶段再到自主创新阶段，我国已经成为全球最大的新能源装机国家，尤其是在太阳能光伏和风能等领域，已经具备了较强的产业基础和技术积累。而新能源企业作为新能源行业发展的先锋队，无论是挖掘储量、提高能源开采效率和各环节利用效率，还是大力开发核电、风电等新能源，都离不开技术创新。由此可见，技术创新在解决能源经济问题中处于重要的、甚至是中心的位置，越来越多的企业开始重视技术创新和研发投入。然而，我国新能源产业技术研发和应用推广虽然取得长足的进步，但是与实现碳中和目标仍有差距。其主要表现在：核心技术缺乏，关键装备及材料依赖进口问题比较突出，关键技术长期以引进消化吸收为主；创新体制机制有待完善，市场在科技创新资源配置中的作用有待加强；产学研结合不够紧密，企业的创新主体地位不够突出，创新活动与产业需求脱节的现象依然存在；缺少长远谋划和战略布局，目前的新能源政策体系尚未把科技创新放在核心位置；对照构建双循环双促进新发展格局要求，国际新能源领域技术创新合作仍需加强。

我国是全球最大的能源生产国和消费国，当前面临着世界能源格局的深度调整，全球正在孕育着新一轮的能源技术革命。2016年3月，国家发改委、国家能源局印发《能源技术革命创新行动计划（2016—2030年）》，将化石能源高效利用、先进储能、太阳能高效利用以及碳捕集利用与封存（CCUS）等共计15项技术创新列为能源技术革命的重点任务。近年来，我国能源供应能力显著增强，能源科技创新能力和技术装备水平显著提升，取得了一系列具有原创性的重大科技成果，并建设了一批具有国际先进水平的重大能源技术示范性工程。

中央经济工作会议（2023年）提出，以科技创新推动产业创新，特别是以颠覆性技术和前沿技术催生新产业、新模式、新动能，发展新质生产力。在能源产业方面，技术革命既是促进产业升级的巨大推动力，也是保障国家能源安全的重要举措，对于建设我国新型能源体系具有至关重要的作用。科技创新贯穿能源生产、运输和利用全过程，在全球能源系统向低碳化、绿色化、智能化转型的大潮中，新型能源技术正在不断提高能源的开发和利用效率，并推动太阳能光伏、氢能、储能等清洁能源相关产业兴起。我国与美国、欧盟等主要经济体在过去几年中尤其加大了对清洁能源的政策支持力度，一方面是为了更好保障能源安全，另一方面也是为了促进相关产业发展，增强国际竞争力。根据国际能源署分析，近年来全球清洁能源整体投资保持强劲增长，清洁能源与化石能源的投资比已达到1.7:1，而且太阳能领域的投资在2023年首次超过石油生产投资。

2. 新能源技术创新成果

（1）氢能技术。氢燃料电池技术，作为一种直接将氢能转化为电能的先进电化学装置，其运作过程中仅释放纯净的水，展现了显著的环保特性。相较于传统发电模式，其发电效率卓越，普遍超过50%，标志着能源转化效率的显著提升。在新能源汽车领域，氢燃料电池动力系统以其高能效、长续航里程及零碳排放的独特优势，正逐步成为行业发展的重要趋势与前沿方向。

（2）液态阳光。通过利用太阳能等可再生资源创新性地探索了光催化、光电催化及电催化技术，实现了水的高效分解以制取绿色氢气（绿氢）。随后，这一过程进一步与二氧化碳加氢转化技术相结合，旨在将可再生能源以液体燃料的形式储存，这一过程被生动地命名为"液态阳光"工程。这一"风光氢+绿色化工"的集成策略，不仅促进了可再生能源的有效转化与利用，还同步实现了二氧化碳的减排与资源化利用，为液体燃料的可持续生产及大规模储能提供了新思路。尤其针对我国新疆、青海、内蒙古、甘肃等区域普遍存在的"弃光弃风"问题，该策略提供了切实可行的解决方案。

（3）绿氨。氨作为全球范围内应用最为广泛的化学品之一，其年产量高达约2.53亿吨，其中化肥生产占据了超过80%的消费份额。当前，氨的生产几乎完全依赖于化石能源（占比98%），这一过程导致了约占全球碳排放总量1.8%的温室气体排放。具体到我国，伴随着2.2亿吨的碳排放量2020年合成氨总产量达到了5117万吨，占全球市场的比例显著（约30%）。鉴于氨具备出色的储氢能力，其作为氢能源的载体展现出独特优势。与液氢相比，液氨的体积能量密度更高，且其液化条件（常压下为零下33.5℃）远优于氢气（零下252.8℃以下），从而降低了储运的复杂性。此外，氨拥有成熟的储存、运输技术体系及基础设施网络，确保了经济高效的全球流通。据估算，通过液氨形式运输每千克氢的远洋成本可控制在0.1美元至0.2美元之间，显著低于其他氢运输方式。

为响应全球"双碳"目标，我国政府部门已出台相关政策文件，如国家发改委等4部委联合印发的《高耗能行业重点领域节能降碳改造升级实施指南（2022年版）》，旨在推动合成氨工业向更高效、低碳、可持续的生产模式转型。该指南强调优化原料结构、革新生产技术、淘汰低效产能，并倡导实施节能降碳的升级改造项目。在此背景下，合成氨工业正经历着由传统化石能源驱动向电氢耦合低碳工艺的转变。具体而言，即利用太阳能、风能等可再生能源发电，进而通过电解水技术制取绿色氢气（绿氢），再结合哈伯-博施法（即传统哈伯法的现代表述）在高温高压条件下合成绿色氨（绿氨）。这一转型不仅契合了全球能源转型的大趋势，也为中国企业探索"风光电氢氨"一体化项目提供了领域广阔空间。

（4）绿氢炼钢。在冶金行业中，钢铁冶炼作为难脱碳的代表，其生产流程主要依赖于高炉—转炉长流程工艺，该工艺高度依赖煤炭作为能源源头及焦炭作为还原剂，从而成为碳排放的主要贡献者。据统计，2020年中国粗钢产量高达10.65亿吨，扣除电力排放后，其行业碳排放总量达到14.7亿吨。为应对这一挑战，钢铁行业正积极探索多元化低碳与零碳排放路径，包括但不限于废钢循环利用、氧气高炉技术、转炉底吹采用$CO_2$替代$N_2/Ar$的革新、碳捕获利用与封存（CCUS）策略以及氢冶炼技术的引入等。氢冶炼作为一种前沿技术，其核心在于利用氢气替代传统的碳基还原剂来还原铁矿石，旨在实现炼钢流程的全面脱碳。该领域内的氢冶炼工艺可细分为高炉富氢冶炼、氢直接还原铁（DRI）以及氢熔融还原铁（HIsmelt）等多种模式。此外，钢铁生产过程中排放的尾气，除了主要的 $CO_2$ 外，还富含 CO 和 $H_2$ 等有价值的化工原料气体，这就为发展以合成气为桥梁的钢化联产模式提供了坚实基础。值得注意的是，随着技术的成熟，甲醇转乙醇工艺已步入规模化应用阶段。该工艺利用钢铁厂尾气中的合成气作为原料，通过甲醇中间步骤转化为乙醇，不仅开辟了乙醇生产的新途径，摆脱了传统粮食依赖的局限，还实现了从污染尾气到清洁燃料的绿色转化，促进了资源的循环利用与环境污染的减量化。这一系列技术革新与模式探索，为钢铁行业迈向低碳、绿色、可持续的发展道路提供了有力支撑。

（5）储能技术。随着可再生能源发电领域的迅猛扩张，特别是间歇性电源的大规模并网，确保电力系统的稳定运行与供需平衡成为关键挑战，这亟须高效、大规模的储能技术作为支撑。在众多储能技术中，压缩空气储能因其在容量、成本、寿命及环保方面的显著优势而备受瞩目。中国科学院工程热物理研究所依托自主核心技术，成功研发并实施了国际领先的百兆瓦级先进压缩空气储能系统，该系统在河北张家口并网发电，总装机容量达到100MW/400MWh，设计效率高达70%，不仅标志着单机规模的世界之最，也展现了效率上的卓越性能，为新型压缩空气储能电站树立了标杆。与此同时，电化学储能领域亦迎来了前所未有的发展机遇，全球装机容量已攀升至6625MW，并伴随着技术进步与产业升级，成本持续快速下降。大连融科储能公司在电化学储能技术方面取得了重大突破，成功研制并投运了全球首套百兆瓦级全钒液流储能系统。该项目作为国家级大型化学储能示范项目，由国家能源局批准建设，总规模为200MW/800MWh，是目前全球范围内功率与容量最大的液流电池储能调峰电站，展现了我国在电化学储能技术领域的领先地位。

在锂电池技术方面，中国已稳居全球前列，成为行业引领者。重庆大学锂电及新材料遂宁研究院研发的可充电高性能锂硫电池，其能量密度（无论是质量比还是体积比）均达到商用锂离子电池的2.5倍，这一突破性进展为储能领域注入了新的活力。该研究院已完成国内首条锂硫电池中试生产线的建设与测试工作，并成功将产品应用于电动摩托车及中型无人机等领域，标志着锂硫电池商业化进程迈出了坚实的一步。

(6) 人工光合成。在自然界，绿色植物历经复杂的光合作用过程，历经约六十步生化反应，方能将二氧化碳与水转化为淀粉，此过程能效较低且生长周期冗长。受此自然现象的深刻启发，中国科学院天津工业生物技术研究所（以下简称中科院天津工生所）在淀粉的人工合成领域取得了里程碑式的成就，实现了从光能到电能，再到化学能的直接高效转化路径。这一创新路径显著简化了合成步骤至仅需十一步，其淀粉合成速率更是达到了玉米自然合成速率的8.5倍，预示着淀粉生产方式或将从传统的农业种植模式向高效的工业化生产模式转型，同时也为利用二氧化碳作为原料合成复杂有机分子开辟了全新的技术途径。

此外，中科院天津工生所的研究团队在二氧化碳的人工转化领域再获佳绩，特别是在合成己糖方面取得了重要突破。他们巧妙地利用碳素缩合、异构化及脱磷酸化等酶催化反应，构建了一种高效且构型可控的己糖合成方法，该方法以二氧化碳等碳一化合物为起始原料，实现了己糖的高转化率人工合成，为碳资源的循环利用与增值转化提供了强有力的技术支持。

(7) 太阳能电池。太阳能电池作为直接将太阳能转化为电能的设备，依据核心半导体材料的不同，可细分为晶硅太阳能电池与薄膜太阳能电池两大类别。晶硅太阳能电池，作为第一代技术典范，依据材料形态进一步区分为单晶硅与多晶硅电池，其中，单晶硅电池因其卓越性能占据了国内市场的绝对主导地位，市场占有率超过九成。为突破单晶硅太阳能电池在轻质化、柔性化方面的局限，中科院上海微系统所研究团队独辟蹊径，创新性地引入边缘圆滑处理技术，将传统硅片边缘尖锐的"V"型沟槽转化为平滑的"U"型结构，成功实现了该类电池的大规模柔性化生产。

然而，单晶硅电池的广泛应用亦伴随着高能耗与环境污染的双重挑战。随着光伏产业的高速发展与市场竞争的日益激烈，探索清洁、高效的太阳能电池技术成为行业共识。钙钛矿太阳能电池作为新一代半导体光伏发电技术的杰出代表，因其巨大的发展潜力而备受瞩目。中国科学技术大学徐集贤研究团队聚焦于钙钛矿电池中长期存在的"钝化—传输"效率"瓶颈"，创造性地提出了多孔绝缘接触（PIC）结构设计，不仅解决了这一难题，还成功将p-i-n反式结构器件的稳态认证效率提升至世界领先水平（效率高达25.5%），且该方案在多种基底材料及钙钛矿组分中均展现出良好的普适性。

### 三、中国能源领域的技术创新工作稳步发展

2023年，全球首台16兆瓦海上风电机组在福建省成功并网发电，位于山东的石岛湾核电站成为全球首座第四代核电站正式投入商业运行，我国太阳能光伏全产业链大多处于全球领先地位，新能源汽车、储能、可再生能源制氢、电网等领域的技术也具有一定优势。这些技术创新支撑了能源供给保障和转型工作，也带动了清洁能源装备制造业显著增长，并成为拉动出口增长的重要力量。

目前，我国新能源汽车产销量稳居全球第一位，保有量超过1800万辆，占世界一半以上；全球50%的风电和80%的光伏设备由中国企业供应。2023年前11个月，电动载人汽车、锂离子蓄电池、太阳能电池"新三样"产品出口合计增长41.7%。技术创新驱动产业发展具有乘数效应。实施技术创新驱动战略，选择采用高新技术和先进适用的技术改造提升传统产业，可以做到生态效益和经济效益的双赢，这既可以降低能源消耗、减少环境污染，实现环境友好、绿色发展的模式，又可以提升产业竞争力，为企业获得更多的经济效益。通过鼓励加大科技创新投入、强化创新主体融通合作、畅通科技成果转移转化等措施，鼓励产业的技术创新发展、产业的技术创新继而整合各个生产要素，发挥生产要素的综合协调与可持续发展效应，从而避免了单一生产要素的消耗，促进产业的发展。

对比生产要素驱动产业发展来说，技术创新本身属于可再生的资源，在技术创新逐步转换为驱动产业生产发展的原动力的过程中，将会迅速实现级数效应，促进产业的发展。技术创新对于产业发展是必不可少的动力，尤其对于新兴产业来说，技术创新驱动是比生产要素驱动更为重要的产业发展动力。技术创新是创新驱动的核心，技术进步带来消费需求结构和产业结构分化，是技术创新驱动产业发展的直接动力，技术推动与市场推动是产业发展的两大动力机制，补贴是目前政府扶持战略性新兴产业发展的主要路径。对于新兴产业的发展来说，尤其是新能源产业，技术研发、市场培育、制度激励三大动力机制是其产业培育发展的根本动力。对于新能源的发展来说，一个关键的制约因素就是技术创新，新兴产业发展的关键条件就是相关的政策制度体系。此外，产业

发展阶段和模式的不同，也会导致技术创新驱动产业发展路径的差异，在不同的发展阶段，技术创新驱动产业发展的形式会有所不同。

绿色技术创新降低单位人均 GDP 耗电量即提高能源利用效率，且主要通过优化产业结构以及提高城市化和信息化水平进行传导。绿色技术创新促进产业结构优化，第三产业增加值占 GDP 比重不断提高，经济发展方式由能源粗放型转变为能源集约型，并由能源规模扩张转变为能源结构升级。绿色技术创新促进城镇、人口和产业进一步集聚发展。随着城市化水平的提高，高质量发展亟须降低能耗总量和强度，尤其是城市产业和经济活动的绿色化、智能化和可再生循环化，这将进一步促进地区基础设施规模化，从而降低基础设施的使用成本，同时有利于城市化和信息化发挥空间溢出效应，最终提高地区能源利用效率，进而减少不可再生能源消耗、降低生态环境压力和提高能源配置效率。随着我国经济转型和美丽中国建设进程的加快，绿色技术创新和能源利用效率越来越受到社会各界的重视。绿色技术创新能够提高能源利用效率，但二者之间呈非线性关系即存在单门槛。当绿色技术创新低于门槛值时对能源利用效率的提高作用较明显，否则对能源利用效率的提高作用有所减弱；产业结构、城市化水平和信息化水平是绿色技术创新影响能源利用效率的中介传导因素，有助于进一步降低能耗。

## 第三节 如何进一步促进技术创新和应用

我国当前必须面对经济要发展、能源要增加、排放要降低的现实问题。我国资源禀赋是"富煤、贫油、少气"，煤等化石能源在我国能源结构中至关重要。清洁可再生能源还需要技术创新、成本控制、市场拓展等诸多因素协同推进，短时间盲目调整能源结构将不利于我国能源安全，影响国计民生。应立足我国国情，科学有序推进能源体系变革。"双碳"目标体现了我国在全球气候变化中的大国担当，是推动构建人类命运共同体的重大举措。"双碳"进程是风险挑战与战略机遇并存、技术为王的关键时期，谁的技术更为先进，谁将在国际竞争中取得优势。急不得，意味着在相当长的一段时期内，我国仍须坚定不移地依靠化石燃料发展经济；等不得，意味着应积极谋划与布局，抢占技术高地获得产业主导权，助力中华民族伟大复兴与永续发展。

## 一、增强能源科技创新能力

一是锻造能源创新优势长板。巩固非化石能源领域技术装备优势，持续提升风电、太阳能发电、生物质能、地热能、海洋能等开发利用的技术水平和经济性，开展三代核电技术优化研究，加强高比例可再生能源系统技术创新和应用。立足绿色低碳技术发展基础和优势，加快推动新型电力系统、新一代先进核能等方面技术突破。提高化石能源清洁高效利用技术水平，加强煤炭智能绿色开采、灵活高效燃煤发电、现代煤化工和生态环境保护技术研究，实施陆上常规油气高效勘探开发和炼化技术攻关。

二是强化储能、氢能等前沿科技攻关。开展新型储能关键技术集中攻关，加快实现储能核心技术自主化，推动储能成本持续下降和规模化应用，完善储能技术标准和管理体系，提升安全运行水平。适度超前部署一批氢能项目，着力攻克可再生能源制氢和氢能储运、应用及燃料电池等核心技术，力争氢能全产业链关键技术取得突破，推动氢能技术发展和示范应用。加强前沿技术研究，加快推广应用减污降碳技术。

三是实施科技创新示范工程。依托我国能源市场空间大、工程实践机会多等优势，加大资金和政策扶持力度，重点在先进可再生能源发电和综合利用、小堆及核能综合利用、陆上常规和非常规及海洋油气高效勘探开发、燃气轮机、煤炭清洁高效开发利用等关键核心技术领域建设一批创新示范工程。瞄准新型电力系统、安全高效储能、氢能、新一代核能体系以及二氧化碳捕集、利用与封存、天然气水合物等前沿领域，实施一批具有前瞻性、战略性的国家重大科技示范项目。

四是颠覆性技术的突破。能源体系绿色低碳转型需要有颠覆性、变革性技术支撑。要特别关注对深度脱碳发挥关键作用的战略性技术，当前这些技术往往还不太成熟、成本较高，需对其进行全面系统性评估并加以政策扶持，加快研发和产业化进程。在煤炭无害化开采、天然气水合物开发、先进核能、化石能源优化利用、新型能源、现代电网、能源互联网以及生物质、土壤、海洋固碳增汇等能源技术领域仍有诸多革命性、颠覆性技术亟须突破。

五是大力支持和鼓励技术创新。各级政府应加大对创新的资金投入，设立创新专项基金，对包括企业、高校、科研机构在内的各创新主体的重大和基础性创新进行奖励和补贴；通过出台各种促进创新的政策措施，激发出微观主体的创新热情；主导建立技术创新成果转化和交流平台，推动和促进企业与高校、科研机构的产学研合作，努力营造出有利于科技创新的良好环境。

## 二、加强能源技术应用

一是三端发力推进能源结构转型。能源发电、能源消费、人为固碳三端协同发力，推动我国新型能源结构的大转型，最终实现"双碳"目标。在能源发电方面，我国风光等可再生能源丰富，潜力巨大。随着太阳能、风能等领域技术和产业迭代，发电成本将逐步降低。2021 年，我国陆上风电装机装机容量 3.02 亿千瓦（可开发量 99 亿千瓦），光伏发电装机 3.06 亿千瓦（可开发量 1361 亿千瓦）。在能源消费方面，通过工艺流程再造，稳步推进高耗能行业由传统热碳驱动向电氢驱动的低碳技术工艺变革。在人为固碳方面，需大力发展土壤固碳、微藻生产、矿物碳化、二氧化碳转化、生物能源碳捕捉与储存等固碳增汇技术。

二是打破市场分割和地方保护，加快推进全国区域市场整合进程。各级地方政府不应只着眼于短期和局部利益，而是要从全局和长远出发，摒弃本地思维，克服利益短视，打破市场分割，严禁使用行政力量干预市场运行，尽可能避免人为的市场分割现象。

三是继续贯彻和实施各项有利于经济发展的政策措施。稳步推进经济增长，争取经济发展水平尽早越过经济增长促进能源效率提高的拐点，这样可以实现通过经济增长就能改善能源效率的目标。

四是加大环境治理力度。一方面各级政府要加大对环境治理的资金投入；另一方面通过出台严格的环境规制政策，倒逼微观经济主体加大对节能环保技术的研发投入，从而实现节能减排目标。大力开发和利用太阳能、风能、核能等清洁高效的新能源，降低煤炭等传统低效率、高污染能源产品的使用。

五是调整产业结构，加快产业转型升级。大力发展以 5G 通信、人工智能、大数据、移动支付等为代表的现代服务业，逐渐淘汰高能耗、高污染的落后产能。

六是继续推进国有企业改革。在不降低国有经济的主导地位和不影响国计民生的前提下，应大力引入民营资本，加快国企混合所有制的改革步伐，重新焕发国有经济活力并提高效率。

七是科学有序推进非化石能源开发利用。在"双碳"目标下，面对国内油气资源贫乏、煤炭开采使用受限、化石能源消费总量和强度管控趋紧的多重约束形势下，提高非化石能源比重成为大势所趋。首先，非化石能源替代化石能源的工作要坚持"先立后破、通盘谋划"的原则，有序推进规模化的非化石能源项目开发，在确保新能源安全可靠的基础上推动传统能源逐步退出。其次，非化石能源开发要符合当地实际情况，风光项目的实施要经过科学论证。要提高风电、光伏等新能源发电上网能力，避免出现新能源发电"产而不用"问题，持续降低弃风、弃光发生率。再次，充分发挥区域优势，西部地区要尽快建立起以沙漠、戈壁、荒漠地区为重点的大型风光发电基地，加快特高压输电工程建设和现代储能技术应用，增强新能源发电消纳能力和有效供给能力，实现新能源电力的跨区域灵活调度，保障各区域的能源绿色低碳转型。最后，重视从全要素角度改善能源效率。在高质量发展中实现"双碳"目标，需要进一步提高能源效率，不仅要实现能源强度下降的单要素能源效率提升，更要实现全要素能源效率的改善。一方面，能源革命要时刻保持系统思维，既要处理好能源与经济发展之间的关系，又要处理好能源与其他资源要素之间的关系，还要处理好能源与环境保护之间的关系。只有做到全要素间的协调配合，才能真正发挥能源革命在促进高质量发展过程中的重要作用。另一方面，要强化区域间资源优化配置，实现区域全要素能源效率的协同提升。能源效率领先地区应在制造业绿色转型升级和能源结构优化调整进程中发挥示范引领作用，而能源效率提升潜力较大的地区应在能源结构、产业结构、管理机制、技术水平等方面找准全要素能源效率提升的制约因素，深入挖掘并加快释放效率提升潜力，推动不同地区全要素能源效率稳步向高水平收敛。

"沧桑成就正道，历史昭示未来。"中国能源革命必须坚持党的领导，坚持以人民为中心，笃行致远，砥砺前行，在巩固历史成效的基础上，继续向着保障国家能源安全、构建现代能源体系、推进"双碳"目标、加快建设能源强国的方向前进。

未来数十年，在全球应对气候变化、加速碳减排的发展趋势下，各国都面临能源系统低碳转型挑战，但同时也蕴藏着发展新兴产业、带动产业升级的巨大机遇。我国能源领域需要积极应对，从不同角度为技术创新注入活力，加速构建新型能源体系。要为能源技术创新创造条件，加强基础学科研发投入和人才培养，基于面向未来的技术变革趋势和能源转型趋势，研判并引领技术创新方向；鼓励企业加强技术创新，完善招投标机制，避免长期低价竞争，支持制造业企业获得合理利润以加快产品研发和技术迭代。对于重点攻关项目，促进跨领域、跨专业的机构和人才共同研发，发挥协同效应。鼓励产学研联合创新，加速产业化进程。政府需引导并支持民营企业加强自身科研投入，推动企业参与公立科研院所研发项目，鼓励全产业链协同创新。要加强数字技术在能源领域的应用，促进数字经济与能源行业融合。数字技术在大多数能源产供储销体系建设中已经发挥了重要作用，有力保障了安全稳定供给，提高了开发和利用效率。

### 三、加大力度推进新能源技术的创新和应用

未来，随着可再生能源在能源系统中的比例越来越高，其间歇性波动的特性会给能源系统的安全带来挑战，加之多种能源类型之间的互补在供需两侧更加频繁出现，都需要数字技术和人工智能技术在能源领域更广泛地应用。同时，能源系统涉及社会的方方面面，应用场景丰富，这为数字经济发展提供了广阔市场空间，有利于技术的快速更新迭代，两者深度结合可成为不同产业协同升级的良好范例。首先，要推动传统能源产业转型升级。在严控煤炭消费总量的前提下，加强煤炭清洁化利用，通过技术创新提高煤炭使用效率。加强深层油气田开采和深海油气资源开发，加快非常规油气资源的勘探和经济性开采。其次，在传统能源产业转型期间，同时推动新能源领域技术突破和升级。加强在电动汽车核心车载芯片、氢能储运、风机关键主轴承和部分光伏高端材料等领域的研发，突破技术"瓶颈"。最后，密切关注下一代可再生能源技术，提前规划部署。要重视保障产业链安全。关注镍、钴、锂等清洁能源发展所需的关键

矿产资源供给和回收。加强供应链管理和全球资源合理配置，建立资源循环利用体系，推动电池梯次利用、光伏板和风机设备回收与再利用，减少资源消耗；加强技术创新，探索不同技术路线和替代原料，减少对稀缺矿物的依赖，比如用钠离子电池部分替代锂离子电池；加大关键矿产资源国内勘探以及与国外重要资源国的合作开发。我国还应注意加强国际合作，吸收欧美先进经验，探索不同场景下的技术方案。

第一，加强政策引导，促进新能源产业技术创新。为支持新能源产业的高质量发展，政府可以采取一系列政策措施。首先，加大需求端的财政支持力度，通过财政补贴等方式，扩大国内消费市场对新能源产品的需求。其次，政府需要加大对新能源研发的支持力度，包括资金投入和科研项目支持，以推动新能源技术的创新和突破。这有助于提升我国新能源产业的竞争力，减少对进口技术的依赖。同时，政府还可以通过技术引进、科研合作和人才培养等措施，推动产业链的升级和提升。鼓励企业加大技术创新力度，提高产品质量和附加值，培育具备核心竞争力的企业和品牌，从而增强新能源产业的整体竞争力。此外，在对企业的减税降费措施中，可以把降低研发成本提高到一个着重考量的地位。再次，根据企业产权性质、行业特点、制度环境等因素，制定更为科学合理的税收优惠政策，为新能源企业技术创新水平的提升提供保障。需要采取措施确保不同产权性质的企业都可以公平地享受税收优惠政策，保证民营企业能够拥有与国有企业享受相同平台和资源的权利，最大限度地发挥税收优惠在提升新能源企业创新绩效方面的作用。最后，健全财政补贴与税收监管制度。对于补贴政策，我国新能源产业已迈入后补贴阶段，需确保企业补贴资本用于自主创新等研发活动，使补贴资本真正发挥推动新能源发展的作用；需重点关注税收政策实施的监督和反馈机制，对优惠政策的资格认定严格审核，禁止不符合条件的企业通过其他渠道获取不应得的税收优惠。

第二，推进产业布局转型，完善新能源供给体系。我国新能源产业的布局规划仅有数10年的历程，而产业规模的发展又较为高速，难免会在产业布局与推进上遇到很多问题。因此，未来我国新能源产业应在政策的导向下，结合不同类型科技的资金投入研发，不断提高在设备使用安全、运营安全、产出效率与度电成本等方面的水平，逐步由"以量取胜"转向"质""量"并行的轨道。

为了推动新能源产业的发展，政府应该加大力度规划建设以大型风电和光电基地为基础的新能源供给体系。近年来，我国在风电和光伏发电等新能源领域取得了显著成就，但在新能源开发利用方面仍存在一些挑战，比如电力系统对大规模高比例新能源接网和消纳的适应性不足以及资源禀赋和环境约束等制约因素。因此，未来应围绕新能源发展的难点、堵点问题，通过完善政策措施，重点解决新能源发展中的问题，这样做有利于我国如期实现碳达峰和碳中和目标。

第三，制定区域间差异化创新和发展战略，缩小地区间差异。新能源技术创新能力呈现出由东南沿海向西北内陆逐级递减的趋势，政府应针对不同区域的收敛特征，加强政策效果分析，构建技术创新协同联动机制，发挥新能源技术创新高水平区域的溢出效应和辐射带动作用，促进技术创新低水平区域提质增效。东部沿海发达地区高技术创新水平集聚中心需强化技术创新的空间溢出效应，辐射带动邻近地区技术创新能力的提升。要高度重视技术创新水平较弱的区域，加大政策支持力度，引导并鼓励人才向本区域流动等。

第四，强化技术创新投入，推动新能源产业技术集成化。研发资金是新能源产业创新能力发展的基础，加大研发经费投入规模和力度是实现新能源产业技术创新成功的基本保证。首先，新能源企业应通过提高科技人员研发经费、科技活动人员的活动经费、技术引进以及改造经费等各类经费的投入，扩大研发经费规模。这意味着企业需要在研发方面投入更多的资源，包括资金和人力，以支持技术创新的开展。需要注意的是，新能源企业应充分利用新产品销售状况的反馈作用，通过提取新产品部分销售利润的方式增加研发经费的投入。这可以通过将销售利润的一部分用于技术研发，以提升企业的创新能力和技术水平。通过加强技术创新投入，新能源产业可以推动技术集成化的发展，提升新能源技术的水平和竞争力。这将有助于推动新能源产业的持续创新和发展，实现产业的高质量增长。同时，政策上可以通过财政拨款、金融支持等手段，为研发资金投入提供保障，驱动我国新能源产技术创新。其次，应加强对于研发资源投入的分配与管理，减少不必要的资源浪费。政府与公司等不同主体调整专利研发结构，着力改善专利结构不合理的问题。现阶段尤其需要关注效率提升型技术创新与安全提升型技术创新所带来的影响。对于光伏发电产业，现阶段应加大效率提升型技术创新的研发投入，这将在现阶段显著提升光伏产业发展与发电量规模。对于风能产业而言，现阶段应加大安全提升型技术创新的研发投入，现阶段安全提升型技术创新水平的提升将显著促进风能产业规模与风能产业发电量。此外，要强化技术升级赋能，开放国际合作补齐短板，提高自主创新能力，防止技术被国外"卡脖子"。

第五，加强人才引领支撑作用，推动企业间产学研合作。我国新能源行业正处于成长期阶段，新能源企业的发展仍有许多的不确定性。首先，当前我国正处在能源转型阶段，理应得到政府的重视与扶持，只有完善政府补贴政策体系，加大对新能源企业的技术补贴，才能提高企业的创新积极性，从而提高新能源企业的技术创新水平，实现企业的预期收益，促进企业发展。其次，要推动新能源企业间合作，特别是推动东、中、西部新能源企业间的合作。最后，按照《国家创新驱动发展战略纲要》加大重要能源领域和新兴能源产业技术创新投入，加强人才队伍建设，提升各类主体创新能力。企业通过与高校、科研院所合作，不仅能够弥补项目综合设计规划和经济管理人才的缺乏，还能够助力企业实现整体国产化，并一定程度上控制投资风险和运营成本。

第六，打造科技成果转化平台，充分发挥市场机制的作用。为推动新能源产业的技术创新和应用，要充分发挥市场机制的作用，通过供求关系和价格信号引导企业投资新能源产品和生产规模。政府可以采取以下措施：首先，扶持和发展科技创新成果转化中介机构，建立适合我国国情的关键核心技术攻关和应用机制。其次，加强新技术应用推广和试点示范，推动模式创新。最后，打造创新平台，培育前沿技术开发能力。通过这些措施，可以促进新能源技术的集成化、推动技术创新的成功，并为产业发展提供强有力的支持和推动力。地方政府应结合本地产业优势，采取多种方式加强科研能力建设。

# 第七章　中国能源市场与国际能源合作

## 第一节　中国能源市场开放的历程

中国的能源市场开放经历了多个阶段。在改革开放初期，中国能源市场主要由国家垄断控制，政府对能源资源的开采、生产和分配实行严格管制。随着中国经济的快速增长和市场需求的变化，中国开始逐步放开能源市场，并实施了一系列改革措施。

自1978年改革开放以来，中国开始实行社会主义市场经济体制，能源市场逐步开放。这一阶段是中国能源市场开放的起点，政府开始逐步放开能源市场，允许国内外企业参与国内能源生产和经营。这一时期的改革主要集中在原油、天然气等少数几个能源品种上，但随着时间的推移，改革的范围逐渐扩大。

20世纪90年代初期，中国开始引入市场机制，逐步放开了油气勘探开发、电力和煤炭等领域的市场准入。1992年，中共十四大提出建立社会主义市场经济体制的目标，能源市场进一步开放。政府开始大力推动能源市场化改革，鼓励多种经济成分进入能源领域，加强能源市场的竞争。这一时期的改革主要集中在煤炭、电力等能源品种上，旨在通过市场竞争来提高能源生产和经营的效率。

2002年，中国加入世界贸易组织（World Trade Organization，WTO），承诺进一步开放国内能源市场，加强国际合作。这一时期，中国开始更加积极地参与国际能源市场的竞争和合作，推动国内能源企业"走出去"和引进外资。同时，政府也加强了对能源安全的关注，制定了一系列保障国内能源供应的政策措施。

2005年，国家颁布了《可再生能源法》，鼓励可再生能源的发展和利用。这一时期，中国开始注重可再生能源的发展，通过制定法律法规和政策措施来推动可再生能源产业的发展。同时，政府也加强了对能源环保的关注，推动能源的绿色发展。

2013年，中国提出"一带一路"倡议，旨在加强与共建国家的能源合作，推动能源市场的进一步开放。这一时期，中国开始积极参与全球能源市场的竞争和合作，推动与共建国家的能源贸易和投资。同时，政府也加强了对国内能源基础设施的建设和完善，提高能源供应的可靠性和稳定性。2015年，中国正式启动了天然气市场化改革，推动了天然气价格市场化，提高了市场竞争力，促进了能源资源的高效配置。

2015年，中共中央、国务院《关于进一步深化电力体制改革的若干意见（征求意见稿）》，提出进一步深化电力体制改革，促进电力市场开放。这一时期的改革主要集中在电力领域，通过推动电力市场的建设和开放来提高电力供应的可靠性和稳定性。同时，政府也加强了对新能源和可再生能源的开发和利用，推动能源结构的优化和转型升级。

2017年，国家颁布了《能源生产和消费革命战略（2016—2030）》，提出推动能源消费革命、能源供给革命、能源技术革命和能源体制革命。这一时期，中国开始全面推进能源生产和消费的革命，加强能源技术创新和体制创新，推动能源结构的优化和转型升级。同时，政府也加强了对国内能源企业的整合和转型升级，提高其国际竞争力。

2019年，国家发改委发布了《关于全面放开经营性电力用户发用电计划的通知》，全面放开经营性电力用户发用电计划。这一时期的改革主要集中在电力市场方面，通过放开经营性电力用户的发用电计划来促进电力市场的竞争和发展。同时，政府也加强了对新能源和可再生能源的支持力度，推动其快速发展。

2019年，国家发改委发布了《关于深化燃煤发电上网电价形成机制改革的指导意见》，进一步完善了燃煤发电上网电价形成机制。这一时期的改革主要集中在煤炭领域，通过完善上网电价形成机制来促进煤炭市场的竞争和发展。同时，政府也加强了对新能源和可再生能源的推广和应用，推动其成为未来能源的主导力量。

总体而言，中国能源市场开放的历程是一个复杂而多元的过程，涉及多个政策文件和改革措施。这些政策和措施的实施促进了中国能源市场的竞争和发展，推动了能源结构的优化和转型升级。

## 第二节 中国在国际能源市场中的角色

作为世界上最大的能源消费国和生产国之一，中国在能源市场中扮演着重要的角色。中国的能源需求量巨大，主要依赖于煤炭、石油和天然气等传统能源，与此同时也在积极发展清洁能源，例如风能、太阳能和核能等。中国拥有庞大的消费市场和多样化的能源资源，对全球能源市场的供需和价格都有着重要影响。

中国政府通过政策引导和市场机制，积极推动能源结构调整和转型升级，加快清洁能源的发展和利用，提高能源利用效率，实现能源供给的多元化和安全可持续发展。中国在能源技术研发和国际合作方面也取得了显著成就，为全球能源转型和可持续发展作出了重要贡献。

### 一、能源进出口

在进出口方面，中国在能源市场中扮演了重要的角色。一方面，中国作为全球第二大经济体和人口最多的国家，其能源需求量巨大。中国主要从海外进口石油、天然气和煤炭，以满足其工业生产、交通运输和城市化发展的需求。石油是中国最主要的能源进口品，占据了中国能源进口总量的绝大部分。中国主要依赖中东、非洲和亚太地区的石油资源，通过与这些地区的能源供应国签订长期合同来确保稳定的进口来源。另外，中国也在加大天然气和液化天然气（LNG）的进口，以应对环境污染和碳排放的压力。另一方面，中国是全球最大的煤炭生产国和出口国之一。中国的煤炭产业发展迅速，年产量和出口量均居全球前列。然而，随着国际社会对于碳排放和气候变化问题的关注日益增加，中国政府加大了对清洁能源的开发力度，逐步减少煤炭的出口量。此外，中国也在加大对其他能源（如天然气和可再生能源）的出口力度，以逐步调整其能源出口结构。

**二、外资合作**

（一）外资在中国能源市场投资

中国在能源市场也进行了广泛的外资合作。一方面，中国吸引大量外国投资者进入其能源市场，外资投资涉及领域广泛，包括油气勘探开发、新能源、电力等。外资在中国能源市场的投资主要集中在石油、天然气、煤炭等传统能源领域。这些领域的投资不仅有助于满足中国日益增长的能源需求，也为外资企业提供了良好的商业机会。例如，荷兰皇家壳牌（shell）、英国石油公司（BP）、埃克森美孚等国际石油巨头均在中国设立了分公司或合资企业，积极参与中国的能源开发。中国政府通过不断完善法律法规和政策体系，为外资企业提供了良好的投资机遇和发展环境。在油气领域，中国通过与国际能源公司合作进行合作勘探和开发，提高了油气资源的勘探开发效率。在新能源行业，中国吸引了大量外资进入风电、太阳能等领域，推动了新能源技术的创新和应用。中国政府大力推广新能源产业，为外资企业提供了广阔的市场空间和投资机遇。例如，德国的西门子和法国的阿尔斯通等公司在中国的风电和太阳能领域都有重要的投资。同时，外资也在电动汽车及电池制造等新兴领域寻找投资机会。另一方面，外资还通过多种方式参与中国能源基础设施建设。例如，BP公司参与了中国的液化天然气接收站项目，澳大利亚的必和必拓公司与中国合作开展铁矿石项目等。这些投资不仅有助于提高中国能源基础设施的现代化水平，也为外资企业带来了可观的商业利益。

（二）中外企业合作与技术交流

中国能源市场的外资合作不仅是资金的注入，更包括技术合作和经验交流。外资企业带来了先进的技术和管理经验，与中国企业展开合作，促进了中国能源产业的技术升级和管理水平的提升。与此同时，中国企业也通过与外资企业的合作学习和吸收国际先进经验，提高自身的竞争力和创新能力。中外企业合作与技术交流的显著优势主要有以下几个方面：

第一，通过与外资企业的合作，中国企业得以引进国际先进的能源技术和管理经验。这不仅提高了生产效率，降低了运营成本，还为中国培养了大量的技术和管理人才，为未来的自主创新打下坚实的基础。

第二，中外企业通过合作，充分利用各自的资源优势，实现资源优化配置。外资企业带来资金、技术和管理经验，结合中国企业的市场资源和劳动力优势，共同开拓国内外市场，实现互利共赢。

第三，中外企业在技术研发与创新方面展开合作，共同研发新技术、新产品，提高能源利用效率和环保水平。这种合作模式加速了技术成果的转化和应用，推动了能源行业的科技进步。

第四，中外企业合作还促进了人才培养与交流。通过开展培训、学术交流和技术研讨等活动，双方人员可以相互学习、取长补短，从而提高自身能力。这种人才交流机制对于提升整个行业的人才素质具有积极意义。

第五，在应对气候变化和推动绿色发展的背景下，中外企业在可再生能源、清洁能源等领域展开广泛合作。通过共同投资、研发和推广绿色能源技术，促进中国能源结构的优化和可持续发展。

第六，中外企业通过合作与交流，建立了长期稳定的合作关系。这种关系不仅有利于当前项目的成功实施，还为未来的合作奠定了坚实的基础。双方在互信互利的基础上，共同应对市场挑战和机遇。

### 三、中国能源市场的可持续发展

*（一）清洁能源发展*

中国政府将清洁能源发展作为国家能源战略的重要组成部分，大力推动风能、太阳能、核能等清洁能源的发展和应用。通过引入外资和国际合作，中国加快清洁能源技术的引进和推广，逐步提高清洁能源在能源结构中的比重，为减少碳排放和应对气候变化做出了积极贡献。

## （二）节能与能效提升

中国政府出台了一系列能源节约和能效提升的政策措施，以减少对传统能源的依赖，提高能源利用效率。外资的引入使中国能够更好地利用国际先进技术和管理经验，推动能源生产和利用方式的转型升级，从根本上解决能源利用与环境之间的矛盾。

## （三）国际合作促进可持续发展

中国与国际能源机构、其他国家以及国际组织之间的合作日益密切，共同致力于推动全球能源可持续发展。通过在能源技术创新、降低碳排放等领域开展合作，中国在国际上树立了积极的形象，为构建人类命运共同体和推动全球能源治理做出了重要贡献。

## 第三节 能源国际合作

### 一、中国能源国际合作历史演进及取得成就

改革开放40多年来，中国能源国际合作经历了从引进来到走出去、多元化合作、海外资源多元化布局以及全球合作与共赢等历史演进过程。在最初阶段，中国通过引进外国能源技术、设备和资金，以满足国内能源需求。随着国内经济发展带来的能源需求扩张，中国能源企业开始逐渐走出去，积极参与国际能源市场，开展能源的海外投资和合作。在21世纪初，随着全球化进程的深入，中国的能源合作也逐渐多元化，不再局限于单一的国家或地区。党的十八大以来，在"四个革命、一个合作"能源安全新战略框架下，中国逐渐形成以"一带一路"能源合作为引领的高水平能源国际合作。

#### （一）开启国际合作新篇章，引进技术推动能源产业升级

在20世纪80年代中叶这一历史转折点上，中国能源国际合作的序幕在煤炭、电力及石油三大核心领域缓缓拉开，标志着中国在全球化浪潮中迈出了能

源领域国际合作的重要步伐。这一时期，中国不仅着眼于国内能源需求的满足，更着眼于通过国际合作加速能源产业的转型升级，为经济社会的全面发展奠定坚实基础。

在煤炭行业，国际合作如同一股强劲的东风，极大地推动了该领域的现代化进程。通过引进国际先进的煤矿开采技术和设备，中国煤炭行业实现了从劳动密集型向技术密集型的深刻转变。国有煤矿的机械化水平实现了质的飞跃，从1978年的32.5%大幅提升至1992年的72.3%，这一数字背后，是生产效率的显著提升与作业安全性的大幅增强。同时，中国煤炭出口也迎来了黄金时期，出口量稳步增长，不仅满足了国际市场的需求，更成为国家外汇收入的重要来源之一，彰显了中国煤炭产业的国际竞争力。

电力作为现代工业的血液，其重要性不言而喻。为加快电力行业的现代化步伐，中国政府高瞻远瞩，出台了一系列政策措施，积极鼓励外资参与电力基础设施建设。这些政策不仅吸引了大量外资涌入，还带来了国际先进的电力技术和管理经验，极大地促进了国内电站建设的蓬勃发展。从燃煤电厂到水电站，再到后来的核电站和可再生能源发电项目，中国电力行业在外资的助力下，实现了技术上的跨越式发展，为经济社会的快速发展提供了强有力的能源支撑。

在石油领域，中国更是以开放的姿态，提出了放开指定海域进行石油开采的对外合作政策。这一政策的出台，不仅吸引了众多国际石油巨头前来投资，还引进了大量国外先进的勘探开发技术和设备。外资的引入，如同催化剂一般，激发了国内石油产业的活力，推动了石油产量的稳步增长和出口量的显著增加。在1980年至1985年的短短几年间，中国石油出口创汇额实现了飞速增长，1985年更是达到了67亿美元的峰值，占当年外贸出口总额的24.5%，成为国家外汇收入的重要支柱之一。这一时期的"引进来"战略，不仅有效缓解了国内能源供应的紧张局面，更为中国石油产业的国际化发展奠定了坚实基础。

（二）深化国际合作战略，海外拓展构建多元化能源供应体系

经济体制的深刻变革作为中国经济增长的强劲引擎，引领中国经济步入了前所未有的高速增长轨道，这一进程伴随着能源消费量的显著攀升，尤其是石油消费的增长尤为突出。自1993年中国首次跨越成为石油净进口国的门槛后，

石油的外部依赖程度逐年加深，成为国家能源安全战略中不可忽视的一环。面对这一挑战，中国积极响应全球化趋势，加速推进对外开放战略，特别是以"走出去"为核心导向的能源国际合作策略，旨在构建多元化、可持续的能源供应体系。

在石油领域，20 世纪 90 年代，随着重化工业发展战略的深入实施，中国石油消费需求呈现出强劲的增长态势，1993 年至 2001 年，石油消费量年均增长约 1200 万吨，增速稳定在 5.8% 左右，这一趋势直接促使中国从石油自给自足转向净进口国地位。截至 2001 年，石油净进口量已突破 6400 万吨大关，对外依存度攀升至 28%，凸显了能源安全问题的紧迫性。为有效应对这一挑战，中国能源企业积极采取多元化策略，通过并购、直接投资及国际合作开发等多种模式，深度参与全球石油资源的开发与利用。具体而言，从 1999 年的初步尝试，海外份额油产量达到约 300 万吨，到 2000 年的显著增长至 500 万吨，再到 2001 年的跨越式提升至 830 万吨，这一系列数据不仅反映了中国能源企业在国际舞台上的日益活跃，也彰显了其保障国家能源安全、促进经济持续发展的坚定决心。同时，中国能源企业的"走出去"战略不仅体现在规模上的扩张，更在于策略上的精准与创新。例如，中国石油天然气集团公司（CNPC）在苏丹的石油开发项目便是一个标志性案例。自 1995 年首次进入苏丹市场以来，CNPC 通过技术转让、人才培养及与当地政府和企业建立紧密合作关系，成功推动了多个大型油田的开发。苏丹项目不仅为中国带来了稳定的海外石油供应，还促进了当地经济发展，成为中苏两国能源合作的典范。此外，中海油（CNOOC）在印度尼西亚、尼日利亚等地的深海油气勘探与开发项目也展现了中国能源企业在全球范围内的竞争力与影响力。

与此同时，在电力领域，中国电力企业也积极探索国际化道路，采用"借船出海"的灵活策略，即依托国际合作伙伴的资源和平台，进入国际市场参与专业技术承包或业务分包项目。然而，这一过程中，中国能源企业面临着来自发达国家跨国企业的激烈竞争。这些跨国企业凭借其深厚的技术积累、丰富的市场经验以及先发的市场优势，在国际市场上占据了主导地位，对中国能源企业国际合作的深度和广度构成了较大挑战。尽管如此，中国电力企业并未止步，而是持续加强技术创新、提升服务质量，努力在国际市场中寻求突破，为构建更加开放、包容、共赢的国际能源合作格局贡献力量。

值得注意的是，中国能源企业在国际合作过程中，还积极履行社会责任，注重环境保护与可持续发展。例如，在苏丹等非洲国家的石油开发中，CNPC坚持采用环保技术，减少对环境的影响，并积极参与当地社区建设，改善民生条件。这些举措不仅赢得了当地政府和民众的信任与支持，也为中国能源企业在国际上的良好形象树立了标杆。

### (三) 双向策略促合作，能源国际广布局

2000年10月党的十五届五中全会正式提出"走出去"战略，中国开始全方位融入全球化体系，全面接受国际市场自由贸易规则，不仅深度拥抱国际市场的自由贸易体系，更引领了国家对外开放格局的根本性变革。此战略的实施，促使中国能源行业以前所未有的姿态，通过"引进来"与"走出去"并重的双向策略，深度嵌入全球价值链之中，实现了从局部参与到全面融合的跨越式发展。

在"走出去"的宏伟蓝图中，面对国内经济由供给约束转向需求驱动的转型挑战，中国能源企业敏锐地捕捉到了海外市场的广阔机遇，将探索新的经济增长点视为"走出去"的核心驱动力。2004年，中国能源版图显著扩张，成功涉足苏丹、哈萨克斯坦及委内瑞拉等国的石油资源开发项目，不仅缓解了国内能源供应压力，更在国际舞台上展现了中国企业的实力与担当。同年，中国企业在澳大利亚煤矿领域的并购行动，更是拉开了中国海外煤炭资源开发合作的序幕，进一步丰富了国家能源进口的多元化渠道。此外，2005年，中国电力企业在巴西与赞比亚的电力基础设施建设合作，不仅促进了当地经济发展，也为中国电力技术和服务走向世界铺设了坚实的基石。

而在"引进来"的实践中，中国则充分利用国内市场的巨大潜力，通过优化外资政策环境，吸引国际资本深度参与能源产业链上下游的构建与升级。特别是针对煤炭开采与洗选、石油天然气勘探开发、石化等关键领域，中国相继出台了一系列政策措施，如2001年修订的《对外合作开采海洋石油资源条例》与《对外合作开采陆上石油资源条例》，这些条例不仅明确了外商参与石油天然气勘探开发的合作模式与激励机制，还鼓励了高风险、高技术含量的勘探项目，

有效提升了国内油气资源的勘探开发效率。同年,随着《外商投资产业指导目录》的更新,中国进一步放宽了外资在电力、煤气生产供应、火电、水电及可再生能源发电等领域的准入条件,特别是强调中方控股的核电项目也向外资开放,这一举措不仅促进了能源技术的国际交流与合作,也加速了国内能源产业的转型升级。

(四)新格局引领能源合作,迈向国际合作新时代

在当今全球格局深刻调整、国际经济环境充满变数的时代背景下,世界正步入一个前所未有的复杂多变期,国际经济发展态势展现出高度不稳定性和深刻不确定性。逆全球化思潮的涌动与贸易保护主义的抬头,对中国能源行业的外部循环构成了显著阻碍。能源的稀缺性及其固有的金融属性,加之油气资源地理分布的高度集中与供需格局的逆向分布,越发凸显了能源作为政治筹码与战略工具的重要性。

面对中美能源领域竞争态势的日益激烈,中国能源安全面临的挑战越发严峻,成为国家发展战略中不可忽视的一环。鉴于此,2014年11月,中国适时发布了《能源发展战略行动计划(2014—2020年)》,该计划高瞻远瞩地提出了拓展能源国际合作、统筹国内外资源与市场、坚持投资与贸易双轮驱动、海陆通道并进的战略路径,旨在加快构建海外能源资源利用的中长期蓝图,并积极鼓励能源技术、装备、服务及工程力量的国际化布局。

在加速构建现代能源体系的征途中,中国采取了自主创新与国际合作并重的策略,力求实现能源核心技术的自主可控。在自主创新领域,中国持续加大科研投入力度,推动能源科技领域的突破性进展。通过强化基础科学研究与应用技术研发的深度融合,中国在新能源技术、智能能源管理系统等领域取得了显著成就,为全球能源转型贡献了"中国智慧"与"中国方案"。同时,中国秉持开放包容的态度,积极吸收国际先进技术与经验,如引入高效地震勘探技术、水平钻井与油藏优化开发技术等,显著提升了国内油气资源勘探开发的效率与效益。此外,中国还聚焦于新型能源载体的研发与应用,如氢能、电动汽车等,推动能源消费结构的多元化与绿色转型。在"走出去"战略的引领下,中国依托自身在能源技术、装备、产品及服务等方面的竞争优势,积极参与全

球能源治理与转型进程。近年来,中国风电整机制造已占据全球市场的半壁江山,光伏产业更是为全球提供了超过七成的组件供应,彰显了中国在全球绿色能源供应链中的核心地位。中国国家电网公司在巴西、巴基斯坦、希腊等地实施的高压直流输电项目,不仅展示了中国能源技术的国际竞争力,也为中国能源企业"走出去"树立了典范。

尤为值得一提的是,中国积极响应"一带一路"倡议,将能源合作作为重要抓手,深度参与沿线国家的能源开发与基础设施建设。据统计,2013 年至今,中国与"一带一路"沿线国家的双向投资总额超过 3800 亿美元,其中能源领域的投资占比近四成,为沿线国家带来了实实在在的能源供应保障与基础设施升级,促进了区域经济的繁荣与发展。这一系列举措不仅体现了中国作为负责任大国的担当,也为构建人类命运共同体贡献了能源领域的"中国力量"。

**二、国际能源合作的重要意义**

能源安全和可持续发展是全球性的挑战,对世界各国的经济、社会和环境都具有重要影响。面对日益紧迫的能源安全和可持续发展问题,各国之间的合作变得尤为重要。国际合作不仅可以促进全球能源资源的合理利用,还可以推动清洁能源的发展,提高能源利用效率,减少碳排放,从而实现可持续发展目标。

(一)国际合作促进清洁能源转型

在全球能源格局的深刻变革中,清洁能源作为未来发展的核心驱动力,其研发、生产与普及已成为国际合作的热点。联合国气候变化框架公约框架下的多项国际合作倡议如同催化剂,加速了太阳能、风能、水能等可再生能源的全球布局,并促进了核能、天然气等低碳能源技术的广泛应用。通过跨国界的知识共享与技术交流,国际合作不仅缩短了清洁能源技术的商业化进程,还增强了各国在应对气候变化挑战中的协同作战能力。

(二)国际合作促进能源技术创新

能源技术创新,作为能源安全与可持续性的关键引擎,其进步离不开国际合作的沃土。政府间政策对话、企业间的合作研发以及科研机构跨地域的联合攻关，共同构建了一个促进能源技术创新的全球网络。这一网络加速了新技术、新工艺的跨国界传播与应用，为全球能源结构的绿色转型注入了强大动力。国际合作不仅拓宽了技术创新的边界，还促进了技术成果的快速转化与产业化，为全球能源治理贡献了宝贵的智慧与经验。

（三）国际合作加强能源供应链安全

能源供应链的稳定性与安全性，直接关系到国家能源战略的安全与可持续发展。在国际合作的框架下，各国致力于加强能源生产、运输、储存及分配等环节的协同合作，共同构建多元化、韧性强的能源供应链体系。通过签署能源合作协议、推进跨国管道项目建设等举措，国际合作有效增强了能源供应的多样性和抗风险能力，为全球能源市场的稳定运行提供了坚实保障。

（四）国际合作推动能源市场发展

能源市场的开放、公平与透明，是保障能源安全、促进可持续发展的基石。国际合作通过推动能源市场的互联互通与规则对接，促进了资本、技术、产品等要素在全球范围内的自由流动与优化配置。这不仅激发了市场活力，还促进了能源市场的繁荣与发展。同时，国际合作还加强了各国在能源政策、法规及监管等方面的协调与沟通，为构建一个更加高效、有序、可持续的全球能源市场体系奠定了坚实基础。

### 三、国际合作在促进能源安全和可持续发展中的作用

随着全球能源市场的不断扩大和能源需求的持续增长，国际合作在促进能源安全和可持续发展方面的重要性日益凸显。

（一）国际合作在促进能源安全中的作用

1. 保障全球能源供应

国际合作有助于促进全球能源市场的稳定和繁荣，保障全球能源供应的可靠性。通过加强各国之间的能源贸易和投资合作，可以优化资源配置，降低生

产成本，提高能源供应的效率。同时，国际合作有助于加强能源基础设施建设，提高能源运输和配送的效率，减少能源供应中断的风险。国际合作在保障全球能源供应中的作用主要体现在以下几个方面：

首先，全球能源市场是一个高度相互依存的网络，各国的能源资源、生产能力和消费需求各不相同。通过国际合作，各国可以更有效地利用自己的能源资源，同时获得其他国家的能源资源，实现资源的优化配置。这种资源共享可以降低生产成本，提高能源供应的效率，从而保障全球能源供应的可靠性。国际合作有助于稳定全球能源市场，减少能源价格的剧烈波动。同时，通过建立有效的能源价格监测和调控机制，各国可以共同应对能源价格的波动，防止能源供应中断和市场失灵。此外，国际合作可以促进能源市场的透明化和规范化，减少市场操纵和投机行为，进一步稳定能源价格。

其次，全球能源基础设施的建设需要大量的资金和技术支持。通过国际合作，各国可以共同投资建设和改善能源基础设施，提高能源运输和配送的效率。这种合作可以分摊建设成本，减轻单个国家的负担，同时促进区域能源网络的互联互通，提高全球能源供应的可靠性和稳定性。全球能源供应面临着各种突发事件的威胁，比如自然灾害、政治冲突等，通过国际合作，各国可以建立快速反应机制，共同应对这些突发事件和危机。各国还可以分享预警信息、加强应急协调和互助，降低突发事件对能源供应的影响，保障全球能源市场的稳定运行。此外，可再生能源是未来能源发展的重要方向，然而可再生能源技术的研发、生产和应用需要大量的资金和技术支持。通过国际合作，各国可以共同研发和推广可再生能源技术，提高可再生能源的产能和利用效率。这种合作可以降低可再生能源的成本，推动其普及和应用，从而保障全球能源供应的可持续性。

最后，国际合作在保障全球能源供应方面具有重要作用。通过资源共享、市场稳定、基础设施建设、应急响应和可再生能源发展等方面的合作，各国可以共同应对全球能源挑战，保障全球能源供应的可靠性和稳定性。因此，加强国际合作是实现全球能源安全的重要途径之一。

2. 推动清洁能源发展

随着环境保护意识的提高和气候变化问题的加剧，清洁能源的发展成为全球共识。国际合作有助于推动清洁能源技术的研发和应用，提高清洁能源的产能和利用效率。通过共享技术和经验，各国可以共同应对清洁能源发展中的挑战，降低清洁能源成本，推动清洁能源的普及和应用。

清洁能源技术的研发需要大量的资金和人力资源投入。通过国际合作，各国可以共同投入资源，联合开展技术研发和创新，加快技术进步的步伐。这种合作可以促进技术的转让和传播，使先进技术更快地应用于实际生产中，降低清洁能源技术的成本。同时，国际合作可以促进各国之间的知识共享和交流，推动技术创新的涌现。清洁能源基础设施的建设需要大量的资金和技术支持。通过国际合作，各国可以共同投资建设和改善基础设施，例如风电场、太阳能电站、智能电网等。这种合作可以分摊建设成本，减轻单个国家的负担，同时促进区域能源网络的互联互通，提高清洁能源的利用效率。

各国在清洁能源发展方面的政策、法规和标准各不相同。通过国际合作，各国可以加强政策对话与协调，共同制定和实施清洁能源发展的政策和标准。这种合作可以促进各国之间的相互理解和信任，减少贸易壁垒和摩擦，推动清洁能源市场的扩大和发展。清洁能源发展需要大量的资金支持。通过国际合作，可以吸引更多的资本参与清洁能源项目，包括直接投资、政府援助、金融机构支持等。这种合作可以扩大清洁能源项目的资金来源，减轻单个国家的财政压力，促进清洁能源产业的发展。清洁能源技术的市场接受度受到多种因素的影响，包括技术成熟度、经济成本、社会认知等。通过国际合作，可以共同推广清洁能源技术和产品，提高市场接受度和竞争力。这种合作可以通过公共关系活动、宣传教育、示范项目等方式，增强社会各界对清洁能源的认知和支持。

3. 应对能源安全风险

国际合作有助于加强各国之间的信息共享和预警机制建设，提高应对能源安全风险的能力。通过加强能源政策对话和应急协调，各国可以共同应对突发事件和危机，降低能源安全风险对经济和社会的影响。国际合作在应对能源安全风险方面具有重要作用，主要体现在以下几个方面：

首先，能源安全风险具有突发性和不确定性的特点，及时获取信息并做出反应至关重要。通过国际合作，各国可以建立能源安全信息共享平台，实时监测全球能源市场动态，及时发现并应对能源供应中断、价格波动等风险。同时，可以共同制定预警机制，对可能出现的风险进行预测和评估，提前做好应对措施。国际合作可以加强各国在应对能源安全危机时的协调与配合。当某一国家面临能源供应中断或自然灾害等危机时，国际社会可以通过援助与支持，帮助该国尽快恢复正常能源供应，减轻危机对经济和社会的冲击。这种合作不仅可以提高危机应对的效率，还能增强国际社会之间的信任与团结。

其次，能源安全风险的应对需要技术的支持与创新。国际合作可以促进各国在能源技术领域的交流与合作，共同研发更高效、安全的能源技术和设备。通过技术合作，各国可以突破技术"瓶颈"，提高能源生产、运输和使用的效率，降低能源损耗和安全风险。各国在能源政策、法规和标准方面存在差异，这可能导致能源安全风险因国家而异。通过国际合作，各国可以加强政策对话与监管合作，共同制定和执行与能源安全相关的国际法规和标准。这有助于规范能源市场行为，减少贸易壁垒和摩擦，提高全球能源系统的安全性和稳定性。

最后，能源安全风险的应对需要大量的资金投入。国际合作可以吸引更多的资本参与能源项目，包括基础设施建设、技术研发、应急救援等。通过建立多元化的投融资体系，鼓励私营部门参与能源领域的投资，可以为能源安全风险应对提供充足的资金支持。国际合作可以促进各国之间建立互利共赢的伙伴关系。通过加强双边或多边合作，各国可以在能源领域实现优势互补、资源共享，共同应对能源安全风险。这种伙伴关系可以为全球能源安全治理提供强有力的支撑。

综上所述，国际合作在应对能源安全风险方面具有重要作用。通过信息共享、危机应对、技术合作、政策对话、投资融资和建立伙伴关系等方式，各国可共同应对全球能源安全挑战，降低风险对经济和社会的负面影响。

（二）国际合作在促进可持续发展中的作用

1. 推动经济社会发展

能源是经济社会发展的重要支撑，国际合作有助于促进能源领域的投资和经济合作，推动全球经济发展。通过加强能源基础设施建设，提高能源供应的可靠性，可以降低生产成本，提高产业竞争力，促进就业和经济增长。同时，国际合作有助于推动贫困地区的发展，减少贫富差距，从而促进全球社会的均衡发展。国际合作在推动经济社会发展方面具有重要作用，主要体现在以下几个方面：

第一，通过国际合作，各国可以更有效地利用自己的资源，实现资源的优化配置。例如，某些国家可能拥有丰富的自然资源，而其他国家可能在技术或劳动力方面具有优势。通过国际合作，这些国家可以共享资源，互利共赢，提高经济效率。国际合作可以打破贸易壁垒，扩大市场开放度，促进贸易和投资的发展。通过签订贸易协定、推动自由贸易区建设等方式，各国可以增加商品和服务的进出口，提高经济效益。同时，国际合作还可以促进资本流动，吸引外资，推动本国经济的发展。第二，国际合作可以促进技术交流与合作，推动科技创新。通过建立科技合作机制、共同开展研发项目等方式，各国可以共享技术成果，提高生产效率和产品质量。这种技术交流与合作有助于推动经济发展方式转变，促进产业升级和转型。第三，国际合作可以改善各国的基础设施状况。基础设施是经济发展的重要支撑。通过国际合作，各国可以共同投资基础设施建设，提高交通、通信、能源等方面的水平。这不仅可以改善本国的基础设施状况，还可以促进区域经济的互联互通，增强整体经济发展能力。第四，国际合作可以帮助各国共同应对全球性挑战，比如气候变化、贫困、疾病等。通过国际合作，各国可以分享经验和资源，共同制订解决方案，有效应对这些挑战。这种合作有助于维护全球公共利益，推动全球经济的可持续发展。第五，国际合作还可以促进人文交流，增进各国人民之间的相互了解和友谊。通过文化交流、教育合作、旅游往来等方式，人们可以更好地了解其他国家的文化和社会，促进跨文化交流与理解，为经济发展创造良好的社会环境。总而言之，国际合作在推动经济社会发展方面具有重要作用。通过资源优化配置、促进贸易和投资、技术交流与合作、基础设施建设、应对全球性挑战以及促进人文交流等方式，国际合作可以推动各国经济的持续发展和社会进步。因此，加强国际合作是实现全球经济繁荣和社会进步的重要途径之一。

2. 应对气候变化挑战

气候变化是全球面临的共同挑战，国际合作是应对气候变化的关键。通过国际合作，各国可以共同制定和实施减排目标，推广清洁能源技术，降低温室气体排放量。同时，国际合作有助于加强适应气候变化的措施，提高应对极端气候事件的能力，减少气候变化对人类生存和发展的影响。

国际合作在应对气候变化挑战方面具有至关重要的作用。气候变化是全球性的问题，需要各国共同努力、协同应对。通过国际合作，各国可以汇集资源、共享技术、制定共同政策，有效应对气候变化的挑战。

第一，国际合作有助于促进全球温室气体减排。气候变化主要是人类活动导致的大量温室气体排放引起的。通过国际合作，各国可以共同制定减排目标，采取切实可行的措施，减少温室气体排放量。这种合作不仅可以产生规模效应、降低减排成本，还可以相互监督、促进技术转让和经验交流，提高减排效果。第二，国际合作有助于推动清洁能源的发展。应对气候变化需要加快清洁能源的发展来替代传统的化石能源。通过国际合作，各国可以共同研发和推广清洁能源技术，提高能源利用效率，降低碳排放强度。这种合作可以促进技术交流和知识共享，加速清洁能源技术的创新和应用，推动全球能源结构的转型。第三，国际合作有助于加强适应气候变化的措施。气候变化已经对全球自然生态系统和社会经济造成了严重影响，适应气候变化已刻不容缓。通过国际合作，各国可以共同制定适应战略，加强基础设施建设、农业和渔业等方面的适应能力。这种合作可以促进信息共享、经验交流和资源整合，提高适应气候变化的效率和效果。第四，国际合作有助于推动全球治理体系的改革和完善。应对气候变化需要一个公正、有效的全球治理体系。通过国际合作，各国可以共同推动全球治理体系的改革和完善，制定公平、合理的国际规则和标准。这种合作有助于建立有效的国际协调机制，促进各国之间的政策协调和行动一致，为应对气候变化提供强有力的制度保障。此外，国际合作还可以促进资金和技术的转移。应对气候变化需要大量的资金和技术支持。通过国际合作，发达国家可以向发展中国家提供资金和技术支持，帮助其应对气候变化挑战。这种合作可以促进资源优化配置和共享，加速技术转移和扩散，提高应对气候变化的效率和效果。

国际合作在应对气候变化挑战方面具有至关重要的作用。通过促进全球温室气体减排、推动清洁能源发展、加强适应气候变化的措施、推动全球治理体系的改革和完善以及促进资金和技术的转移等方式，国际合作可以有效地应对气候变化的挑战，减缓其对自然生态系统和社会经济的影响。这不仅有助于保护地球生态环境，实现可持续发展目标，还有利于维护世界和平与稳定，促进人类社会的共同繁荣和发展。

在未来，各国应进一步加强国际合作，共同应对气候变化挑战。应坚持共同但有区别的责任原则，发达国家应承担更多的减排责任和技术转让义务，同时也要充分考虑发展中国家的特殊情况和需求。应加强国际组织和多边机制的作用，推动全球气候治理体系的改革和完善。应鼓励私营部门和民间组织的参与，发挥其在应对气候变化中的作用。只有通过国际社会的共同努力和团结合作，才能有效应对气候变化挑战，保护地球家园的未来。

（三）构建国际能源合作机制的意义和原则

国际能源合作始终处于国际经济合作的核心层面，是国际关系的热点话题，是各国关注的焦点。无论从国际经济关系、国际政治关系还是从能源安全、国家安全角度出发，构建国际能源合作战略协同机制都是迫切的，并具有重要的现实意义。

1. 构建国际能源合作机制的意义

国际关系中的新自由制度主义理论认为，在国际关系中，彼此利益的完全趋同和彼此利益的完全冲突的情况并不多见，大多数表现为利益趋同与利益冲突共存。国际关系的实质是加强合作，减少冲突，其关注的要点就是怎样在无政府主导状态下，通过一定机制，减少或避免制能源合作的利益冲突，促使与引导各方的利益趋同化，以便参与主体在能源合作中都能受益，寻求共赢。

在国家之间或区域之间的能源合作，往往没有建立制度性或法理性的约束关系。这种合作更像是一种松散的、应时的、宽泛的合作关系。由于没有合作约束关系，当环境因素发生变化时，结果将具有较强的不确定性，风险很大，合作的利益就得不到有力的保障。针对能源合作不确定性因素带来的风险，能源合作主体通过组织协调、对话协商，建立相应的国际合作机制加以规范并提供安全保障，所有参与主体力争在合作目标、合作规则、合作框架、运行管理机制等方面形成一致意见。

在经济全球化、区域经济集团化的背景下，共同利益基础上的相互依存是国际关系的主旋律。在当前国际经济、政治环境下，能源问题非常突出，一国很难独自实现自身的能源安全以及维护其自身的国际利益，其必须参与国际能源合作，与其他利益团体紧密合作，通过构建合作机制、优势互补、降低风险，维护共同利益。在共同利益的驱使下，相关各国经过共同的努力与实践，达成各种形式的合作以实现利益共享。能源安全属于非传统安全范畴，与传统安全相比非传统安全不以各国疆界为主，而是具有突出的国际性和显著的连锁效应。针对非传统安全问题的跨国和跨地区的特点，相关各国只有通过双边和多边协调以及建立互相信任等措施扩大交流与合作，才能逐步解决彼此间的冲突和矛盾，实现共同安全。

推进国际能源合作的进程是国家或区域之间经济合作的重要内容，国际能源合作涉及政府、企业、大众等各方面的利益关系，是多层次、多部门参与的合作。国际能源合作涉及的领域从产业角度涵盖石油合作、煤炭合作、天然气合作等，从内容角度涵盖资源合作、技术合作、资金合作、信息合作等该合作内涵非常丰富，合作项目非常具体，每一项合作都是一个庞大的、复杂的、综合性的系统工程。每个合作项目的开展都需要经过前期大量细致地调研、商讨并形成详细文字方案，甚至还需要进行多次的相互磋商、调整、再磋商、再调整，然后达成合作共识，进而制订执行方案，最后再由各参与主体的相关部门去运行。因此，如果没有全局性的统筹运作，没有多环节多机构的共同合作，没有从研究、磋商、协调、决策、执行和监督落实等各个阶段执行和相互配合，就很难将能源合作进程推向前进。

2. 能源合作战略协同机制构建的原则

首先，能源合作战略协同机制构建要遵循整体性原则。能源合作战略协同机制强调各参与主体在能源合作中相互联系、相互依赖、相互制约的协同关系，其不是一般意义上的规律总结，而是强调在整体合作的利益下扩大个体利益。

其次，能源合作战略协同机制构建要遵循协调性原则。协调性原则的核心要点是各个能源合作参与主体必须协调一致，共同协调发展，才能获取能源合作的最大化利益。能源合作战略协同机制是在动态的能源合作过程中建立和发展的，能源合作战略协同机制构建要遵循动态性原则，要与能源合作的动态进程相配合。体现在能源合作的各个参与主体在一定规则、程序、制度的框架下随着国际能源市场的动态变化而不断追求平衡的相互关系。能源合作战略协同机制要随着能源合作的内容、方式特点、进程发生变化，是灵活的动态的机制。

最后，能源合作战略协同机制构建要遵循约束性原则。能源合作的各个参与主体在一个规范的框架下进行合作，都受制于该框架内的原则、规范和制度等的约束，能源合作战略协同机制一旦形成，就具有很强的效力和约束力。此外，能源合作战略协同机制构建要遵循优化性原则。国际能源合作战略系统机制基于战略目标，将各种战略要素进行整合，在一个规范框架内通过国际能源合作的各个参与主体的合作与协调实现利益的关联与互补。因此，战略协同机制是对整个系统的优化促进，以达到国际能源合作共赢的局面。

**四、加强国际能源合作的途径与建议**

（一）深化政策对话与协调

加强各国之间的政策对话与协调是促进国际合作的重要途径。各国应加强能源政策的交流与沟通，共同制定全球能源治理的规则和标准，促进全球能源市场的稳定和可持续发展。同时，应加强各国在应对气候变化等领域的协调与合作，共同推动全球绿色低碳发展。

各国可以建立定期的能源政策对话机制，比如部长级会议、专家论坛等，就能源市场动态、政策调整、技术创新等议题进行深入交流。这种机制可以增进相互理解，减少误解和摩擦，为进一步的合作奠定基础。各国在能源政策的制定和实施中积累了不同的经验和做法。通过政策对话，各国可以分享彼此的成功案例和最佳实践，通过学习其他国家的先进经验优化自身的能源政策。

在国际层面，各国可以共同制定能源标准与规范，促进能源行业的安全、环保和效率。通过制定统一标准，可以减少市场壁垒，促进能源贸易的便利化。各国应加强能源数据与信息的交流，因为政策制定需要充分的数据支持。各国可以加强能源数据与信息的交流，提高数据的透明度和可比性。通过共享数据，各国可以更好地了解全球能源市场的动态，预测未来趋势，制定更为精准的政策。技术进步是推动能源发展的关键。通过政策对话，各国可以共同探讨能源技术的研发与合作，推动技术创新和市场应用。合作可以聚焦于清洁能源、能效提升等领域，共同应对气候变化挑战。

能源基础设施是保障能源供应的重要支撑。各国可以在政策对话中加强基础设施建设的规划与协调，推动跨国能源项目，提高互联互通水平。这样可以降低运输成本，增强能源供应的可靠性和安全性。此外，能源市场面临各种不确定性，如价格波动、供应中断等，通过政策对话，各国可以共同建立危机应对机制，制定应急预案，提高快速反应能力。在危机发生时，可以协调各国行动，共同维护能源市场的稳定。

综上所述，深化政策对话与协调是加强国际能源合作的关键。通过建立有效的沟通机制、分享经验、共同制定标准、加强信息交流、推动技术合作、协调基础设施建设以及建立危机应对机制等措施，各国可以进一步深化国际能源合作，共同应对全球能源挑战，促进全球能源的可持续发展

（二）推动科技创新与合作

科技创新是推动能源安全和可持续发展的重要动力。各国应加强在清洁能源技术研发、智能电网建设等方面的合作与交流，共同突破关键技术"瓶颈"。同时，应鼓励企业参与国际技术合作项目，提高企业的创新能力与竞争力。

各国可以建立专门的能源科技合作机制，包括定期的科技论坛、专家交流项目等，以促进各国在能源科技领域的交流与合作。通过这些平台，各国可以共同探讨前沿技术、分享研究成果，推动科技创新的发展。针对能源领域的共性技术难题，各国可以开展共同研发与合作。例如，在清洁能源技术、能效提升技术、智能电网等领域，各国可以联合投入资源，共同开展研究项目，实现技术突破和创新。这种合作可以降低研发成本、分散风险，并提高技术成果的推广和应用效果。

国际合作可以促进清洁能源和节能技术的转移与扩散。发达国家可以通过技术转让和技术援助，向发展中国家提供技术支持和培训，帮助其提高能源利用效率和减少污染排放。这种技术转移可以促进全球能源结构的转型和可持续发展。

产学研合作是推动科技创新的重要途径。各国可以通过国际合作，加强企业、研究机构和高等教育机构之间的联系与合作，共同开展能源科技研究和应用。这种合作可以促进技术创新的市场化，加速科技成果的转化。为鼓励能源科技创新，各国可以共同优化创新环境，主要包括提供政策支持、资金投入和

人才培养等方面。通过制定激励政策、设立专项基金和加强人才培养与交流，各国可以营造良好的创新氛围，吸引更多的创新资源和人才。在能源领域，国际标准与合规对于技术的推广和应用至关重要。各国可以通过合作，共同制定和推广国际能源技术标准，确保技术的合规性和互操作性。这种标准制定可以降低市场壁垒，促进能源技术的全球应用和推广。

政府在推动能源科技创新方面应起到引导和支持作用，例如制定激励政策、提供资金支持等；而企业则应成为创新的主体，例如加强研发投入、积极参与国际合作项目等。通过政府与企业的共同努力和协作，可以更好地推动能源科技创新与合作。

综上所述，从推动科技创新与合作的角度来看，加强国际能源合作需要建立有效的合作机制、共同开展研发项目、促进技术转移扩散、加强产学研合作、优化创新环境以及发挥政府和企业的各自作用。通过科技创新与合作，各国可以共同应对全球能源挑战，推动能源结构的转型和可持续发展，实现互利共赢的局面。

（三）加强投资与融资合作

资金是推动能源和气候变化项目实施的重要保障。各国应加强投资与融资合作，吸引更多的资本参与全球能源和气候变化项目。同时，应建立多元化的投融资体系，鼓励私营部门投资清洁能源等领域的项目，以推动全球能源结构的优化和转型升级。

各国可以共同建立多边能源投资与融资平台，为能源项目提供资金支持和融资服务。平台可以吸引政府、企业、金融机构等参与，通过共同投资或融资支持，降低项目风险，提高资金使用效率。公共部门和私人部门在能源投资与融资方面可以发挥各自的优势。通过国际合作，可以推动公共部门提供政策支持和资金补贴，鼓励私人部门参与能源项目的投资和建设。这种合作可以弥补资金缺口，提高项目实施的可能性。

国际金融机构例如世界银行、亚洲开发银行等可以为能源项目提供资金支持。通过国际合作，各国可以争取这些机构的贷款和援助用于能源项目的发展。同时，也可以探讨与私营部门合作，共同参与国际金融机构的能源投资项目。

各国可以共同制定跨境能源投资流动的政策框架和监管措施，降低投资壁垒，提高跨境投资的便利化程度。通过促进跨境投资，可以吸引更多的资金流入能源领域，从而推动能源项目的发展和实施。

除了传统的股权融资和债权融资方式，各国可以探索创新的融资模式，比如公私合营（Public – Private – Partnership，PPP）、能源基础设施投资信托基金等。这些模式可以吸引更多的社会资本参与能源项目的投资与建设，从而减轻政府的财政负担。在能源投资与融资过程中，风险管理和担保机制的建立至关重要。通过国际合作，各国可以共同制定风险管理策略，提供担保和保险服务，降低投资风险，提高投资者的信心。

各国应加强信息共享与透明度，及时发布能源项目信息、投资政策、市场动态等，提高信息的准确性和可靠性。这样可以减少信息不对称，降低投资风险，从而促进投资者做出更加明智的决策。

综上所述，从加强投资与融资合作的角度来看，加强国际能源合作需要建立多边能源投资与融资平台、推动公共和私人部门合作、利用国际金融机构支持、促进跨境能源投资流动、创新融资模式、加强风险管理和担保机制以及加强信息共享与透明度。通过这些措施，可以促进更多的资金流入能源领域，降低融资成本，提高能源项目的可行性和成功率。同时，也有助于加强各国之间的经济联系和互利合作，共同应对全球能源挑战，实现可持续发展目标。

（四）建立健全国际法律与标准体系

建立健全国际法律与标准体系是促进国际合作的重要保障。各国应共同制定和完善全球能源治理的法律和标准体系，确保各国在能源和气候变化领域的行动有法可依、有章可循。同时，应加强国际执法与监督合作，确保相关法律和标准的实施效果。

国际合作在促进能源安全和可持续发展方面具有重要作用。各国应加强政策对话与协调、科技创新与合作、投资与融资合作以及建立健全国际法律与标准体系等方面的工作，共同应对全球能源挑战，推动全球经济社会可持续发展。

为了加强国际能源合作，首先需要有完善的法律体系作为保障。这包括制定和完善有关能源贸易、投资、运输等方面的国际法律法规。例如，可以制定国际能源贸易法，规范各国在能源贸易中的权利和义务；制定国际能源投资法，规范跨国能源企业的经营行为，保护投资者的权益；制定国际能源运输法，规范能源运输行为，保障能源运输安全。

由于各国的技术水平、资源条件、市场需求等方面的差异，国际能源标准存在不统一的情况。这不仅影响了能源的国际贸易，也制约了能源技术的推广和应用。因此，需要推动国际能源标准的统一，制定全球通用的能源标准，提高能源利用效率，降低能源消耗和排放，促进能源可持续发展。

因此，加强国际能源治理建立有效的国际能源治理机制是加强国际能源合作的重要途径。这包括建立国际能源组织、加强国际能源机构的作用、推动跨国能源企业之间的合作等。通过这些措施，可以协调各国在能源领域的利益和矛盾，解决能源争端和冲突，保障全球能源的稳定供应。特别值得关注的是：首先，要加强各国在能源技术领域的合作，共同研发和推广先进的能源技术，提高能源利用效率和安全性。这可以通过开展跨国能源科研项目、推动技术转移和知识产权共享等方式实现。通过国际能源合作，可以加快能源技术的创新和普及，推动全球能源产业的升级和发展。其次，要加强各国在能源安全保障方面的合作，共同应对能源供应风险和突发事件。这包括建立全球性的能源储备体系、加强能源运输安全、推动可再生能源的发展等。通过这些措施，可以保障全球能源的安全供应，减少能源供应风险和突发事件对全球经济和社会的影响。

（五）建立应急响应机制

近年来，全球能源治理日益成为焦点，但部分能源治理机构存在局限性，导致全球能源治理的部分功能缺失。因此，需要设立一个全球性的、专门的能源应急响应组织，负责监测全球能源供应状况、预测潜在的能源危机并及时发出预警，进一步强化国际能源应急管理。这个组织应由各国政府、国际能源机构、跨国能源企业和民间组织共同参与，确保信息的及时共享和快速响应。

对于国际能源合作相关国家来说，各国应共同针对可能出现的能源供应中断、价格波动等紧急情况，制定应急预案。预案应包括应急启动条件、响应措施、资源调配和协调机制等，确保在危机发生时能够迅速、有效地应对。首先，各国应建立和完善能源储备体系，包括石油、天然气、煤炭等主要能源的储备。同时，应加强能源的调度和运输管理，确保在紧急情况下能够快速调动资源，保障能源的稳定供应。其次，鼓励各国发展多种类型的能源供应，降低对单一能源的依赖。这包括发展可再生能源、推进核能技术、开发新的化石燃料替代品等。通过多元化发展，可以降低能源供应风险，提高应对能源危机的能力。再次，各国应加强能源信息的交流与合作，实时共享能源供需信息、技术进步和市场动态。这有助于提高对全球能源市场的理解和预测能力，及时发现并应对潜在的能源危机。最后，确保能源基础设施的安全和可靠是应急响应机制的重要一环。各国应投资于能源基础设施的建设和维护，提高其抵御自然灾害和其他风险的能力。此外，各国还应通过教育和宣传，提高公众对能源安全问题的认识和关注度。这有助于在危机发生时，公众能够采取正确的应对措施，减少因恐慌或不恰当行为导致的次生问题。值得注意的是，各国在制定和执行能源政策时，应考虑到其对全球能源市场的影响。通过建立政策协调机制，可以避免因政策差异导致的市场波动和冲突，增强国际能源市场的稳定性。

（六）推动能源市场的国际化

加强国际能源合作对于保障全球能源供应安全、稳定能源价格、促进经济发展具有重要意义。

在加强国际能源合作进程中，加各国可以在国际能源机构、国际能源论坛等平台上加强合作，共同制定能源市场规则和标准，促进能源市场的公平竞争和透明度。为了进一步加强国际能源合作，各国应加强以下措施：首先，各国应降低能源贸易壁垒，推动能源贸易自由化，促进能源资源的跨国流通和优化配置。这有助于提高能源市场的效率和竞争力，降低能源价格，增加能源供应。其次，各国应加强能源基础设施的互联互通，共同建设跨境油气管道、输电线路等基础设施，提高能源输送效率和安全性。这有助于降低能源运输成本，增加能源供应渠道，提高能源市场的稳定性和可预见性。再次，各国应加强在新能源技术、节能技术等方面的合作，共同推动技术创新和环保产业的发展。这有助于提高能源利用效率和减少环境污染，推动全球能源结构的转型升级。最后，各国应加强合作，建立多元化的能源供应体系，降低对单一能源的依赖。

这有助于提高能源供应的稳定性和安全性，降低能源市场波动对经济发展的影响。此外，在强化国际能源政策协调方面，各国应加强在能源政策方面的协调，共同应对全球能源市场的挑战。例如，在应对气候变化方面，各国可以共同制定减排目标和措施，推动全球绿色低碳发展。

# 第八章　能源消费者行为与社会影响

## 第一节　能源消费者行为对能源市场和政策的影响

我国经济发展伴随着大量的能源消费，据2023年国民经济和社会发展统计公报显示，2023年我国能源消费总量达57.2亿标准煤。能源作为生产要素之一，直接关系到生产效率和产出规模。合理的能源消费水平可以提升生产力和资源配置效率，进而促进经济增长。能源消费对经济增长的直接贡献在于提高生产力，合理增加能源消费还可以拓宽产业链，提升经济发展的广度和深度。能源消费对能源结构调整和产业结构升级也有一定的驱动作用。

能源消费者作为能源消费的主体，决定了能源消费市场上商品和服务的供给。因此，能源消费者行为对于能源市场以及政策具有引导作用。王颖（2011）研究表明，消费者的感知风险对其购买意愿有显著负向影响，消费者的涉入程度对其购买意愿有显著正向影响，消费者关于新能源产品的了解程度对其购买意愿有显著正向影响。对消费者来说，新能源产品进入市场的初期，与传统产品相比，其价格相对较高。政府应发挥引导作用，制定相应的财税激励政策，实施适当的补贴或减税措施，以便引导、鼓励消费者购买和使用新能源产品。另外，政府需要制定相应的制约政策,限制污染严重产品的生产、销售和使用,对排放超标的企业和车辆征收一定数量的空气污染费等;与相关部门针对新能源产品的性能及安全测试等方面实行等级认证制度,明确相关责任,为新能源产品营造一个良好的运营环境。除上述之外,政府可以制定有效的经济政策,对新能源产品厂商的上市融资计划进行辅助,使其可以充分吸收民间资本,有更强的经济实力进行新能源产品的研发等行动。

总之,政府部门应该充分发挥其引导作用,在政策和资金上加强支持力度建立健全促进新能源产业快速发展的法律法规和社会机制。然而,在新能源产业的发展过程中出现的法律问题不可能仅仅依靠立法来解决,因为一部新法或新规定的产生需要经过一定的周期,难以起到立竿见影的效果。因此,应加强司法的能动性,同时建立一整套辅助机制,寻求遏制违法行为的管制手段,弥补法律的不足。

从我国新能源补贴的实践来看,政府补贴对我国新能源的发展与市场化应用起到了决定性的推动作用,但是政府补贴也蕴涵着一些负面作用,这些负面作用从经济分析上也能找到踪迹,因此有必要在补贴工具的运用中引起重视。首先,政府补贴是一种扩张需求的政策工具,单纯的能源消费补贴政策不仅不能有效推动新能源产业发展,而且会盲目刺激能源消费的增加,不利于节能减排目标的实现。其次,能源消费政府补贴的收入效应使消费者的支付能力超过原有支付能力,改变了市场形成的预算约束,不利于市场机制发挥作用。因此,政府补贴不仅有必要增加弹性机制和动态调整的能力,根据市场形势灵活调整补贴程度和方式,而且要及时向对市场影响偏弱的干预手段转移,直至能够脱离补贴,形成良性市场机制。最后,政府补贴尤其是价格补贴使市场价格与实际价格之间发生偏离,产生价格信号失真,新能源企业难以通过市场客观评价自身的生产、经营和管理水平,难以进行科学决策,这些不利于企业形成独立的竞争生存能力。因此,有必要从补贴手段的经济规律出发,加强应用补贴手段对市场影响的研究。

消费者的购买意愿会被产品所提供的性能、技术、价格与售后服务等诸多因素影响。从企业角度来说,首先,要升级新能源产品的相关核心技术,加强产品品质,提升消费者的感知有用性、降低感知风险。其次,要建立健全完善的售后服务体系，减少感知风险和感知费用。企业应该着力于完善售后服务，健全售后服务点的设置，实行定期的客户回访行为，提升消费者的售后体验感，降低其感知风险。此外，要加大环保宣传力度，进行针对性市场营销，满足消费者多样化需求，提高感知价值。绿色购买符合社会的可持续发展规划，正逐步变成主流的消费模式。由于消费者环境观念的提升，他们更情愿选择绿色环保的生活方式和消费习惯，对新能源产品的接受度也逐渐增高。因此，相关企业应该增强相关环保知识宣传和广告投放的力度，引发消费者对环境问题的情感共鸣，提升其环境责任感。并设置环保大使，渲染全民环保的生活氛围，积极引导消费者参加环保实践的活动。同时，根据消费者的多样需求，设计不一样的营销方式，明确精准的市场定位，开展针对性的市场营销，提高消费者的满意度，从而提高感知价值。

因此，如果要促进新能源汽车市场的发展，一是要优化电池，包括提升电池性能、增大电池容量、延长电池寿命；二是要完善充电设施，扩大充电设施的网络覆盖，提高充电设施的技术水平，提高充电设施的服务质量，提升充电设施的环保性；三是要加强市场推广，加强品牌宣传，创新推广方式，提高消费者体验；四是要完善渠道发展，拓展销售渠道，优化售后服务，加强与政府部门的合作；五是要建立公共关系，建立良好的企业形象，加强与媒体的沟通合作；六是要促进价格优惠，优化成本结构，制定有竞争力的价格策略，推出优惠政策和补贴措施。

在第四次工业革命浪潮激荡之下，移动互联网主导地位确定，"数字化"遍布全球。数字化转型是企业发展的必经之路，数字化对提高企业的核心竞争力至关重要，且是未来产业加速布局的核心要素。加速推进企业数字化转型是一项长期任务，需要政府、企业和全社会共同努力。在数字化蓬勃发展的今天，数字经济更是呈现出了强大的发展潜能。现阶段，数字化的技术、商品与服务不仅在向传统产业进行多方向、多层面与多链条的加速渗透，即产业数字化，而且也在推动诸如互联网数据中心建设与服务等数字产业链和产业集群的不断发展壮大，即数字产业化。同时，数字消费应运而生。数字消费是指在数字经济的背景下，随着新一代数字技术的创新和应用，特别是在大数据、云计算、物联网、人工智能等领域的发展，形成的以数字化产品和服务为主的新型消费模式。同样，数字消费的出现也为能源经济发展带来了新的契机与活力。

近年来，中国在能源数字化方面取得了显著进展。数字化技术的应用范围已经涵盖了能源的勘探、生产、传输、储存和消费等各个环节。据《中国能源报》报道，到2025年，中国能源数字化市场规模有望达到数千亿元人民币。在政策方面，2023年3月，国家能源局印发《关于加快推进能源数字化智能化发展的若干意见》，其目标是推动中国能源系统各环节向数字化、智能化转型，以实现能源产业的高质量发展。充分激活数据要素潜能，通过数据的收集、分析和应用，提升能源系统的决策效率和运行管理水平。促进能源数字化智能化新模式新业态的持续涌现，推动能源产业与其他产业的深度融合和协同发展。全面显现数字技术与能源产业融合发展对能源行业提质增效与碳排放强度和总量"双控"的支撑作用，推动能源产业绿色低碳发展。

国家电网、南方电网等大型电力企业纷纷投入资源，开展生成式人工智能大模型的研发和应用。这些大模型通过处理海量数据，提供精准的电力需求预测和电网规划建议，优化电力系统的运营流程，提高效率。同时，智能运检系统通过分析历史维护数据，预测设备故障，提前进行维护和检修，降低了停电风险，提升了电网的可靠性和稳定性。电网智能化改造显著提高了电力系统的智能化水平，降低了运维成本，提升了供电质量，为实现"双碳"目标提供了有力支持。浙江省嘉兴市搭建的"嘉兴市智慧能源监管平台"，围绕能源数据枢纽、企业提质增效、用能预算管理、应用突破创新等中心，重点搭建监测大厅、用能预算、区域监测、能效提升等场景。该平台通过数字技术赋能，助力绿色低碳转型，实现了对能源数据的实时监测、分析和预警，提升了能源综合管理水平。平台已纳入年综合能耗5000吨标准煤以上的469家企业，完成了落后用能淘汰46.2万吨，有效推动了能源行业的低碳绿色发展。深圳市艾比森光电股份有限公司以LED显示屏为载体，推出显控一体可视化解决方案，成功应用于众多大型电力企业的集控中心、运营中心、报告厅等场景。其超高清小间距LED显示屏提供了专业级显示效果，实现业务流程可视化管理，为电力系统数据监测、调度与日常运营带来更多可能性。在未来，能源数字化商业模式将不断创新与拓展。技术的不断进步和数字化转型的推进将推动能源产业迈向更加智能化、高效化和可持续发展的未来。同时，国内外能源企业在相互交流与合作中，将激发更多创意和新的商业模式，为能源数字化的持续发展注入新的活力与动力。

## 第二节　能源价格、政策宣传等对消费者行为的塑造作用

既然消费者行为能够对能源市场和能源政策等产生影响，那么能源价格、政策宣传等反过来也能够影响和塑造消费者行为。价格是消费者用于衡量商品价值和品质尺度的工具。商品价格是消费者购买决策中的一个重要因素，对于消费者行为产生着深远的影响。商品价格上涨，消费者会减少对此商品的购买，价格下跌则会增加对其的购买。例如，目前的技术水平还无法使新能源产品得以普遍推行，新能源产品较之传统能源产品就会价格昂贵，消费者就会减少对于新能源产品的购买。

农民生活能源是农村能源消费最为主要的部分，其清洁化转型是建设美丽乡村、"零碳乡村"以及实现"双碳目标"的重要途径。农民收入水平和价格满意度对农民选择清洁能源有着积极的影响。因此，开展"能源革命"战略，实现农村能源的改革，要不断加强农民生活能源的消费补助，不断激发社会资金活力，给农民多样性的能源需求带来服务。第一，在能源建设项目中，要能够使用诸多帮扶措施，利用资助渠道的建设，不断提高各个种类的社会团体和民间组织对农民用能资金帮扶。基层政策的能源革新，需要始终以惠农、利民、便民为主要切入点，实现补助资金的有效筹划，利用政府补助的方式，不断减少农户的清洁能源支出。通过资金激励的方式，让更多农户选择清洁能源，对用能清洁化农户提供相应的优惠，促使更多农民参与到清洁能源运用当中，给区域"能源转型"带来有效支撑。第二，当地清洁能源供应商在农户实现清洁能源相关基础设施采购或使用的过程中，需要给予其相应的信贷优惠，利用各种方式，不断提高农户的信贷水平以及消费能力，让农户的选择意愿得到提升。在能源资金划拨的时候，需要针对落后地区给予相应的财政补助，对困难地给予更多的资金帮助，给农户消费选择清洁能源带来重要的资金保障。

法律是引导社会行为取向最基本最有力的政策工具，具有权威性、规范性、

共同性和持续性等特征，是实施其他政策工具的保障和支撑。通过立法可以使行为主体产生外部动机，从而强制性体现行为的公共价值和社会利益。《可再生能源法》提到：国家鼓励和支持可再生能源并网发电；国家扶持在电网未覆盖的地区建设可再生能源独立电力系统，为当地生产和生活提供电力服务；国家鼓励清洁、高效地开发利用生物质燃料，鼓励发展能源作物；国家鼓励单位和个人安装和使用太阳能热水系统、太阳能供热采暖和制冷系统、太阳能光伏发电系统等太阳能利用系统；国家鼓励和支持农村地区的可再生能源开发利用。《节约能源法》指出：国家实行有利于节能和环境保护的产业政策，限制发展高耗能、高污染行业，发展节能环保型产业。国家鼓励、支持节能科学技术的研究、开发、示范和推广，促进节能技术创新与进步。国家开展节能宣传和教育，将节能知识纳入国民教育和培训体系，普及节能科学知识，增强全民的节能意识，提倡节约型的消费方式。任何单位和个人都应当依法履行节能义务，有权检举浪费能源的行为。新闻媒体应当宣传节能法律、法规和政策，发挥舆论监督作用。这些能源法规的制定对于能源发展方向产生了积极的引导作用，增加了公众节能意识和积极性。

尽管对于节能标准和行为存在法律规定，但经济激励政策作为一种对技术限制和其他僵硬行政性法规在成本上可接受的替代已经被经济学家倡议了数十年。经济激励的核心作用是贯彻物质利益原则，将行为活动的外部影响综合到经济核算中去，即把各种经济行为的外部不经济性内化到生产成本中。能源经济政策包括税收政策、补贴政策、融资政策、惩罚政策、可交易排放许可证制度、价格政策、产业政策等。随着各项能源政策的逐步落地，居民消费能力和意愿发生相应转变。在关注短期纾困解难的同时，政策更多地从长期发展的角度，结合我国能源消费市场发展趋势，推进能源消费升级。

除了法律法规与经济政策，信息政策对于能源消费者也有一定的指引作用。教育是实现对社会导向的信息传递最根本的途径，包括基础教育、成人教育和社会教育等形式。其中，社会教育是最主要的教育形式，其主要通过新闻媒体和公众宣传两种途径进行。这就要求政府建立健全大众传播媒介的组织机构，充分运用好大众传媒工具，使之形成一个多层次、多渠道的网络结构，为更好的政策公开以及政策宣传打好基础。

政府在大力推广能源政策时，需加强对农村居民低碳习惯的教育和指导。相比较城市居民，很多在农村居住的居民依旧保持了相对传统和原始的生活方式，还没有形成良好的低碳节能习惯，此时能源政策的实施可能会让政策效果适得其反。例如，政府在农村大力普及和推广节能家电，只会让农村居民浪费更多的电力资源，产生能源反弹效应。考虑到农村居民生活方式根深蒂固的特点，政府应在鼓励家庭生活用能清洁转型的同时，还应加强培育农村居民低碳意识和环保行为，从而帮助农村的居民从小养成较好的用能习惯和生活方式。此外，政府应以分层教育宣传的方式提高不同文化背景的居民的政策感知。研究认为，对于受教育程度较高和能源专业知识较为丰富的居民，国家可以安排专业人员精准提供更深入专业的能源技术指导，并分享更多清洁能源消费过程中隐藏的原理和效益。对于受教育程度较低和能源专业知识较为薄弱的居民，可以以定期宣讲的方式，用简单易懂的语言宣传清洁用能的优势。同时，各社区也可组织跨文化的活动对话，让不同文化教育背景的居民有机会分享自己的观点和经验，以增进彼此之间的理解和认同。通过这种跨文化的交流，可以更好地传达能源政策的有效性，并建立起共同的价值共识。

目前节能减排的政策法规以及机制存在两个显著的特点：一是主要集中于提高能源利用效率。提高能源利用效率是降低能源消耗、减少碳排放量的重要途径。部分发达国家例如美国、日本等也采取了这一措施，但是预期效果却不佳，实际中由于能源利用效率提高带来的能源节约量通常低于预期结果。这可能是由回弹效应（rebound effect）引起的，即效率的提高会促进能源的需求量，而增加的需求量会部分甚至全部抵消由效率提高带来的预期节约量。二是运用市场机制对生产领域的主体企业进行减排控制。例如，对高耗能、高排放的电力、建筑、钢铁等企业进行减排调控。而对于消费领域的主体个体消费者，目前政策规制的力度较小，主要是一种软约束。例如"鼓励消费者改变不合理的消费方式、提倡低碳生活、提高消费者的环保意识"等。事实上个人消费领域对于节能减排具有重要作用。

个人碳交易是"总量管制与交易"（cap and trade）机制向下游消费者的延伸，是对上游生产者之间碳交易机制的补充。在这种交易机制中，每个消费者均被赋予相等的初始碳配额，消费者对其拥有完全的自主支配权，可以在市场中进行自由交易。同时，这种机制还可以促使个人由被动治理变为主动治理，提高消费的低碳化水平，形成低碳生活方式。李军（2016）等基于这一理论框架，构建了个人碳交易机制下消费者能源选择模型并对排放权交易市场均衡问题进行了分析，研究发现，个人碳交易机制能激励激消费者改变能源消费模式，当碳价高于临界碳价时，消费者就会选择清洁能源。碳排放权是一种"特殊的商品"，其供给曲线区别于一般商品的供给曲线，碳排放权的供给曲线是向右下方倾斜的，供给量随着碳价的升高而降低；初始碳配额的设置至关重要，它能够决定市场交易能否实现，若初始配额量过低或者过多，买卖双方的市场交易就会很难达成。当初始碳配额量的设置处于适中水平时，其与均衡碳价负相关，即当初始碳配额量增加时，均衡碳价下降，并且始终处于买方和卖方的临界碳价之间。李军（2016）等的文章所构建的模型还是比较理想化的，但其只是一个原则性框架，还有许多问题需要进行深入研究。比如初始碳配额具体应该如何设定、不完全竞争市场中买卖双方的交易行为、交易中监督以及执行机制的构建等，这些问题都需要未来进行进一步的研究。

## 第三节　能源政策对于社会的影响

能源政策对于社会有着深刻的影响，它涉及经济、政治等各个领域。新能源政策旨在减少对传统化石能源的依赖，并通过发展和推广新能源技术来实现能源多样化。通过发展太阳能、风能、水能等可再生能源，可以减少对进口能源的依赖，并提高能源供应的稳定性。此外，新能源政策还鼓励发展能源储备技术和智能电网，以便更好地整合和利用不同的能源资源。这样一来，能源供应的多元化将提高能源安全的程度。传统能源资源的开采和利用对环境造成了严重的破坏，包括空气污染、水资源污染和土地退化等问题。新能源政策倡导使用清洁能源，比如太阳能和风能等，这些能源可以以更环保的方式供应给用户。新能源政策的实施将减少二氧化碳和其他温室气体的排放，降低全球变暖的风险。此外，新能源政策促进了能源转型，推动绿色发展，为人民创造了更清洁、宜居的环境。

新能源政策不仅有助于提高能源安全，还推动了经济的可持续发展。发展新能源产业可以带动相关产业链的发展，创造就业机会，并促进经济增长。同时，新能源技术的创新和应用可以提升国家的科技实力和竞争力，推动产业结构的优化和升级。因此，新能源政策的制定和实施对于推动经济的转型升级具有重要意义。传统能源供应易受到政治、经济和地理等因素的影响，导致能源供应的不稳定性。而新能源政策的制定和实施可以减少这种不确定性，提高能源供应的稳定性。例如，通过改善能源基础设施，建设更加高效的能源储备和传输系统，可以确保能源的平稳供应。此外，新能源政策还推动能源领域的国际合作，加强能源资源的共享和交流，提高能源供应的可靠性。

新能源政策的出台为能源市场带来了新的发展机遇。新能源的发展与应用推动了能源市场的变革和创新，为投资者和企业提供了更多的投资和发展空间。同时，新能源政策还鼓励创新性的商业模式和融资机制，促进能源市场的健康发展。通过新能源政策的引领，能源市场将更加具有竞争性和活力，为经济的可持续发展提供了坚实的支撑。综上所述，新能源政策的保障作用不可忽视。它通过促进能源多元化、保护环境、推动经济发展、提升能源供应稳定性以及引领能源市场，为国家能源发展提供了保障。

新中国成立以来，在中国共产党领导下，中国自力更生、艰苦奋斗，逐步建成较为完备的能源工业体系。自改革开放以来，中国适应经济社会快速发展需要，推进能源全面、协调、可持续发展，成为世界上最大的能源生产消费国和能源利用效率提升最快的国家。中共十八大以来，中国发展进入新时代，中国的能源发展也进入新时代。习近平主席提出"四个革命、一个合作"能源安全新战略，为新时代中国能源发展指明了方向，开辟了中国特色能源发展新道路。中国坚持创新、协调、绿色、开放、共享的新发展理念，以推动高质量发展为主题，以深化供给侧结构性改革为主线，全面推进能源消费方式变革，构建多元清洁的能源供应体系，实施创新驱动发展战略，不断深化能源体制改革，持续推进能源领域国际合作，中国能源进入高质量发展新阶段。

新时代能源政策的社会影响是多方面的，它涵盖了环境保护、产业升级、技术创新、就业促进以及社会生活方式变革等多个领域。新时代能源政策鼓励和支持可再生能源的发展，如太阳能、风能等，这些能源在使用过程中几乎不产生温室气体，有助于减缓全球变暖的趋势。同时，政策还推动了对传统能源的清洁高效利用，降低了碳排放强度。通过限制高污染、高能耗行业的发展，并鼓励清洁能源的替代使用，新时代能源政策显著减少了空气污染物的排放，改善了空气质量，减少了雾霾等大气问题的发生。新能源的开发和利用对水资源和生态系统的破坏较小，有助于保护水资源和生态系统的平衡。同时，政策还推动了对清洁能源基础设施的建设，如风电场、太阳能发电站等，这些设施的建设对土地和水资源的占用相对较少。

新时代能源政策推动了传统能源产业的转型升级，提高了能源利用效率，降低了能源成本。同时，新能源产业的发展也为经济注入了新的增长点，带动了相关产业链的发展，如电动汽车、储能技术等。其兴起创造了大量的就业机会，包括研发、生产、销售、运维等多个环节。这些就业机会不仅有助于缓解就业压力，还提高了劳动者的收入水平和生活质量。除此之外，新能源政策还减少了对进口能源的依赖，提高了国家的能源安全性。这对于保障国家经济稳定运行和应对国际能源市场波动具有重要意义。

"互联网+政务"的兴起是近年来中国政府推动政务服务创新的重要举措。新时代能源政策要求推行"互联网+政务"服务，推进能源政务服务事项"一窗受理""应进必进"，提升"一站式"服务水平。新能源项目在审批过程中，通过"互联网+政务服务"平台，可以实现网上审批和审批信息的高度共享与公开。这减少了企业和居民在各部门之间的来回奔波，提高了审批效率，同时也增强了政府工作的透明度。利用互联网技术，政府可以打造新能源项目的一站式服务平台，整合多个部门的审批流程，实现并联审批，从而大幅压缩审批时间，提高办事效率。政府可以开设在线意见征集、问卷调查等功能，鼓励公众参与到新能源政策的制定和实施过程中来，提高政策的科学性和民主性。公众可以通过互联网平台对新能源项目的实施情况进行在线监督，发现问题及时反馈给政府部门，从而推动新能源政策的落地实施和项目的顺利推进。

为深入贯彻党中央、国务院决策部署，认真落实全国能源工作会议和国家能源局监管工作会议精神，扎实做好2024年能源监管工作，持续推动能源高质量发展，国家能源局印发了《2024年能源监管工作要点》。该工作要点提出要有序推进新能源参与市场交易。其主要内容为：加强市场机制创新，逐步扩大新能源市场化交易比例，实现新能源发展与市场建设协调推进，更好发挥市场促进消纳作用。建立健全绿色电力交易机制，研究出台绿电交易有关规定，逐步扩大绿电交易规模，着力解决企业购买绿电需求量大、绿电跨省跨区交易难等问题。加快推进绿电、绿证市场建设，培育绿色电力消费市场。国家能源局明确 2024 年能源工作重点，预计会有更多的能源政策出台，为我国能源高质量发展保驾护航。

世界主要生物燃料生产国的经验表明，没有强有力的、认真贯彻的政策，就会出现环境退化和社会冲突。因此，政府的政策决定和法规对于生物柴油的净生态影响和所产生的社会福利是至关重要的。经过战后几十年的发展，世界能源消费结构已经完成了由煤炭向石油的转换，向着高效、清洁、低碳或无碳的核能、太阳能、生物质能、风能方向发展。我国的能源消费结构却仍处于"低质型"阶段。在能源发展战略上，生物质能作为一种环境友好、替代性能良好的新型能源，必须在政策上对其予以扶持。研究表明，以扶持生物能源为目的的生物质能补贴可以取得较明显的效果。在国外，生物柴油的迅速发展与各国采取的生物质能补贴密不可分。而我国存在的石油价格"倒挂"现象，也严重阻碍了生物能源的发展。因此，石油价格市场化以及对传统燃油征收合理的税赋是优化我国能源消费结构的明智之举。我国农业属于劳动密集型产业，生产对能源的依赖度不大，石化燃料成本上升以及对生物质能适度补贴对主要粮食作物的价格拉动力并不强。而将对生物质能补贴的财政支出挂靠在对传统燃料征税上，既可以平衡税收收支，又可以达到减少碳排量的政策目标。

农村能源建设的政策保障措施是依据终端需求的发展、技术开发的进程和态势而制定的一系列政策，目的在于加强行业管理、加速科技进步、加大投入，有效地促进农村能源建设。农民作为能源消费的行为主体，其本身是理性的或是有限理性的，他们对能源的消费选择是为了实现个体效用最大化目的，其行为随时间而表现出来的表面复杂性，主要是所处环境的复杂性和制度变迁的反映。当前，我国农村能源建设处于历史性的发展阶段，能源消费品种的多样化、能源供给主体的多元化、农民收入的不断上升使其行为表现出不稳定的特征。因此，国家一方面要从宏观上清晰地把握农村能源发展的基本方向，从中观层面积极引导、调控新能源企业的生产和投资行为；另一方面要从微观上虑及农村能源消费行为不稳定性的特征，动态地激励和规范农村居民的能源消费行为，为实现农村地区能源消费的可持续发展，乃至为国家能源发展战略布局作出准备性的基础工作，避免能源消费的多重结构突变和经济的大幅度起伏。

我国现行产业政策对新能源汽车产业的影响存在多方面。一是政府扶持力度加大，对新能源汽车产业发展的保障作用增强。中央财政对私人购买新能源汽车补贴力度明显加大，税收减免的优惠政策也降低了私人购车压力。从融资、政府采购用车进一步普及新能源汽车的推广保障，培育产销能力、技术突破等一些骨干新能源汽车企业发展是新能源汽车工业不断发展的重要保障。二是补贴政策缩小了其与传统汽车之间的价差，但对销售量的影响不大。阻碍新能源汽车市场推广的一个重要因素是与传统汽车相比其价格过高，而中央财政和地方政府对单位和个人购买新能源汽车的双重补贴，在很大程度上降低了新能源汽车与传统汽车之间的价差，从而提高了其相对竞争力。但是，我国新能源汽车的销售情况却不甚理想。例如，比亚迪和长安等新能源车大多进入了政府采购和出租车系统，私人消费市场基本上未开启。此外，新能源汽车不限购政策和不限号出行政策也对能源消费者的购买意愿有一定程度的影响。

能源—经济—环境系统（以下简称 3E 系统）是能源、经济和环境系统构成的一个多要素、多层次的集经济效益、环境效益于一体的复杂的系统。这使节能减排政策对 3E 系统的影响效果具有综合性和复杂性。节能减排政策的目的是通过影响我国 3E 系统，实现能源结构优化、经济增长和环境保护，即 3E 系统的协调发展。依据单一子系统发展水平评价、二元子系统协调度评价和 3E 系统协调度评价的层次结构，赵迪（2017 年）构建了节能减排政策对 3E 系统影响的模型。文章选取了 25 个具有代表性的指标，并运用统计学中主成分分析法，构建了单一子系统发展水平评价模型，通过单一子系统发展水平变化趋势的一致性来评价二元子系统的协调性，并在此之上构建 3E 系统协调度评价模型，代表节能减排政策对 3E 系统的影响效果。排除国际经济形势等因素的影响，基本可以看出"十一五"及"十二五"期间节能减排政策对 3E 系统产生了积极的影响。文章创新性地依据层次分析的思想，分析了节能减排政策对 3E 系统的影响，并建立了以 3E 系统协调度为代表分析节能减排政策对 3E 系统影响效果的模型。

绿色信贷政策对于诸多产业的外部融资具有显著负面作用，抑制了其以银行贷款为主体的外部融资增速，但其对经济增长和能源消费的负向影响在统计学上并不显著。绿色信贷政策的影响路径是：信贷政策→外部融资→经济增长→能源消费。绿色信贷政策直接影响外部融资，而外部融资对经济增长有直接影响，并且通过经济增长的中介作用对能源消费产生间接影响。因此，银行业金融机构在制定绿色信贷政策时，如果只是简单地抑制相关行业的授信敞口，从降低经济增长的途径实现能源消费和环境污染的降低，并不能有效达到预期目标，而且也不利于国民经济的可持续发展。银行业金融机构可以通过低利率的信贷政策激励并引导企业开展生态创新的投资行为，从提升企业技术水平和生产效率的根源上降低能源消费，以此收获环境效益。银行业金融机构开展绿色信贷与企业实施生态创新有本质上的共同点，从利益相关者角度将绿色信贷和生态创新有机联系，可以为绿色经济提供切实可行的发展路径。

"双碳政策"是在全球气候变化背景下，由中国政府提出的应对气候变化挑战的战略决策，旨在通过减少碳排放来实现碳中和，保护环境和推动可持续发展。建立全国统一碳市场是中国实现可持续发展、推进生态文明建设的内在要求，也顺应了国际上以低碳发展为特征的经济社会变革潮流。碳定价政策在中国未来的气候变化减缓行动中将发挥重要作用，有助于提升我国低碳发展竞争能力，争取话语权，同时也是作为负责任大国应对国际社会承担的责任之一。碳定价政策和可再生能源补贴政策均会促进可再生能源发电技术的发展，降低我国碳排放，对实现"双碳"目标有重要的作用。然而，单一的碳定价政策能够有效实现碳达峰和能源系统深度脱碳化的目标，但需要付出较高的宏观经济成本；单一的可再生能源补贴政策在短期内对实现能源结构优化目标的效果明显，但对碳排放量和峰值时间的控制效果较弱。只有两种政策的结合才能在减排成效上呈现出增强效应，在经济影响上呈现出抵消效应，相对于单一政策有显著的优势。

经过长期发展，中国已形成多层次全方位的能源政策体系和多元化的能源政策目标，其中新能源开发类政策、节能类政策以及传统能源转型类政策作为三类较为主要的能源政策，分别对应能源领域开源、节流与转型的政策目标。为探明三类能源政策作用工业绿色经济发展的政策效力、政策时效性以及政策覆盖面，曾婧婧、童文思（2018）选取单位 GDP 能耗作为工业绿色经济发展水平的代理变量，来构建能源政策作用工业绿色经济发展的计量模型，由 Cobb –

Douglas 生产函数将经济结构、资本与劳动力水平、地区环境治理水平、国有能源比作为控制变量纳入模型。在此基础上，使用 31 个省份 2007 年至 2014 年的面板数据，分区域实证检验三类能源政策以及各控制变量对中国工业绿色经济发展的作用效果。实证结果表明，各因素对绿色经济发展的作用如下：（1）开源类、节流类、转型类政策都有效促进了中国工业绿色经济发展，其中开源类政策和节流类政策的政策效力较强；（2）开源类、节流类政策的时效性强，但开源类政策更多具有短期效果，节流类政策具有持续性，转型类政策需要较长时间才能发挥作用；（3）分区域来看，节流类具有最广的政策覆盖面，在西部地区，各类政策的起效存在一年的时滞；（4）环境治理对工业绿色经济发展影响显著，治污投资比对中西部工业绿色经济的影响符合环境库兹涅茨曲线，但目前的国有能源工业规模对于工业绿色经济发展具有抑制作用。因此，建议应进一步推进转型类政策的合理制定，加强其政策有效性；对于西部地区，应加大基础设施建设和固定资产投资，培养有良好政策反映度的工业环境；促进中国能源产业从资本密集型向知识密集型转变。

除上述之外，我们根据观察新能源示范城市的相关政策，可以发现其显著促进了企业的绿色创新。学者通过一系列稳健性检验，包括平行趋势检验、动态效应检验、安慰剂检验、替代变量和研究方法等，验证了政策对绿色创新的积极影响。新能源示范城市政策通过两个传导渠道发挥作用：一方面，该政策刺激了企业的研发投入，从而加速了其绿色创新进程；另一方面，新能源示范城市政策加强了环境规制，进而促进了企业的绿色创新。

## 第四节　全球化背景下各国能源政策变动产生的联动效应

随着经济全球化的不断深入推进，全球化对能源市场也产生了巨大的影响，能源全球化也在不断完善形成。绿色发展、低碳转型已成为当今世界经济结构调整的一个重要趋势，为全球经济可持续发展带来更多机遇。当前，国际能源安全面临多重挑战。地缘政治形势持续紧张，能源价格巨幅震荡，国际能源格局深度演变。从北溪"断裂"到沙伊"缝合"，这将会加快世界能源绿色低碳转型的步伐。乌克兰危机和北溪管道被炸的影响力不亚于20世纪70年代的石油危机，让欧洲各国再次意识到基于化石能源的世界能源体系的脆弱性，欧盟加快绿色发展的意愿比以往任何时候都强烈。而从能源资源禀赋来看，目前也只有可再生能源才能帮助欧洲摆脱对其他地区能源的依赖。保障能源安全的决心，驱使欧盟在2022年出台了多项能源转型和绿色发展举措。

近年来，世纪疫情、大国博弈、地缘冲突等冲击与科技进步、经济转型等因素相叠加，世界能源供需格局和安全环境发生重大变化。作为全球能源治理的重要行为体，中国始终坚持真正的多边主义，积极参与全球能源治理体系改革和建设，完善能源领域的全球治理架构。中国一方面积极参与联合国、二十国集团、金砖国家、国际能源署等多边机制下的能源国际合作；另一方面推动构建"一带一路"能源合作伙伴关系、提出"一带一路"绿色发展伙伴关系倡议、创办上海合作组织能源俱乐部和亚太经合组织可持续能源中心等新平台，为深化国际能源合作、促进绿色发展提供公共产品。

正是因为全球化使各国紧密联系在了一起，任何一个国家能源政策的改变都会对世界上其他国家有着深切的影响。美国实施《通胀削减法案》通过提供巨额补贴以支持清洁能源全产业链的发展，力图在全球气候变化应对和世界清洁能源产业发展中重新占据领导地位。正是由于中国在清洁能源领域的巨大优势，才引发了美国的焦虑以及法案的产生，也可以说，中国是美国出台法案的最主要针对对象。对中国来说，《通胀削减法案》带来的最大挑战是美国通过补贴政策大幅降低美国清洁能源生产商的生产成本、提高其国际竞争力。结合美国已经实施的高度保护性的贸易政策，有可能培育出一个技术领先且有一定价格优势的清洁能源产业链，从而对中国当前的领先地位构成威胁。继中国宣布碳达峰碳中和战略目标后，美国提出"3550"碳中和目标。在能源政策方面，美国两党政治的不确定性加剧了中美能源合作前景的不稳定性。由于美国两党利益诉求不同，能源政策制定和实施通常也存在明显差异，并表现出周期性变化，这势必增加中美未来合作的不确定性。共和党的能源政策较为保守，偏向以近海石油开发、传统化石能源发掘与页岩气勘探为主基调；民主党则相对积极，更倾向于推动氢能、太阳能、潮汐能等新能源在现代工业中的使用，以实际需求为导向、自上而下制定新能源政策，以减少二氧化碳排放。特朗普政府推行单边主义对华政策，而拜登政府更倾向于多边主义政策以拉拢其他国际社会力量，在能源领域尤其是绿色清洁能源领域对中国实施"多边规锁"。总体来说，在博弈与合作并存的背景下，我们不能孤立地看待全球气候治理问题，因为气候问题背后伴随着地缘政治和经济利益的复杂交织。鉴于当前复杂的中美关系，两国之间能源合作发展前景存在不确定性，中国在坚守核心利益与主权问题的前提下，在能源安全与能源合作领域与美方建立相关的沟通渠道，力求达成共识、消弭分歧、相向而行，为碳中和目标的实现做出各自的贡献。

拜登上台后，开始对特朗普时期的对华政策进行调整。美国一方面指责"中国是唯一有能力将其经济、外交、军事和科技力量结合起来并持续挑战国际体系的竞争对手"，表明"美国要与盟友和伙伴国家一道，在各个领域与中国竞争"；另一方面也指出美国"同中国的关系将在应当竞争的时候具有竞争性，在可以合作的时候具有合作性，并在必须对抗的时候具有对抗性。其共同点是应当从实力地位出发同中国接触"。换句话说，在对华政策上拜登政府突出"用实力说话"和"区别性施策"，即一方面要示强，另一方面力图根据不同情况采取不同做法。拜登政府虽然没有完全改变对中国的敌视态度，执行了一条没有特朗普的特朗普路线，但是也强调了与中国在气候和能源问题上合作的重要性，这使两国的能源合作成为可能。不过，由于能源和气候问题的安全化，中美之间能源博弈也存在加剧的可能性，中美能源合作依然存在很大的局限性。

俄乌冲突引致的能源危机促使欧盟对能源政策做出重大调整。通过对政策范式四个要素的分析可以看到：在认知框架上，欧盟将摆脱对俄能源依赖放到能源安全的第一位，使能源供应成为了重要的安全化事项，同时将可再生能源进行形象重塑；在政策目标上，欧盟努力实现摆脱对俄能源依赖、可负担能源价格和绿色低碳发展三方面的新平衡，俄乌冲突使前两者的紧迫性逐步超越后者；在政策工具上，欧盟从促进天然气供应的多样化到积极节约能源和提高能源效率，再到加速推进可再生能源发展等多管齐下，都是在绿色新政政策工具基础上的拓展和外溢；在治理结构上，欧盟能源政策的决策权限开始向欧盟层面倾斜，欧盟能源政策的超国家化倾向正在强化。在俄乌冲突背景下，欧盟能源政策虽然并未发生根本性变化，但对全球能源地缘政治格局产生了深远影响，极大地削弱了俄罗斯对欧盟的能源掌控力，推动了全球能源供需格局发生重大转变。从长远来看，这有助于全球能源结构的清洁转型和脱碳目标的加快推进、各国绿色战略自主追求的实现以及对全球能源绿色供应链的重塑。欧盟作为世界主要的经济体和全球能源市场的重要消费者，其能源政策的调整和变化无疑具有世界维度，能够对全球能源地缘政治格局产生深远影响。第一，加快了欧盟和俄罗斯能源脱钩的进程，俄罗斯对欧盟的能源掌控力被大大削弱。第二，推动了全球能源供需格局的转变，重塑全球能源地缘政治版图。第三，从长远来看促进了全球能源结构的清洁转型和脱碳目标的加快推进。第四，加强了各国对绿色战略自主的追求和对全球能源绿色供应链的重塑。我们应当辩证地、全面地看待俄乌冲突下欧盟能源政策的调整及其所带来的影响。或者说，就目前仍处于动态变化之中的欧盟能源政策而言，对其当下采取的应对措施和调整政策做出一个非黑即白的定论为时尚早，这仍然是一个有待进一步观察、有待时间来解答的问题。

近年来，欧洲国家能源政策呈现四大新动向。一是将能源安全置于突出重要位置，二是希冀加速摆脱化石能源对俄依赖，三是加码发力可再生能源产业，四是"重启核能"摆上议事日程。欧洲国家能源政策变化将对我国产生影响，我国或面临更加严峻复杂的"退煤"压力，美欧联手借"制裁俄罗斯"之名，以"应对气候变化"为由，加速淘汰煤电等"肮脏能源"的可能性进一步增大，不排除其通过深度介入成果设计、文案起草、缔约方磋商等方式陷我国于被动。我国清洁能源发展恐面临更大烈度合围打压，以及对我国进行气候变化"甩锅推责"。当前，西方国家在全球气候治理规则设计、推行能力方面要显著强于我国，在欧洲能源政策加速转向的大背景下，为进一步维持议价博弈优势并塑造有利于自己的利益格局，大概率会动用制度性力量来钳制我国发展，通过利益收买和政策打压相结合的方式，片面强调时下"共同减排责任"，将我国捍卫发展的正当权利歪曲成对国际气候变化责任的"推脱抗拒"。对此，我国应该切实维护国家能源供应安全，密切关注欧洲国家能源政策动向，强化重点领域对话交流合作和积极参与引领全球能源治理。

此外，美欧新能源汽车政策变化将推动美欧新能源汽车产业变革。中国是目前全球新能源汽车产业链最为完整的国家，在新能源汽车整车、锂电池及其材料等环节有很强的竞争优势。美欧新能源汽车市场启动对我国新能源汽车产业发展既有机遇，也有挑战，但总体上机遇大于挑战。欧洲新能源汽车市场快速发展将扩大我国锂电池及其材料的需求，并为中国新能源汽车整车进入欧洲创造有利条件。美国新能源汽车市场启动仍将给我国新能源汽车企业提供新的市场机会，同时美国新能源汽车市场快速发展也会给我国新能源汽车产业带来更大的竞争压力。因此，随着美欧新能源车市场的启动和加速，5年内全球新能源汽车竞争格局将发生明显变化，我国应积极充分利用这一市场机遇，培育内循环与外循环良性互动的新能源汽车产业发展机制，进一步提升我国新能源汽车产业的竞争力。要加大新能源汽车整车对欧出口和投资，充分利用欧洲市场机会，在控制风险的前提下适度利用美国新能源汽车市场机会，同时相关部门加强政策协调，为此做好相应保障工作。

国际合作对于全球经济和社会发展具有重要意义。通过国际合作，可以让优质的商品和服务在全球范围内流通，提高资源的配置效率，满足不同市场的需求。同时，能够促进科技成果的共享和应用，加速科技创新的速度，提升整体社会的科技水平。国际合作可以帮助发展中国家引进资金、技术和管理经验，也能让发达国家获取更多的原材料和市场，从而刺激经济的增长和发展。通过国际合作，可以降低国家间的紧张关系，减少战争的可能性，维护世界的和平稳定；生产要素可以在国家间进行有效的转移和配置，实现资源的最优利用，促进全球范围内的生产力提升。因此，能源发展离不开国际合作。共建"一带一路"已经进入高质量发展新阶段。中国期待与共建国家携手前行，继续坚持共商共建共享、开放绿色廉洁、高标准惠民生可持续的指导原则，以高质量共建"一带一路"八项行动为指引，以互联互通为主线，完善推进高质量共建"一带一路"机制，不断拓展更高水平、更具韧性、更可持续的共赢发展新空间，推动实现世界各国的现代化，助力构建人类命运共同体。

目前，亚太可再生能源投资热度高、增长快，区域能源转型合作意愿高、空间大，能源互联合作契合亚太区域利益诉求。中国参与亚太地区能源合作与电力互联建设契合各国利益，但也存在风险。其主要表现为：区域内地缘政治影响和域外大国博弈给能源合作带来不确定性；区域内一些国家存在的大量

NGO 得到部分西方大国支持，定位于反政府，在环保和反腐败运动中非常活跃；区域内一些国家存在法律与政策不完善，导致能源投资与合作必要保障机制缺乏；区域内国家间能源合作所必需的技术合作与转移经常遭遇资金、人才困难等。这些风险和不确定性将成为区域能源合作中难以逾越的障碍，中国与区域内各国要积极合作、审慎应对，避免损失。

新形势下，中国在拉美地区的油气领域合作项目继续推进，光伏、风电等清洁能源项目彰显合作潜力，清洁能源成为中拉能源合作的新机遇。同样，中国参加美洲地区能源合作风险与机遇并存，未来两年是窗口期。中美虽然竞争激烈，但也存在一定合作窗口，中美在油气能源、气候治理方面尚存在合作空间。中拉能源合作目前处在宝贵的窗口期。在中美新能源产业竞争的大趋势下，虽然拉美经济低迷、社会不稳均增加了投资风险，但中国更要抓紧时间与拉美开展清洁能源合作。借助拉美多国追求政治独立、抵制域外干涉的政治形势，在美国清洁能源产业政策发挥更大影响之前，拓展拉美市场。总之，中国要抓紧合作窗口，在地缘政治进一步复杂化之前，筑牢拉美市场根基。

在未来，中国要持续深化能源领域对外开放，坚定不移维护全球能源市场稳定，扩大能源领域对外开放，大幅度放宽外商投资准入，打造市场化法治化国际化营商环境，促进贸易和投资自由化便利化。中国要秉持"共商共建共享"原则，坚持开放、绿色、廉洁理念，努力实现高标准、惠民生、可持续的目标，同各国在共建"一带一路"框架下加强能源合作，在实现自身发展的同时更多惠及其他国家和人民，为推动共同发展创造有利条件。首先，要推动互利共赢的能源务实合作，建设绿色丝绸之路，促进全世界范围可再生能源成本的下降，加速全球能源转型进程。其次，要加强能源基础设施互联互通，积极推动跨国、跨区域能源基础设施联通，为能源资源互补协作和互惠贸易创造条件，促进区域国家经济合作。提高全球能源可及性，积极推动"确保人人获得负担得起的、可靠和可持续的现代能源"的可持续发展目标的国内落实，积极参与能源可及性国际合作，采用多种融资模式为无电地区因地制宜开发并网、微网和离网电力项目，为使用传统炊事燃料的地区捐赠清洁炉灶，提高合作国能源普及水平，惠及当地民生。最后，要积极参与全球能源治理，融入多边能源治理，倡导区域能源合作。协同巩固能源领域多边合作，加速经济绿色复苏增长。完善国际能源治理机制，维护开放、包容、普惠、平衡、共赢的多边国际能源合作格局。深化能源领域对话沟通与务实合作，推动经济复苏和融合发展。加强跨国、跨地区能源清洁低碳技术创新和标准合作，促进能源技术转移和推广普及，完善国际协同的知识产权保护。

# 第九章　案例研究：成功的能源治理实践

能源是人类文明进步的基石和驱动力，攸关国计民生和国家安全，关系人类生存和发展，对于促进经济社会发展、增进人民福祉至关重要。近年来，我国能源发展始终秉持创新、协调、绿色、开放、共享的新发展理念，着力推进能源生产和消费革命，努力构建清洁、低碳、安全、高效的能源体系。我国在能源领域取得了世界瞩目的成就，为全球能源转型和应对气候变化作出了重要贡献。面对气候变化、环境风险挑战、能源资源约束等日益严峻的全球问题，认真研究我国过往能源治理实践，深入分析能源治理成功因素和实施路径，对于我国构建清洁低碳、安全高效的能源体系，继续深化能源领域改革，推动能源高质量发展促进全球能源可持续发展具有重要意义。

## 第一节　政府领航能源治理

在我国的能源治理体系中，政府发挥着决定性作用。政府作为主导力量，组织和协调各利益相关方，共同构建能源治理的制度和规则，并对其他利益相关方进行有效的引导和监督，以确保能源治理工作的顺利进行。在这一体系中，中央政府牢牢把握能源治理的主旋律和大方向，从宏观层面提出能源发展的战略目标和实施方案，为全国范围内的能源治理提供明确的方向。在中央政府的指导下，各级地方政府紧密围绕中央政府的战略目标并结合本地区的实际情况，制定各自的能源发展规划，自上而下地实现能源治理的有效推进。

这种能源治理模式具有鲜明的中国特色，体现了我国政府在能源治理中的决心和责任。通过政府的有力引导和监督，我国能源治理体系得以不断完善，为能源行业的可持续发展奠定了坚实基础。此外，政府在能源治理中还注重发挥市场机制的作用，鼓励企业创新和技术研发，推动能源产业转型升级。政府通过政策引导、资金支持等手段，激发企业活力，促进清洁能源的发展，推动能源生产和消费方式的变革。在国际能源合作中，我国创新能源治理理念，开拓多边能源合作，从满足本国能源供需转向了多边合作保障能源安全，从单纯的贸易合作转向了多元化多领域的全球能源治理协作。

## 一、政策引领促发展

### （一）光伏扶贫

2014年10月，为贯彻落实包括农村电力保障在内的10项重点打赢脱贫攻坚战的精准扶贫工作和中央提出的"因地制宜采取大电网延伸以及光伏、风电光电互补、小水电等可再生能源分散供电方式"行动计划，国家能源局和国务院扶贫办提出光伏扶贫工程，计划用6年时间全面开展光伏发电产业扶贫项目建设，利用户用分布式光伏发电扶贫、村级光伏电站扶贫、集中式地面光伏电站扶贫、光伏农业扶贫带动贫困人口增收脱贫。2016年，国务院印发《"十三五"脱贫攻坚规划》，在"产业发展脱贫"一章对开展光伏扶贫工程做了总体要求。2017年年末印发的《关于下达"十三五"第一批光伏扶贫项目计划的通知》中提出进一步扩大光伏扶贫范围，计划新增8689个光伏扶贫电站，惠及710,751户贫困户。2019年年初，"十三五"第二批光伏扶贫项目计划共下达15个省（区）、165个县光伏扶贫项目，共3961个村级光伏扶贫电站，惠及301,773户贫困户。

光伏扶贫是由政府、企业或贫困户出资，在屋顶、农田、温室大棚等空置空间安装光伏发电系统，或者在贫困地区荒山、荒坡、河滩等未利用土地上建设光伏电站。光伏扶贫不仅可以解决部分贫困地区的用电问题，还可以助推新能源产业发展，甚至为产业扶贫找到一条可持续发展的途径。而贫困户在节省以往电费支出的同时，可将光伏发电多余电量卖给国家电网，还可另外根据发电量获得政府给予的发电补贴，从而增加收入。

光伏扶贫作为我国十大精准扶贫工程之一，肩负着以下重任：确保农村地区电力供应，提升贫困户生活水平；推动光伏组件市场需求增长，实现光伏产业供需平衡；培育光伏农业新型业态，增加贫困人口收入；等等。此举措作为我国能源治理的成功典范，不仅有利于优化国家能源利用结构，更是提升了农村地区的生活质量。

1. 保障农村电力供给，改善贫困户生活水平

与城市电网相比，农村电网普遍相对薄弱，甚至部分贫困地区存在输电线路老化、电力基础硬件设施落后等问题，给农民生产生活带来诸多不便。而且对于贫困农户，电费在其生活支出中占较大比重，很多贫困户为节省电费支出，不用电作为炊事能源，依然选择用柴草、木材、秸秆做燃料。因此，提升农村电力供给能力、减轻贫困户的电费负担，是光伏扶贫工作的一项重要内容。在农村地区开展光伏扶贫，贫困户或村集体享有电站的产权和经营权，能够实现电力的自发自用，保障农村电力供应稳定，满足贫困户用电需求。同时，减轻贫困户电费负担，并使其获得售电收入和政府给予的发电补贴。此外，光伏发电清洁无污染，用光伏发电替代火电或柴草、木材、秸秆燃烧可有效节约资源、降低农村地区的碳排放。这既有助于提高农民的生活质量，也有利于改善农村的生态环境。

2. 扩大光伏组件产品市场需求，促进光伏产业供需平衡

光伏发电作为清洁能源，必将成为能源革命不可逆转的发展趋势。2009年以来，我国光伏产业快速扩张，产能急剧释放，2012年光伏组件产品产能过剩问题集中爆发，2015年光伏组件和硅片的产能利用率只有60%左右。而与此同时，我国光伏全年发电量仅占总发电量的1%。光伏发电的发展不充分，光伏组件产品市场需求不足，导致光伏产业供需失衡。农村空置的屋顶、荒坡、空地非常适合安装光伏发电系统，而光伏扶贫政策的推行可以实现光伏产业与农村闲散资源的有效结合。光伏扶贫政策的推行可以进一步拓展"渔光互补"、光伏农业等光伏应用新领域，打开农村地区的光伏发电市场，从而扩大光伏组件产

品的市场需求，促进光伏产业供需平衡、可持续发展。

3. 发展光伏农业新业态，提高贫困人口收入

光伏农业是将光伏发电广泛应用到现代农业种植、畜牧养殖、病虫害防治及农业机械动力供给等领域的新业态。其主要是在农业大棚、鱼塘、养殖场等场地建设光伏发电系统，不仅光伏发电可以为种植、养殖基地提供电力供给，光伏电池板还可发挥遮光、隔热作用，进而提高农业生产效率。光伏农业是现代科学技术与农业的有机结合，可使当地优势产业借助光伏发电发展现代农业，具有广阔的发展前景。但光伏农业项目建设要求的硬件设施成本较高，推行难度较大。因此，将光伏农业纳入光伏扶贫工程中，借助光伏扶贫的相关优惠政策，既可促进光伏农业的发展，提高贫困地区的农业生产力，又能充分利用贫困地区的劳动力、土地等资源，为农村贫困人口创造更多的就业机会和收入来源。

截至 2019 年年底，我国光伏扶贫建设任务已经全面完成，累计建成光伏扶贫电站规模 2636 万千瓦，惠及 415 万户，每年可产生发电收益 180 亿元。部分国有企业积极推动光伏扶贫工程，例如，国家电网公司于 2016 年启动"国网阳光扶贫行动"，先后在湖北、青海两省 5 县区捐建多座光伏扶贫电站等。光伏帮扶电站已成为壮大绿色经济的新业态和脱贫群众增收的新亮点。

（二）煤炭去产能

能源产业是国民经济发展最基础性的产业，其能源产品随国民经济增长速度变动而变动。在能源产业中，煤炭生产占主体。21 世纪以来，中国煤炭能源经历了"紧张—快速积蓄—产能过剩—去产能—转机回升"五大阶段。为了有效化解过剩产能，我国政府相继出台了多项措施。煤炭行业去产能上升到国家宏观经济调控层面源于 2015 年 12 月中央经济工作会议提出的"供给侧结构性改革"主线。2016 年 1 月，习近平总书记主持召开的中央财经领导小组第十二次会议明确供给侧改革的重要任务是去产能、去库存、去杠杆、降成本、补短板。2016 年 2 月，国务院发布《关于煤炭行业化解过剩产能实现脱困发展的意见》，对化解煤炭行业过剩产能、推动煤炭企业实现脱困发展提出要求、明确任务。各级政府主抓煤炭调整结构工作，在政策上通过能源消费结构的调整和煤

炭主营业务的调整，推动煤炭行业转型升级。煤炭企业适应这种调整，通过淘汰落后产能、优化产业结构等措施，提高了煤炭产业的整体效率和竞争力。中国煤炭行业去产能推动了我国能源质量变革，向清洁低碳、高效高质的能源发展方向转型。同时，它倒逼煤炭企业淘汰落后产能，提高煤炭加工转换率，向非煤业务拓展。经过一年多的时间，煤炭去产能工作不断取得新进展，取得了阶段性的成果：全国煤矿产能得到了压减，违法违规煤矿建设得到了遏制，产量盲目增长势头得到了控制，市场价格理性回归，企业经济效益明显改善，产业结构调整、转型升级取得积极进展。

1. 去产能政策成效初显

2016年以来，随着国家及地方政府与煤炭相关的部分去产能政策陆续实施，煤炭去产能取得了初步成效，煤炭供给降速超过需求降速，全社会库存量持续增加压力缓解，供需基本面在短期内有所好转，煤炭价格也随之逐步回升。通过对长期停建、缓建、未开工、资源枯竭和开采高硫高灰煤、灾害严重、安全开采条件差、扭亏无望的煤矿，按国家政策依法淘汰关停；通过重组整合，减少煤矿和主体数量，提高了行业集中度；对于新建项目，通过停止审批新建、新增产能的技术改造项目、产能核增项目和减量置换，新增项目得到了严格控制。有关数据显示，截至2020年年底，全国累计退出煤矿5500处左右，退出落后煤炭产能10亿吨/年以上，超额完成化解过剩产能目标，大型现代化煤矿的比重大幅提升，2020年，14个大型煤炭基地产量占全国总产量的96.6%，比2015年提高3.6个百分点，煤炭供给体系质量提升。

2. 企业经营状况明显好转

伴随煤炭去产能的不断深入，全国煤炭生产、消费均呈缓慢增长态势，市场供需基本平衡，经济运行质量企稳回升。根据国家统计局及海关总署公布的数据，2017年前9个月，原煤产量25.9亿吨，同比增长5.7%；进口煤炭2.0亿吨，同比增长13.7%。2017年前6个月全国规模以上煤炭企业利润总额1474.8亿元，比2016年同期增加了1403.1亿元。国内煤炭价格自2016年9月以来，随着"276个工作日"限产政策等一系列政策实施，煤炭价格不断上涨，由9月初的400元/吨左右不断上涨至11月7日的700元/吨。进入2017年，随着相关部门保供稳价的政策逐步实施，煤炭价格小幅下降并逐步趋于稳定，以秦皇岛为例，截至 9 月底，秦皇岛 5500kcal（23.07MJ/kg）煤炭价格为 623 元/吨。

3. 煤炭行业持续健康发展

煤炭去产能一系列政策的实施在去产能初期保障了煤炭行业持续健康发展，大幅缓解了过剩产能压力。在去产能政策实施后，煤炭产量快速回落。2016 年 1—8 月，减量化生产控制产能约 6 亿吨。2016 年 8 月底，煤炭企业存煤 1.25 亿吨，环比下降 3.4%，同比下降 9%；重点发电企业存煤 4993 万吨，同比下降 23.9%，比年初减少 2365 万吨，下降 32.1%。2016 年 9 月，环渤海五港存煤 1002 万吨，比 2016 年初下降 15.3%，同比下降 42.5%。

## 二、政府投资助转型

### （一）"以大代小"风电项目

中国政府在可再生能源领域大规模投资，建设了大量的风能和太阳能发电设施，为企业和乡镇提供了充足的清洁能源。新能源为环境保护做出巨大贡献，能够降低温室效应，减少碳排放，对我国建立安全高效的能源体系起到重要作用。但是相较于传统能源，新能源的技术和生产成本都很高，我国一直以来都对新能源企业给予大量补贴。早在 2005 就制定了《可再生能源法》以支持新能源发展。在 2005 年发布的《可再生能源法》，明确规定了新能源补贴以研发补贴、项目补贴、价格补贴等方式进行补贴，并且在税收政策方面也向新能源企业进行倾斜，在增值税、所得税、进口关税等方面均给予优惠政策。2016 年发布的《能源发展"十三五"规划》进一步确定了能源产业的发展规制策略。自 2011 年开始，响应国家号召，中国新能源发电行业迎来高速发展期，2011 年中国风电投资额仅为 514 亿元人民币，到 2021 年已高达 3494 亿元人民币。

然而，早期相关设备制造技术相对落后，导致单位千瓦成本偏高，企业投资意愿不强，风力发电产业面临严峻挑战。2023 年 6 月，国家能源局发布《风电场改造升级和退役管理办法》，鼓励并网运行超过 15 年或单台机组容量小于 1.5 兆瓦的风电场开展改造升级，并网运行达到设计使用年限的风电场应当退役，经安全运行评估，符合安全运行条件可以继续运营。被誉为"中国风谷"的新疆达坂城响应政策号召，作为全疆最大的"以大代小"风电项目，这里共拆除155台老旧风机，同时进行等容项目和增容项目建设，焕然一新的达坂城风电二场将全容量投产，再展雄风。

1. 节能减排，提高效率

"以大代小"风电项目对配套升压变电站及场内集电线路等设施进行升级迭代，通过新建一座110千伏升压站并配套储能电站，进一步优化场区接入条件，促进"电源+电网+负荷+储能"矩阵的"源网荷储"一体化发展模式加速建成，助力构建更加清洁、低碳、安全高效的能源体系。达坂城风电二场项目负责人马建国说，该项目投产后，风电可利用小时数较之前提升超30%，绿色低碳效能显著，年平均上网电量约8.56亿千瓦，每年可节约标煤26.1万吨，减排二氧化碳62.64万吨，减少用水103.59万吨，具有良好的经济效益、环境效益和社会效益。

2. "绿电"满格，普惠民生

2023年7月，达坂城区实现了全"绿电"供应，随着清洁能源相继转化为清洁电力，达坂城区的村民再也不用为供暖用电的问题发愁。针对农牧区居住分散、不易集中供暖的情况，乌鲁木齐市人民政府设立了清洁供暖专项资金，助力农村地区实现清洁供暖。为了满足村民用电取暖，国网乌鲁木齐供电公司在达坂城区建设了两条10千伏线路，完成客户低压表箱安装及电力外网接入工作等，保障农牧民用电取暖需求。

稳定的绿电保障也改变着农牧民的生产方式，为之带来更多致富渠道。能源的稳定供应使达坂城驼奶产业实现流水线生产，驼奶的日产量从100公斤提高到1000多公斤。在旅游业发展上，"大风车"成为达坂城地标，达坂城区内的两家风电企业（国家能源集团龙源电力新疆公司、新疆风能有限责任公司）通过建立风电展示馆，将"退役"风机组件进行陈列展示，此次"以大代小"项目拆除的老旧风机，将保留每个型号机组各1台进行展示，同时在维保中心场站内保留一批老旧机组的机舱及叶片，作为新员工的入职培训基地。后期，达坂城区意向建立一座"风电博物馆"，让更多人对"中国风谷"有一个更加全面的了解和认识，通过能源产业发展积极拓展工业旅游赛道，带动经济发展再上新台阶。

围绕"乌鲁木齐达坂城区域千万千瓦级风光储基地"这一目标，达坂城区接续发力，重点打造以提升风电、光伏、抽水蓄能电站等多种能源链条的达坂城区清洁能源规模化循环示范基地，积极延伸风电、光伏上下游产业链，完善产业配套，形成产业链体系。同时，科学布局市场化并网风电项目，加快风电项目规模化开发。

（二）新能源汽车推广

为实现节能减排、产业升级和经济可持续发展目标，国家将新能源汽车产业纳入战略性新兴产业，并且出台了一系列推动新能源汽车尤其是以新能源汽车推广应用为重点的产业政策。地方政府因地制宜地制定和实施本区域新能源汽车推广应用的战略举措与相关产业政策，以最大限度地把握新能源汽车产业发展所带来的各种机遇和享受相关产业政策所带来的好处。在中央与地方两级政府的战略举措的推动下，中国新能源汽车产业的总体发展基本实现了"弯道超车"的目标。

以珠江三角洲为例，地方政府在实施响应战略时，通过打破地方保护，推动了各地新能源汽车产业发展以及区域新能源汽车产业集群的形成与发展。

1. 地方新能源汽车产业发展

在中央政府推广新能源汽车应用政策的背景下，地方政府对此作出的响应，并取得了显著成果。各市完满完成了新能源汽车推广应用任务，其中"广州市、深圳市的新能源汽车推广规模占珠江三角洲地区的90%以上"；从电气化水平来看，深圳市、广州市、珠海市、佛山市、东莞市先后实现公交电动化。各市新能源汽车产业实现不同程度的发展。采取"领航"战略的广州市、深圳市，已建成完备产业链，产能达到全国前列，培育出比亚迪、五洲龙、广汽埃安等优秀新能源汽车产业企业。采取"支撑"战略的佛山市、东莞市，凭借综合实力和原来汽车整车及零部件基础，构建了新能源汽车整车与零部件体系，新能源汽车成为本市新的优势产业。采取"辅助"战略的惠州市、江门市、肇庆市、中山市、珠海市等城市承接新能源汽车产业的产业技术溢出，建成了新能源汽车零部件产业基地，初步形成新能源汽车产业基础和规模，为城市带来新的经济增长点。

2. 在珠江三角洲地区建成了完整的新能源汽车产业链

区域内形成"由点到面"的推进结构，即以广州市和深圳市为核心，其他城市差序发展的新能源汽车产业发展格局，逐渐形成"领航者"形成核心集聚区，辐射"支撑者"与"辅助者"的新能源汽车集群，构建了完整的新能源汽车产业链，囊括零部件—整车—服务业。这促使珠江三角洲地区汽车产业的整体升级，珠江三角洲也成为6大新能源汽车产业集群之一。

3. 区域内多种新能源汽车技术研发同步推进

不同城市布局新能源汽车产业链不同环节以及布局不同成熟程度的技术。例如，广州市、深圳市重点发展纯电动汽车与混合动力汽车等主流技术，佛山市则专注氢能技术，在氢燃料领域不断获得技术突破，而江门市、珠海市则在新能源汽车电池领域取得突破。这为区域新能源汽车产业的快速持续发展提供了充足的产业链与技术基础保障。

### 三、国际合作寻共赢

在应对全球气候变化的挑战中，中国积极参与全球气候治理，推动清洁能源技术的发展与应用，以高度的责任感和使命感，加强与各国的多边能源合作，致力于创造一个更加清洁、可持续的能源未来。新时代的中国能源发展，贯彻"四个革命、一个合作"能源安全新战略，全方位加强国际合作，实现开放条件下能源安全。坚持互利共赢、平等互惠原则，全面扩大开放，积极融入世界。共建绿色"一带一路"，促进能源基础设施互联互通。积极参与全球能源治理，加强能源领域国际交流合作，畅通能源国际贸易、促进能源投资便利化，共同构建能源国际合作新格局，维护全球能源市场稳定和共同安全。

（一）中俄油气合作

俄罗斯位于欧亚大陆北部，横跨欧亚两大洲，是世界油气资源最丰富、生产和出口能力最强的国家之一，在全球能源格局中具有十分重要的地位。俄罗斯与中国相互毗邻，在政治经贸领域存在很好的互补性，尤其是在能源合作领域，中俄油气合作既有利于保障我国的能源安全，又有利于提振俄罗斯经济的发展。当前，中俄两国关系进入新的发展阶段，在中俄全面战略协作伙伴关系的发展进程中，能源合作将是两国全面深化各领域合作的重要组成部分，符合两国的共同利益，具有广阔的发展前景。

当前，中俄能源合作战略协作伙伴关系进一步深化，从中俄石油管道的顺利运营，到天然气管道的正式开工建设，再到中国油气业成功进入俄罗斯油气上游领域的合作项目，与俄罗斯合作开发鲁斯科耶油气田、尤鲁勃切诺—托霍姆油气田和万科油田等大型油气田，两国能源合作深度、广度进一步增强。2022年，俄罗斯向中国输送原油达到了8625万吨，占中国原油进口总量的17%，占俄罗斯出口量的36%。截至2023年8月，中俄原油管道累计向中国供应原油超过3.6亿吨。中俄双边贸易额达到了1551亿美元，同比增长了32%，其中能源占双边贸易额的比重从2012年的25%上升到接近37%，特别是在油气领域，两国在资源市场、地理位置等方面，互补性强，优势明显。在双方企业的共同努力下，中俄油气合作保持良好发展势头。

能源领域及相关产业直接投资将成为中俄合作新的里程碑。俄罗斯石油公司（以下简称俄油）和俄罗斯天然气工业股份公司（以下简称俄气）分别与中国石油签署了新的协议，其中俄油与中国石油在论坛期间签署了教育和培训合作协议。俄气则于2023年10月19日宣布与中国石油签署《东线天然气购销协议附加协议》，进一步增加对华供气量。随着中俄间第二条陆地天然气管道"西伯利亚力量2号"的预备动工，另一条天然气管道"西部线路"也加紧筹备，预计年输气量将达500亿立方米。未来，两国将顺应形势变化和时代要求，在更大范围、更深层次、更广领域加强能源合作，在现有基础上，不断探索新的合作模式和路径，深化传统能源全产业链上中下游合作，共同应对能源转型面临的能源结构性短缺和成本上涨等问题，积极挖掘绿色低碳合作潜力，引领全球能源绿色低碳转型。

（二）中国与中东国家能源合作

中东地区是古丝绸之路途经的重要地域，与中国有着悠久的交往历史。新中国成立后，中国与中东国家在政治、经济和文化等领域的交往日益频繁。20世纪90年代，在中国成为石油净进口国后，中东地区一直是我国海外油气进口最主要的来源地，与我国有着较长的能源合作历史和良好的能源合作关系。

1. 中国与沙特阿拉伯：深化能源合作，共筑可持续发展未来

中国与沙特阿拉伯，作为全球能源版图的两大关键角色，分别扮演着重要能源消费国与生产国的角色，双方基于坚实的合作基础与互补的能源战略愿景，

构建了长期稳定的能源伙伴关系。沙特长期以来作为中国信赖的能源供应基石，双方合作不断向纵深拓展，涵盖传统能源深化利用与新能源探索开发两大维度，取得了显著成效，惠及两国民众。

据中国海关统计数据显示，截至 2022 年 10 月，中国自沙特进口的原油总额已达 555.16 亿美元，彰显了双边能源贸易的强劲动力。2023 年 12 月 8 日，中沙两国在沙特首都利雅得正式交换了氢能领域合作文件，标志着双方在清洁能源领域的合作迈入新阶段。中方重申了与沙方加强能源政策对话、扩大原油贸易规模及深化勘探开发合作的意愿；沙方则热情欢迎中国企业参与其重大基础设施与能源项目，共同推进清洁能源与绿色发展的宏伟蓝图。

延布炼油厂项目，作为中沙能源合作的标志性成果，由中国石化与沙特阿美携手投资 86 亿美元共建，中国石化持股 37.5%，该项目不仅是中国在沙特乃至中东地区的最大投资，更以 2000 万吨/年的炼化能力，为当地经济注入了强劲活力，创造了逾千个直接就业岗位。近年来，依托中国石化的先进技术与高效管理，该项目持续优化运营，巩固了双方的长期战略合作关系。双方还通过签署多项谅解备忘录，进一步巩固了在现有及未来炼油化工项目上的合作基础。

在新能源领域，中国积极响应沙特能源转型的号召，与沙特公共投资基金（PIF）及其下属的沙特国际电力和水务公司（ACWA Power）等合作伙伴紧密协作，共同推动沙特能源结构的绿色转型。2021 年，中国电建山东电建三公司与 ACWA Power 携手赢得沙特红海公用事业基础设施项目 EPC 合同，该项目集光伏、储能、电网、海水淡化等多功能于一体，其中的红海新城储能项目以 1300MWh 的储电量，成为全球领先的储能设施。随后，中国能建再度携手 ACWA Power，中标阿尔舒巴赫 2.6GW 光伏电站项目，该项目不仅是全球最大的在建光伏电站之一，更预计为当地创造大量就业机会，并显著减少碳排放，展现了中沙在新能源领域合作的广阔前景。

2. 中国与伊朗能源合作

近年来，中国积极发挥建设性作用，推进解决伊朗核问题，始终保持两国高层的密切接触，继续深化双方的能源合作交往关系。2013 年 9 月，习近平主席在上海合作组织比什凯克峰会期间与伊朗总统鲁哈尼会晤；2014 年 5 月，伊朗总统鲁哈尼访华并出席在上海举行的亚信峰会，与习近平主席举行会谈；

2015年4月和9月，习近平主席分别在出席亚非领导人会议和联合国活动期间两次会见了伊朗总统鲁哈尼，并表示中伊双方要提升双边关系定位，优先推进能源和金融合作。

2016年1月，中国与伊朗正式建立全面战略伙伴关系，并签署了《中华人民共和国政府和伊朗伊斯兰共和国政府关于共同推进"丝绸之路经济带"和"21世纪海上丝绸之路"建设的谅解备忘录》。中伊两国共同发表的《中华人民共和国政府和伊朗伊斯兰共和国政府关于建立全面战略伙伴关系的联合声明》表示，将加强中伊两国在化石和可再生能源领域的双边和多边合作，开展相关经验和技术交流、人员培训等。可再生能源成为中国与伊朗在"一带一路"倡议背景下的重要合作内容。中国与伊朗的可再生能源合作范围较广，涵盖水电、光伏、风力发电以及生物质发电。中国合作企业主要有葛洲坝集团、中国电建、中钢集团以及民营企业北京中工源合科技有限公司等。两国项目合作中大量使用中国标准和中国技术，对中国可再生能源标准和技术进入中东市场具有良好的示范作用。以水电合作为例，目前中国与伊朗在可再生能源领域最大的合作项目为中国葛洲坝集团有限公司在伊承建的鲁德巴（Rudbar Lorestan）水电站EPC项目。作为中伊融资合作框架下的首个项目以及伊朗目前装机容量最大的水电站，其整个工程的80%采用了中国标准，为中国企业参与伊朗水电项目建设打下了良好基础。

3. 中国与卡塔尔能源合作

2008年6月，时任国家副主席习近平对卡塔尔进行正式访问，两国能源合作迈上新的台阶。2009年8月，中国海洋石油集团有限公司（以下简称中海油）与卡塔尔石油集团签订了卡塔尔东部海域BlockBC区块勘探及产品分成协议；2010年5月，中国石油天然气股份有限公司（以下简称中国石油）与壳牌石油、卡塔尔石油公司就开发该国天然气资源签署一份为期30年的勘探和生产协议。这一时期的一系列能源合作标志着中国油企与海外的天然气项目合作从下游拓展到了上游。2011年8月，中海油与卡塔尔天然气运营有限公司签订谅解备忘录，增加液化天然气贸易量到每年700万吨的规模。2012年7月，据中国石油天然气集团有限公司（以下简称中国石油集团）收购法国苏伊士环能集团卡塔尔海上第四区块40%石油勘探开发权益，并获得卡塔尔能源和工业部正式批准。

2023年6月，中国石油与卡塔尔能源公司在卡塔尔首都多哈签署北方气田扩容项目合作文件，此次合作落实了两国元首公见精神，推动中国共建"一带一路"倡议，加强了卡塔尔，"2030年国家愿景"战略对接。

近年来，中国与卡塔尔两国关系发展顺利，高层交往密切，政治互信和经贸往来不断深化，能源领域务实合作深入开展。

（三）中国与非洲能源合作

中国与非洲国家有着传统的交往历史和深厚的友谊。新中国成立后，中国与多数非洲国家先后建交，并积极向非洲国家伸出援助之手，在非洲国家的建设和发展上给予无私的帮助，中非之间建立了深厚的友情。近年来，中非双方在各领域的交往与合作不断加强，尤其是随着非洲国家能源产业的发展，中非在能源领域的合作持续深入，合作关系日趋紧密。2023年8月23日，金砖国家领导人第十五次会晤在南非约翰内斯堡举行，其主题是"金砖与非洲：深化伙伴关系，促进彼此增长，实现可持续发展，加强包容性多边主义"。中国与非洲国家不断加强能源合作，在保障能源供应安全的同时，有效推动非洲绿色低碳转型与可持续发展，取得一系列合作成果。

1. 合作打造"绿色引擎"

近年来，中国高度重视与非洲国家在清洁能源领域的合作，已在非洲实施了数百个清洁能源发电和电网项目，南非德阿风电站、肯尼亚加里萨光伏电站、卢旺达那巴龙格河二号水电站等成为当地发展清洁能源的标志性项目。在南非，中国企业承建的德阿风电项目于2017年并网发电，总装机容量24.45万千瓦。项目建设运营有效缓解南非电力供应短缺局面，有力地推动当地经济发展，改善当地生态环境保护。南非资深外交官格勒布勒表示，这一项目正改变南非能源结构。在肯尼亚，中国企业承建的东非最大光伏电站——加里萨50兆瓦光伏发电站2019年正式投入运营。这一电站可以满足7万户家庭共计38万多人的用电需求，有效缓解了当地"电荒"，切实改善了肯尼亚北部民众的生活，让肯尼亚发展太阳能等可再生能源"从梦想走进现实"。在卢旺达，中国企业承建的卢旺达那巴龙格河二号水电站项目2023年7月成功截流，标志着水电站主体工程全面开工。这一大型多功能综合性水利水电开发项目建成后，将极大缓解该国电力短缺局面，减少卢旺达对不可再生能源的依赖，有效带动地方经济发展，改善卢旺达人民福祉。

近年来，中国企业和包括全球能源互联网发展合作组织在内的研究机构积极为非洲区域组织、政府和企业等提供咨询服务，开展能源电力、产业园区发展规划研究，培养相关领域人才，增强了非洲国家清洁能源发展的基础能力。

2. 助力绿色能源转型

在全球能源领域，中国持续通过分享产品、技术和经验，帮助其他发展中国家消除能源贫困，缩小能源可及性差距。

2021年，肯尼亚启动梅嫩加伊地热开发，一期规划的发电装机容量为105兆瓦。中国浙江开山集团获得一期首个35兆瓦地热发电站——索西安地热电站的总承包。项目于2021年1月开工，在2023年6月底投产送电。索西安地热电站是非洲首个从设计、产品生产到建设、调试完全由中国企业独立完成的地热发电站。在可再生能源领域，中国拥有的丰富经验和先进技术，肯尼亚拥有丰富的可再生能源，双方合作将为肯尼亚乃至非洲的绿色发展注入动能。

不仅如此，中国还积极推动中国标准在可再生能源领域的应用。在卢旺达那巴龙格河二号水电站项目的建设过程中，由于水电站大坝地基属于淤泥质软基，在这种基础上进行软岩筑坝属于世界级难题。为解决坝基处理问题，项目组联合中国国内多家科研单位进行攻关，最终确定处理方案。在此过程中，中国标准尤其是中国材料标准，得到相关各方认可，在某些技术环节得到采用。

在中非合作论坛框架下，中国和非洲加强发展战略对接和政策协调，建立起新时代中非应对气候变化战略合作伙伴关系，携手构建新时代中非命运共同体。

## 第二节　企业担起社会责任，助推能源科技创新

能源治理是一个复杂的系统工程，企业作为能源治理的重要力量，需要积极参与到能源治理的过程中。在国家大力倡导能源转型的背景下，企业自主创新显得尤为重要，通过自主创新，企业能够开发出更加高效、环保的能源技术，为可持续发展贡献力量。企业作为社会的重要一环，不仅要追求经济利益，还

要积极担起社会责任，通过减少能源消耗和排放、提高能源利用效率等方式为社会的可持续发展贡献力量。

## 一、自主创新立根基

### （一）中国广核：和睦系统

在气候变化带来的挑战日益严峻的今天，与核电给人类造成的灾害相比，核电带来的利益是巨大的，社会的发展离不开能源供给，积极推进核电建设，对于满足经济和社会发展不断增长的能源需求、保障能源供应与安全、保护环境、实现电力工业结构优化和可持续发展，以及提升我国综合经济实力、工业技术水平和国际地位都具有重要的意义。如何促成核电成为开启未来能源的安全选项，加强核设施的监管以提高核电站的安全性是我们需要面临的挑战。

2023 年 3 月 25 日，随着中国广核集团有限公司（以下简称中广核）近二十年磨一剑的"和睦系统"正式与我国拥有自主知识产权的第三代压水堆核电站技术"华龙一号"双剑合璧，中广核防城港核电站 3 号机组投产发电，这一"卡脖子"问题终于宣告解决，我国也成为继美国、法国、日本之后全球第四个拥有这项技术的国家。"和睦系统"的研制和应用不仅实现了我国核电站 DCS 的全面国产化和自主化，带动了行业整体技术水平的提升，而且保证了核电项目建设的工期和质量。目前，"和睦系统"已在阳江核电站、红沿河核电站、防城港核电站等共 21 台国内新建核电机组得到应用。

"和睦系统"即核电数字化仪控系统（以下简称核电 DCS），它是核电领域复杂的重大装备，它主要完成核电站反应堆安全停堆和事故缓解功能，控制着核电站数百个系统、上万个设备的运行和负责各类工况处理过程，系统规模大、综合程度高、应用场景复杂、客户需求多样。可谓核电站的"神经中枢"，"国之重器"的重中之重。而这套"神经中枢"系统的打造者——上海中广核工程科技有限公司（以下简称上海科技），秉持使命担当，致力于国家重大需求，不断推动关键领域科技创新，为我国核能产业的蓬勃发展贡献力量。

作为中广核"6+1"产业体系中年轻的板块成员，上海科技把握新一轮科技革命和产业变革深入发展带来的机遇，持续攻关新一代核电 DCS，不断提升智能化水平，保持"和睦系统"先进性，推动产业数字化，实现数字产业化。

创新驱动发展，改革激发活力，上海科技将全力打造世界一流专精特新示范企业，用自己的生动实践谱写制造强国、科技强国和数字中国建设的新篇章。

（二）国家电网：5G 智慧电网

智能电网的数字化、信息化、自动化和互动化为我国电力大容量、远距离外送的安全稳定运行提供技术保障，其能够满足电力生产、外送和电力用户灵活可靠供电的需求，并具备分布式能源接入能力，为清洁高效的能源利用提供了实现基础。早在 2009 年，国家电网就首次提出"智能电网"概念；2010 年 3 月，"加强智能电网建设"被写入《政府工作报告》，由此上升为国家战略。2019 年 5G 网络商用后，基于 5G 专网、网络切片、边缘计算等创新技术，国家电网开展了广泛的 5G 业务研究。

"双碳"背景下，5G 智慧电网规模化落地，国企、私企创合作创新技术驱动，推动 5G 在智慧电网领域应用规模化发展。2019 年 6 月，南方电网联合中国移动、华为完成了业界首个面向商用的 5G 电力切片外场测试，完成了业界首个基于 5G 的差动保护业务场景测试，并打造了业界首个 5GtoB 切片管理平台。2019 年 7 月，南方电网与中国联通研发首例面向 5G 商用的智能电网巡检机器人，验证了 5G 大流量数据传输能力，有效解决了 4G 和 Wi‐Fi 技术上行带宽不足、时延高、安全性不足导致的智能电网巡检机器人应用无法大范围推广的问题。2019 年 8 月，国家电网山东省电力公司青岛供电公司、中国电信青岛分公司和华为签署三方战略合作协议，成立 5G 应用创新联合实验室。目前已在青岛建成中国最大规模的 5G 智慧电网，并落地了配网态势感知、智能分布式馈线自动化、5G 纵联差动保护、智能削峰填谷等多个智能电网典型应用场景。这些应用场景的价值已经有目共睹，产业界正致力于发掘更多的创新技术及其应用，规模化 5G 应用已成为构建新型电力系统的重要环节，对我国实现"碳达峰、碳中和"目标具有重大意义。

## 二、产业链协同促进风电产业集群化发展

（一）太重集团引领风电产业链整合与升级

太重集团作为风电领域的领军企业，其位于内蒙古自治区锡林郭勒盟苏尼

特右旗的格日乐乌日希勒风电场一期工程，自2021年8月并网发电以来，已累计贡献电量1.3亿千瓦时，标志着集团在风电产业上的坚实步伐。从陆上风电到海上风电，从关键零部件制造到风电场全链条运营，太重集团深耕细作，构建了山西、内蒙古、天津三大新能源生产基地，不仅掌握了风电核心技术的研发与生产能力，还具备了风电项目EPC总承包及运营的综合实力。

1. 强化产业链协同，促进全面升级

把握政策与市场双重机遇，太重集团作为"链主"企业，积极引领产业链上下游企业协同合作，围绕风电整机、叶片等关键环节，实施延链、补链、强链策略，旨在提升山西省风电产业链的整体竞争力。通过加大新能源板块投资，太重集团对风电关键零部件生产进行智能化改造，实现了全系列风机制造能力，年产能显著提升，有效满足了大规模风电装机的市场需求。

2. 加速技术创新，攻克关键技术难题

依托"一重点、一中心、多基地"的研发体系，太重集团紧密对接市场需求，加速新产品研发与迭代，确保设计方案的精准性与高效性。通过"技术市场化、市场技术化"的双向驱动，集团致力于风电装备的轻量化、智能化、绿色化设计，全年研发投入高达11.2亿元，聚焦于低风速与海上大功率风机技术的突破。与多家科研机构及高校建立深度合作，共建创新平台，有效推动了风电装备技术的持续升级。

3. 发挥"链主"效应，引领产业集群发展

作为风电产业链的"链主"，太重集团不仅深耕自有风电场开发，还积极与国电、华能等央企合作，在全国范围内布局风电项目，建立了广泛的战略伙伴关系。集团推行"制造+服务"的一体化模式，优化风电后市场服务，拓展新型商业模式，促进产业链向中高端延伸。同时，通过签署战略合作协议、设立新能源产业公司等方式，太重集团深度参与地方新能源产业发展，引入上下游配套企业，构建完整的产业链生态体系。此外，集团还牵头组建风电装备产业联盟，整合行业资源，推动协同创新，共同塑造风电装备产业链的新格局。

（二）四链融合助推低碳发展

近年来，万华化学集团股份有限公司（以下简称万华化学）聚焦全球绿色

化工和先进材料产业布局，坚持以产业升级为发展根基、以自主创新为核心动力、以人才资源为引领支撑，全面提升企业自主创新能力，助力产业链绿色低碳发展，成功走出了人才链、教育链、产业链、创新链融合的"万华路径"。

1. 强化创新主体作用，推动产业链绿色低碳发展

万华化学主动承担烟台市绿色化工产业链"链长"责任，发挥自身创新优势，聚力做好强链、补链、延链。一是聚焦强链。万华化学依托国家聚氨酯工程技术研究中心、聚合物表面材料制备技术国家工程实验室等平台，主动为下游企业技术研发提供分析检测资源，助力产业链中小企业提升研发能力。二是聚焦补链。万华化学持续加大无醛人造板领域研发投入和产业培育，与国内外知名设备厂商合作共建无醛胶合板自动化工厂，单方制板成本下降150元，生产效率达到脲醛胶95%以上，促进有醛产线向无醛产线快速切换转型。三是聚焦延链。万华化学针对国家"双碳"战略背景下化工行业能耗问题，联合节能服务领域重点企业，创新推出新能源电力及废热回用技术，实现园区生产用热和社区生活用暖"双保障"。依托万华化学烟台工业园推广新能源电力及废热回用技术，保障了烟台市1亿平方米建筑冬季采暖，节省煤炭260万吨、节水2000万吨。在蓬莱新园区高标准建设"零碳工业园"，在全球制造业形成减碳新示范，引领全球化工产业低碳发展。

2. 深化产学研合作，持续提升自主创新能力

通过校企人员互派、共建联合实验室、共担科研课题、联合培养研究生等多种形式，全面加强与"高校系""中科系""企业系"合作，提升创新策源硬实力。已与北京大学、天津大学、华东理工大学、北京化工大学、浙江大学、中国石油大学等知名高校、中科院微电子研究所、中科院深圳先进技术研究院等科研机构、海尔、海信、安捷伦、海康威视等龙头企业深入开展了产学研合作，完成了一系列"卡脖子"高端化工新材料关键技术突破，并陆续进入产业化阶段。2022年8月，万华化学和北京大学共同成立"北京大学——万华化学联合研究中心"，2025年前将引入北京大学不少于100人的顶尖团队联合开展应用技术开发、"卡脖子"技术难题攻关。

3. 产业强强联合，实现能源综合布局

万华化学将低碳发展理念灌输到整个企业的方方面面，无论是生产经营中

还是管理中，其一直秉持着科学发展的理念。其追求生产经营中的"零排放"，并且在能源方面不断加大布局，与能源龙头企业深入合作，通过注资、合资等方式成立公司，解决能源问题，从根本上解决碳排放的问题，为化工行业的可持续发展与碳减排作出示范。同时，其以国家新发展格局的重要内涵为指导方针开展精益管理和节能降耗项目，注重社会效益，担起社会责任，抓住新能源变革的机遇，深入研究产业布局及能源变革关系，加快储能、光伏、风电等材料的产业化及市场推广工作；加力发展高端节能化学材料；持续完善 $CO_2$ 综合利用、合成生物学电化学、信息材料等前瞻性研究平台，在碳循环等领域取得新突破。

## 第三节　乡音共策：以地灵之智，燃绿能之光

在全球化进程加速与气候变化日益严峻的今天，能源问题已成为制约经济社会可持续发展的关键因素。面对资源枯竭、环境污染和生态退化的严峻挑战，探索绿色、低碳、高效的能源发展模式，已成为全球共识与迫切需求。中国作为世界上最大的发展中国家和能源消费国之一，在能源治理与绿色转型方面展现出了非凡的决心与行动力，为全球能源治理提供了宝贵的经验与启示。

### 一、政策试点建绿色城市

（一）张家口可再生能源示范区

聚焦国家重大发展战略，张家口正加快能源供给侧绿色转型升级，可再生能源装机规模已经达到 3297 万千瓦，规模稳居全国非水可再生能源城市前列，占全域电力总装机的 84.8%，是火电规模的 5 倍以上；自示范区设立以来，可再生能源累计发电量近 2500 亿千瓦时，减排二氧化碳 2 亿吨。

承载国家重大项目工程，张家口有序建设百万千瓦风电基地、国家风光储输示范工程、源网荷储一体化碳中和等国家示范项目，积极构建多极支撑的清洁低碳能源供应体系。对标绿色办奥，为北京 2022 年冬奥会张家口和北京赛区

持续稳定供应绿色电力。冬奥会后，张北可再生能源柔性直流电网试验示范工程每年可为北京输送 140 亿千瓦时绿色电力。连接张北地区和雄安新区的 1000 千伏特高压输电线路，累计为雄安新区输送绿电近 500 亿千瓦时。"张北的风"吹来的清洁电力，正进一步推动城市可持续发展。服务电源调峰，保障能源安全，加快打造储能技术创新示范基地，建成国家风光储输示范工程（一期）、百兆瓦先进压缩空气储能等示范项目，加速实施 140 万千瓦抽水蓄能、国家首批"互联网+"智慧能源、微电网等新业态配套储能项目，拓展 300 兆瓦压缩空气储能、重力储能、飞轮储能、铅碳电池等多种储能技术应用示范。

（二）未来之城：雄安新区

设立河北雄安新区，是以习近平同志为核心的党中央深入推进京津冀协同发展作出的一项重大决策部署，是继深圳经济特区和上海浦东新区之后又一具有全国意义的新区，是重大的历史性战略选择，是国家千年大计。

秉持着"绿色、现代、智慧"理念，雄安新区内大部分建筑都由钢结构打造，全钢结构框架、预制墙体、集成房屋等工厂化的建筑构件在项目上大量被应用，减少了现场施工作业带来的环境污染问题和损耗，提高了工作效率。另外，雄安新区建设中还充分利用本地区丰富的地热资源，建设冷热双蓄能水池系统，实现建筑物供暖（冷）总能耗的 60% 以上为浅层地能，减轻了污染。同时，采用超低能耗建筑做法，降低建筑体形系数，控制建筑窗墙比例，完善建筑构造细节，设置高隔热隔音、密封性强的建筑外墙，充分利用可再生能源，建成了雄安市民服务中心具有示范性的"被动式房屋"。此外，建筑空间立体绿化，营造区域生态环境。在机动车尾气排放上，雄安市民服务中心园区禁止燃油车驶入，在容城县容和塔附近的停车场换乘摆渡车后才能前往中心区域，园区内公共停车区域大比例采用充电桩，充分采用太阳能热水系统与地源热泵等新能源形式，减少排放与污染。区域内市政管线也高标准采用了综合管廊布置，极大提高了基础设施服务水平与标准。

雄安新区着力打造"海绵城市"，园区因地制宜地设置了景观湿地，进行雨水收集和调蓄，雨污水做到零排放，打造海绵区域。园区在绿地、人行道设置透水砖、车行道设置透水沥青、停车位设置植草砖，使雨水在流动过程中经浅草沟的渗透、过滤后再进入雨水收集系统。通过树池、下凹式绿地丰富景观效果，增加近 8000 立方米的雨水滞蓄容积，杜绝了积水内涝问题，实现园区雨污水零排放。通过雨水花园、下沉式绿地、生态湿地等设施，可实现雨水收集、污水自主净化、充分利用可再生能源。

**二、因地制宜稳用电、促发展**

随着乡村振兴战略的进一步实施，各地已初步探索出了"光伏发电＋产业发展""生物质能源利用"等适宜乡村发展的新能源开发利用模式。实践证明，选择适宜的乡村新能源发展模式，能有效推动乡村居住生活条件的改善，助力乡村振兴战略的实施。

*（一）杭州淳安县大墅镇光伏试点工作*

乡村地区往往建筑物少、空地多，空气浮尘少，日照比城市更加充足、日照的效率也更高。因此，光伏发电特别适用于广大农村地区。目前，在许多农村都已引入光伏发电项目，比如家用光伏电站、光伏路灯、光伏农业大棚等。光伏发电模式不仅为农村带来了新能源，还为农民带来了新收益。

以浙江省杭州市淳安县大墅镇为例，2017 年以来该镇开始光伏试点工作，试点阶段统一实行屋顶租赁模式，由光伏公司投资建设和运营维护屋顶光伏发电系统，发电收益由光伏公司和居民、公共建筑业主单位进行分成。截至目前，建成农户家庭屋顶光伏项目 39 个，平均每户农户每年新增收入 800 元；已建成公共机构屋顶光伏电站 13 座，镇、村集体每年新增收入 8.6 万元。"光伏发电＋产业发展"模式能充分利用自然资源和光伏发电的优势，促进光伏能源与农业产品生产等相互融合、互补发展，达到提高资源利用率、振兴乡村经济、增加农民收入的多重目标。

*（二）江门台山市汶村"渔业光伏"项目*

广东省台山市具有较好的光资源条件，而台山市汶村镇滩涂地条件十分适合建设渔业光伏项目。2016 年，为了充分发挥地理优势，台山市汶村镇积极引进江门广发渔业光伏有限公司，在九岗村打造水产经济光伏一体化基地，利用沿海滩涂地，规划建设广州发展台山500MW渔业光伏产业园。其中，50MW项目是该产业园的第一期工程，已于2017年6月投产并网发电。

良好的水产养殖产业环境，推动了各类技术、资本不断集聚，新技术应用层出不穷，从而拉长产业链。在九岗村，占地1700多亩的广发渔业光伏发电项目年均发电量约1亿千瓦时，而在建的三期项目利用4000多亩咸围，建成后年均发电量超3亿千瓦时。2022年8月，通威台山二期100MW"渔光一体"光伏发电项目顺利并网，标志着广东省首个百兆瓦级的全柔性支架系统"渔光一体"项目成功并网发电。"下可养鱼，上可发电"的模式，实现鱼、电"丰收"，通过水产养殖带动的新能源产业已成为新的经济增长点。相比传统光伏支架，通威台山二期100MW"渔光一体"项目采用的柔性光伏支架系统具有抗裂性能好、支架用钢材量少、承重小和场地要求低、预装性强等优点，大大缩短了施工周期，减少施工期给养殖带来的影响。同时该柔性光伏支架还提升了土地的天空利用率，增加养殖面积，发电效率较传统光伏增加5%至6%左右。据测算，通威台山二期100MW"渔光一体"项目整个生命周期可生产绿色电力30亿度电，减少二氧化碳排放207.5万吨、二氧化硫排放25,375吨，节约标准煤111万吨，节能减排效益显著。同时，鱼塘预计年均造虾出产120万斤，"渔光一体"既产出绿色新能源，又产出安全健康的水产品，达到对土地的高效复合利用效果。

渔业光伏是新能源集约化发展和高效水产产业化的发展路径，将对本地的能源结构改善、经济发展、环境保护、农民增收等带来利好。2022年10月开始打造的广州发展台山渔业光伏产业园四期项目，预计在台山的总开发规模可达到200MW，25年运营期年均发电量约为5000万kWh，每年可节约标煤1.58万吨，减少二氧化碳约4.74万吨、一氧化碳约4.14吨、烟尘213.10吨。预计项目建成后，可提高地方财政收入，并通过发展新能源减少对环境的污染，有效结合台山当地旅游资源推进美丽乡村建设，发展科普旅游，对促进地区经济发展有重要意义。

（三）浙江海宁长啸村"农光互补"

长啸村曾是生猪散养大村，全村有1/3的村民在家中养猪。为了在改善农村生态环境的同时，填满村民们的"钱袋子"，在生猪全部退养后，长啸村积极调优农业产业结构，并着眼袁花"阳光小镇"特色，与晶科能源携手将流转出来的107亩土地打造成了全省首个棚下养菇、棚顶发电的"农光互补"食用菌基地。

"农光互补"食用菌基地于2015年9月投入使用，占地面积约107亩，搭建食用菌大棚71个，光伏年均发电量约550万千瓦时，每年可节约标煤1680吨，减排二氧化碳4350吨。基地每年可为村集体经济增收80万元，提供就业岗位200余个岗位，实现了村集体经济和农民"双增收"。食用菌种植本身就需要避光栽培，放置在大棚上的太阳能光伏板不仅可以把太阳能转换为电能，在炎热的夏季也可以起到遮阳和吸热的作用，为食用菌提供良好的生长环境，也实现了土地立体化的增值利用。"农光互补"食用菌基地让"农"与"光"各取所需，各施所长，共同为长啸村的经济发展注入强大的内生动力。

2021年，抓住袁花镇"花溪侠影"美丽乡村风景线建设的契机，长啸村乘上了发展乡村旅游的"快车"。依托全国首个"农光互补"菌菇产业基地，一条集食、住、行、游、购、娱于一体的菌菇特色文旅全产业正在长啸村逐渐成形，同时带动菌菇产业链条不断完善，目前已延伸至种植、展览、科普、购物、研发、深加工等多种产业领域。身为浙江省3A级景区村庄，"零碳"是长啸村不同于其他景区村庄的一大特色，除了有"农光互补"基地和"渔光互补"基地作为光伏板的重要布局区域，光伏座椅、光伏路灯、光伏垃圾桶等多元化的"光伏＋"元素亦广泛应用于各个场景。以"渔光互补"基地为例，水面上的木屋全覆盖着光伏板，白天光照充足时，这些光伏板所发电能足以支持景区的日常用电，如果有剩余，还将输送至国家电网，实现了能源的清洁高效利用，有力地推动了绿色低碳的发展。

### 三、全民参与节能减碳

**（一）精准化节能教育，趣味讲堂惠及各个学子**

在东莞市节能宣传周期间，针对中小学生的认知特点，精心策划了一系列以科普动画视频为载体的节能教育课程，覆盖全市百万学生群体。此举措旨在培养学生将节能用电、节水节材、绿色出行等理念融入日常生活实践，并鼓励他们成为家庭节能的小小传播者，通过"亲子共践"模式，有效促进了家庭、学校与社区之间的节能联动，共同营造简约、适度、绿色低碳的社会风尚。各镇街在社区核心区域设立节能知识普及站，党员与志愿者深入基层，开展节能宣讲活动，有效拓宽了节能宣传的家庭覆盖面。同时，市内医疗机构也积极响应，在多处设立节能宣传点，面向医患群体普及节能知识。

（二）全民动员，共筑节能热潮

节能宣传周期间，东莞全面启动绿色生活倡议行动，加速绿色商场的构建步伐，并大力倡导"低碳减塑"生活方式。商场作为节能宣传的前沿阵地，通过播放节能短片、设立节能宣传专区、分发宣传资料等多种形式，积极营造节能氛围。同时，鼓励零售业推行"减塑"倡议，引导消费者减少一次性塑料制品使用，共同促进绿色消费习惯的形成。在商贸流通领域，利用人流量密集的商场作为节能宣传示范点，有效扩大了节能信息的传播范围。此外，还向全市办公人员发起低碳办公倡议，倡导公共交通、骑行及步行等绿色出行方式，进一步强化公共机构的节能降碳实践，如市行政服务中心及镇街办公区均加强了相关知识的宣传与实践活动。

（三）企业节能服务深化，赋能绿色发展新引擎

为积极响应东莞制造业绿色低碳转型的战略需求，节能宣传周活动聚焦市场需求新动力、科技创新引领产业升级以及绿色低碳教育模式的创新，为企业量身定制节能政策宣讲、技术推介与服务支持方案。通过发起重点行业企业节能降碳专项行动，联合各镇街（园区）共同发出节能倡议，激发行业内外企业的积极响应，组织低碳日体验、合理设置空调温度等活动。此外，还举办了先进节能技术交流会，邀请华为数字能源等领军企业及行业专家，就节能知识、技术应用前沿、成功案例等进行深度剖析与分享，为企业提出切实可行的节能改造方案，并提供一对一咨询解答服务，旨在助力企业提升能源利用效率，以绿色产业的蓬勃发展驱动东莞经济的高质量前行。

## 四、中国能源治理的启示

能源是现代社会的"血液"，随着近年来海水变暖、冰盖融化加剧，热浪、

洪水、干旱、野火、破坏性飓风等与气候变暖密切相关的灾害频发，人类急需采取有效行动进行能源治理，以便应对气候变化与能源危机。然而，种种原因导致全球能源治理面临诸多困境：不仅全球"碳中和"战略遭遇民族主义、民粹主义阻力，全球大国政治博弈与地缘政治博弈对于能源治理也产生了巨大冲击，目前的俄乌冲突对欧盟的石化能源需求产生巨大的政治影响。当前，我国在风能、水能、核能等新能源领域开发及能源污染治理方面取得了显著成果，为全球能源治理，尤其是发展中国家能源治理，提供了诸多值得深入研究和借鉴的新启示。

（一）强化战略政策引导和规划

新时代的中国能源发展，积极适应国内国际形势的新发展、新要求，坚定不移走高质量发展新道路，贯彻"四个革命、一个合作"能源安全新战略、"五个坚持"的新时代能源政策理念，更好服务经济社会发展，更好服务美丽中国、健康中国建设，更好推动建设清洁美丽世界。中国政府在能源领域制定了长期的发展战略和规划，通过政策引导和支持，促进了能源产业的快速发展。其他国家可以借鉴中国的经验，制定适合自己国情的能源政策，从能源消费、能源供给、能源技术、能源体制、国际合作等多方面加强顶层设计，引导能源产业的健康发展。

（二）重视科技创新和社会治理

中国在能源领域积极推进科技创新，加强人才培养，不断提高能源产业的自主创新能力和核心竞争力。同时，既给予能源技术革新以充分重视，又着眼于能源转型为了人民、依靠人民，广泛动员民众开展社会治理，使能源结构的绿色转型成为一项汇集民智与凝聚民力的共同事业，真正推动能源结构的绿色转型，践行能源治理的"坚持人民至上"的理念。其他国家可以加强与中国的技术交流和合作，共同推动能源技术的进步和发展，科技创新的同时强调"人民至上"，以适合国情的"双碳"发展战略满足人民的真正需要。

（三）加强区域合作和国际交流

在能源治理过程中，中国一方面通过革新绿色发展理念、创新低碳能源技术、完善低碳转型体制机制，不断提升自身能源治理的实力和能力，为支持其他发展中国家的能源治理奠定基础；另一方面为发展中国家提供大量经济和技术合作平台与机会，与"一带一路"国家共建绿色发展国际联盟，启动生态环保大数据服务，增加能源基础设施绿色项目投资，推动绿色低碳技术在合作共建国家落地，以便帮助其他国家发展绿色低碳能源。在全球能源与气候治理领域，我国倡导各国积极参与政府间国际组织，勇于承担责任，秉持平等对话、互利共赢的多边主义原则与各主权国家展开合作。希望各国共同努力，推动全球能源结构实现绿色低碳化，携手创造一个干净、美丽的和谐世界。

# 第十章 挑战与机遇:中国能源治理的发展方向

## 第一节 中国能源治理挑战

自新中国成立以来,能源治理体系一直处于变动之中。这种变动与当时的国内形势、国家工作重点都有密切联系。2020年,党的十九届五中全会提出了"加快构建以国内大循环为主体、国内国际双循环相互促进的新发展格局"的重大战略部署,并提出要推进国家治理体系和治理能力现代化。如何实现能源以国内大循环为主体、国内国际双循环相互促进的新发展格局以及推动能源治理体系和治理能力现代化,就成为"十四五"期间以及今后较长一段时间内能源领域的工作重点。改革开放40多年以来,我国能源行业发展实现了从生产力水平低、供求关系紧张向高端智能化生产、供应稳定的跨越式发展,但在能源结构、能源利用、能源体制机制方面存在明显不足,能源治理能力与治理水平有待进一步提升。

### 一、国外影响因素

我国油气对外依存度较高,能源供给稳定性问题存在。一方面,随着国际日趋复杂的发展环境,国家间能源博弈的不断加剧,更增加了能源供应的不确定性,这给我国能源供应安全带来巨大潜在隐患。另一方面，新冠疫情全球大流行催化了大变局的演进，多边经贸合作趋向停滞，传统全球价值链面临破裂风险的新挑战，"十四五"乃至更长时期我国经济发展都将面临更加复杂的外部环境。世界能源满足供给的难度在加大。据 2019 年版《BP 世界能源统计年鉴》及 2023 年英国能源研究所出版的 2023 年版《世界能源统计评论》全球 2023 年石油探明储藏量达到 16,240 亿桶，2022 年全球天然气探明储藏量 193 万亿立方米，主要由于俄罗斯、委内瑞拉和沙特阿拉伯的增长所驱动，全球储采比增加到 52.5 年。能源观察机构（Energy Watch Group，2007）全世界范围内硬煤储存量估计较 1987 年减少了 15%，褐煤储存量估计减少了 50%，按今天的估测来看，世界煤炭能源将在 155 年内全部枯竭。随着开采进入后期，能源开采的难度与开采成本将加大。主要产油区局势动荡，世界主要产油区位于中东和北非，该地区历史文化影响政治经济，矛盾交织复杂，是世界主要动荡区。长期以来，美国为获取资源能源利益，一直对中东国家采取两面手法使中东地区国家矛盾蔓延。苏伊士运河是能源航运的必经之路，一旦中东地区局势紧张，航道可能会被封锁，能源运输成本也会大幅度提高。世界石油运输通道隐患多，石油运输的东西两条通道存在马六甲海峡、苏伊士运河、直布罗陀海峡等咽喉要道，极易受到国际恐怖主义与极端主义的袭击。中国进口的大部分石油都要经过霍尔木兹海峡与马六甲海峡，但这两个海峡的通道安全都不掌握在我们手中。中东地区长期处于乱局，国际恐怖主义猖獗，海盗骚扰事件频发，加之美国在我国周边地区的战略部署，这都是影响我国石油运输通道安全的重要因素。美国强化东亚的军事存在加强与东南亚国家的军事同盟关系。同时，美国的势力也通过加强与印度的军事合作渗透到印度洋，客观上形成对我国油路安全的潜在威胁。当前，中国石油海上运输主要通过以下几个渠道进行：中东地区—波斯湾—霍尔木兹海峡—马六甲海峡—中国；东南亚地区—马六甲海峡—中国；非洲（西非）—好望角—马六甲海峡—中国；（东非）：马六甲海峡—中国；（北非）：地中海—直布罗陀海峡—好望角—马六甲海峡—中国。由此可见，我国现在的石油通道，过分依赖海上比较单一化的路线，特别是"马六甲困局"，这构成对我国石油运输极为严重的威胁。目前，我国的海、空军还不完全具备在远洋保护海上石油运输安全的能力，也没有一支强大的海上石油运输船队作后盾。石油海上运输线安全有可能成为中国能源安全的隐患。

## 二、国内影响因素

当前我国能源治理面临最主要的矛盾是国家日益增长的能源消费需求和能源拥有量的显著减少，其主要表现为各种资源能源例如淡水资源耕地资源、石油铁矿石等人均拥有量和人均可采储量低于世界人均水平。我国能源资源的开采也存在较大困难。例如，大部分煤炭等自然资源都集中分布在地理环境复杂、生态气候恶劣的中西部地区，其开采、运输与保护的成本与收益相比不够经济。这些问题核心在于能源短缺问题，这是我国国情固有的特色。

### （一）环境恶化

我国能源资源特点是"富煤贫油少气"。因此，我国能源消费以煤炭为主，与石油和天然气相比，煤炭燃烧后排放的污染物更多，造成更加严重的环境污染。此类能源的过度开采消耗，产生的污染造成了我国生态环境的恶化。近年来频发的全国性大范围雾霾天气给我们敲响了生态危机的警钟。甚至出现一种"我国的雾霾天气是引起周边国家天气变化的源头"的言论，无形中影响了我国的国际形象。虽然我国环境污染治理不断取得进展，但化石能源导致的碳排放负外部性影响不容小觑，同时我国还需要面对来自国际和国内两个层面巨大的减排压力。经济发展背后带来的不可逃避的生态环境危机成为我国能源发展的显著压力之一，改善我国的生态环境是能源治理的一项重要挑战。我国作为发展中国家，需要协调好经济发展与能源治理的关系，挑战大致可以分为巨大且持续增长的能源需求、快速增加的油气进口依存度、严重的常规环境污染、农村和小城镇缺乏清洁能源服务、巨大且迅速增长的温室气体排放。我国常规环境污染和生态破坏问题仍然十分严峻。常规环境污染主要是大气污染、水污染和土壤污染，还包括臭氧层损耗、持续性有机物污染等问题。经过长期的污染治理工作，我国整体环境已得到了极大改善，但问题仍然存在：个别地区全年优良天气天数比例仍不到60%；磷污染问题凸显，超标水域断面达19.7%；部分重有色金属矿区及周边耕地土壤环境问题较为突出。相比于城镇地区，农村地区缺乏高效清洁的能源服务，具体体现为：能源公平问题突出，能源消费层次较低；劣质散煤利用量大，燃煤污染排放严重；能源基础设施落后；可再生能源利用度低。我国碳排放总量国际压力大。能源作为经济发展的三大支柱之一，对环境和生态都有重要的影响。随着科学技术的不断进步，人类社会的经济水平快速增长，能源消耗也在更加快速增长，随之带来的是人类生存环境的不断恶化。能源的使用极大地推动了人类社会的进步与发展，但能源消耗的同时向自然界大量排放二氧化碳和二氧化硫，两者是酸雨和温室效应产生的主要原因，二氧化硫产生酸雨破坏生物生态环境影响生态平衡，二氧化碳产生温室效应，对人类生存和发展产生威胁。能源的生产运输环节对生态环境也会产生一定的破坏和影响。海洋石油污染绝大部分来自人类活动，其中以船舶运输、海上油气开采以及沿岸工业排污为主，特别是油轮相撞、海洋油田泄漏等突发性石油污染，更是给人类造成难以估量的损失。

造成海上石油泄漏污染事件频发的原因有多种：一是海上航运因素导致海上石油泄漏。由于石油产地与消费地分布不均，世界年产石油的一半以上是通过油船在海上运输的，这就给占地球表面71%的海洋带来了油污染的威胁。海上石油泄漏主要是船舶与石油设施相互撞击，包括船与海洋石油设施相撞，或者油轮与海洋其他船舶、海洋设施相撞所造成的海上溢油。例如，1989年3月24日在美国阿拉斯加州附近海域触礁的油轮"埃克森·瓦尔迪茨"号，造成3.4万吨原油流入威廉王子湾。二是海上石油开采过程中钻塔或者油井因爆炸或其他原因沉入海底，造成大量石油泄漏。例如1977年挪威北海油田突发爆炸，导致油井保险设施沉入海底，而2010年4月墨西哥湾钻井平台"深水地平线"爆炸事件发生后，到9月才最终完成封堵，超过400万桶原油泄漏，这也属于此类事件。三是自然因素造成的海上石油溢油事故。例如1974年密西西比河口附近的两座石油钻塔颠覆事故造成的石油溢油，其起因是飓风导致海底滑坡，进而导致钻塔颠覆石油外溢。石油的外溢对海洋环境影响恶劣，海洋参与大气循环污染最终还是会被人类自己接触，伤害的是全体人类的身心健康。碳减排问题上可能面临美欧联合施压。我国已作出了碳达峰碳中和承诺，且从达峰到中和的时间间隔仅有30年，低于发达国家的间隔时间。但由于我国碳排放量已是美国、欧盟、日本的总和，在应对气候变化问题上将承受来自美欧的压力，特别是我国还需在国际博弈中维护发展中国家的整体利益，因此也将面临极大的挑战。美国正在重塑其在气候变化领域的国际竞争力,对华遏制会波及气候领域,也需防范气候议题成为中美冲突点。

(二) 能源结构不合理

我国能源种类不均衡,能源结构不合理。我国能源问题从来都不是总量问题,而是结构问题。由于历史问题,新中国成立初期,我国一直被封锁,我国资源能源以煤炭为主要燃料,经济各部门基本上以煤炭为主要燃料,我国是当今全球中唯一以煤炭为基本能源的大国。能源供需空间不协调,基础设施成为长期问题,能源消费区域东部大于西部,能源消费主要在于工业和生活消费,中国主要的工业以及人口密集区大都集中在东部沿海地区。很明显,东部沿海工业城市以及东部人口密集区在消费能源占全国的比重远高于西部工业不发达、人口较稀少的区域,东部能源消费能力高于西部。但能源供给区域地处偏远,中国煤炭资源77%在北部,水利资源82.5%在西部,石油资源85%在长江以北,经济发达且人口密集的华南、华东和中南煤炭以及电力消费占近一半,形成能源资源的分布与能源需求不协调。因此能源资源分布不均衡性,造成大量能源需远距离运输问题,也形成中国多年来工业布局不平衡发展的现象。我国石油资源量较丰富的地区在东北、渤海湾以及塔里木3个产地,另外中国天然气分布区则以四川与塔里木为最多。我国领土辽阔,能源产地与需求地距离远,要将这些能源运送到消费大的区域,就提升了使用成本。我国能源储备严重不足,我国至今没有建立起能源预警机制和战略储备系统,尤其还没有建立起完善的石油储备制度。一旦出现国际市场供应中断或价格飙升,我国能源安全会受到极大冲击。

(三) 能源保护技术薄弱

新能源发展滞后,我国现阶段以及全人类对传统能源严重依赖,新能源的开发与使用有种种困难,新能源由于技术的可行与经济的合理性上存在的障碍尚无法在20年内取代传统的化石能源。煤炭依然是我国最主要的能源。我国的能源消费结构仍然是以煤炭等化石能源为主导,新兴能源和可再生能源作为辅助性和开发性能源。例如,太阳能、风能、生物质能等新能源的发展还处于试验阶段,其实际可开发利用水平较低,能源结构亟待优化和更新。任何一种新能源得到广泛的使用,都要花费大量的时间、精力和金钱,其产业链必须是有效率的、节能的具有经济合理性,技术必须是稳定可靠的,其所有环节甚至每一个隐蔽环节都要达到这样的标准,否则不可能真正地市场化。比如风能这种清洁能源,源建设成本高,运输过程浪费大。新能源领域面临美欧技术联合的风险。虽然我国在新能源产业链上具有技术和制造能力双重优势,但美欧拥有新技术开发的源头优势。特别是美国正在重建对全球新能源市场主导权,已对我国光伏和锂电池企业开展一系列打压等行为。而且在低碳能源技术上,美欧间建立了紧密合作网络,以期促进知识扩散,协作提升研发效率。未来为应对我国在低碳技术上的影响力,美欧可能通过联合制定技术标准、联合开展投资审查、防范技术泄漏等方式对我国科技发展进行限制和打压。

(四)能源保障体制不健全

我国能源金融市场发展缓慢,能源衍生品贸易交易品种少,我国在能源领域缺乏定价话语权只能被动接受国际价格。当前国内能源治理还需面对完善顶层设计、解决制度分歧这一挑战。当前阶段,政府、企业、能源组织等各类能源主体各自的角色分工与治理目标不够清晰,制度上缺少顶层设计,导致具体操作时分工零散,缺乏一致性与协调性。能源是一项事关国家与产业安全的战略性工作,必须有法可依,有法律保障。2019年10月,党的十九届四中全会通过了《中共中央关于坚持和完善中国特色社会主义制度推进国家治理体系和治理能力现代化若干重大问题的决定》,其中在坚持和完善生态文明制度体系方面,该决定提出要"推进能源革命,构建清洁低碳、安全高效的能源体系"。然而,在能源体系的法治建设方面,我们目前仍处于一个不甚理想的局面。这尤其表现在作为能源法治体系的基本法——《中华人民共和国能源法》一直未能出台的现实窘迫上。无疑,制度的缺失已成为掣肘中国能源治理现代化的严重桎梏,也受到越来越多专家学者的诟病。所幸的是,2020年4月10日,国家能源局向社会发布了新《能源法(征求意见稿)》,启动了自2007年以来第二次《能源法》征求意见的进程。因此,证成"能源需要法律"的必要性、制定出科学合理的能源法,形成一个具有中国特色的能源法治体系,是实现习近平总书记提出的能源生产与消费革命、推动能源治理能力现代化的关键所在。2024

年 7 月 18 日党的二十届三中全会通过的《中共中央关于进一步全面深化改革、推进中国式现代化的决定》提出，要"推进水、能源、交通等领域价格改革""深化能源管理体制改革""加快规划建设新型能源体系"等为进一步全面深化能源体制机制改革指明了方向。

虽然改革开放以来我国能源市场颇具规模，但时至今日我国仍未实现能源市场化这一目标，国内能源行业仍然存在行业垄断、市场缺席、政府干预等问题。这些问题是国内能源污染严重、能源利用率低、行业法律缺乏实际操作性等现状的症结所在，是我国能源治理的重大障碍。

## 第二节 "一带一路"背景下的能源发展方向

全球政治经济格局不断演变推动了各个国家能源治理机制以及全球能源格局和治理的深刻变化。我国作为全球最大的能源生产和消费大国，在中美战略博弈背景下，参与全球治理面临的机遇和挑战并存，需发挥自身优势，积极拓展在油气资源领域的国际合作空间，同时利用好新能源产业和技术优势，加强与美欧在新能源发展和应对全球气候变化领域的合作，共同应对转型挑战，在推动全球能源治理机制改革中发出中国声音，贡献中国力量。我国应进一步深化已有多边和双边合作机制，强化"一带一路"能源合作伙伴关系，积极拓展中美、中欧间能源合作机制。同时，利用新能源产业推动全球化进程，加强油气储备和释放合作机制，在时机成熟时探索构建由我国引领的国际能源治理机制。党的二十大报告指出，中国要积极参与全球治理体系改革和建设，推动全球治理朝着更加公正合理的方向发展。我国是全球最大的能源生产国和消费国，始终积极参与全球能源治理，坚持人类命运共同体理念，推动能源治理机制向着适应全球能源新格局方向改革。

### 一、能源治理的立场和目标

对我国来说，现阶段是全面参与国际能源治理、推动治理机制改革的重要时机，对于参与全球能源治理的立场和目标要有清醒的认识。

一是传统化石能源领域，我国作为最大油气进口国，开展国际合作空间大。一方面，全球石油消费在 2030 年前后达峰已成为国际共识，届时亚太地区将是全球最大的石油进口区域，将形成需求集中、供应多元的格局，对我国来说是相对有利的外部环境。另一方面，中美油气贸易符合两国共同利益，是推动经贸关系改善的纽带。从平衡两国贸易差额和推动油气进口来源地多元化的角度来看，加强中美油气合作仍有较大空间。

二是可再生能源领域，我国有能力建成以新能源为主体的完备能源产业链条。其一，我国风电、光伏、锂电池、新能源汽车产业都已具备明显技术优势，再加上连接供需两端的先进电网技术，以新能源为主体的能源技术处在全球领跑位置。我国陆上风电、太阳能光伏、水电累计装机规模均占全球总量的 1/3 左右，均居全球第一；光伏产业产能占全球 70% 以上，且规模化发展带来十年之间度电成本已下降了 90%。其二，制造能力已是全球领先。我国光伏设备、多晶硅、硅片、电池片、组件的全产业链均具有自主技术优势，设备国产化率高，"卡脖子"风险低。输电和储能技术优势明显。可再生能源发展离不开先进电网技术保障和储能技术平抑风光不稳定性。经过多年技术积累，特高压已经成为我国工程技术领域又一张名片，多项高难度输电工程建设水平全球领先并输出海外；大容量锂电池是重要的储能技术，而我国新能源汽车产业的高速发展，使大容量锂电池实现规模化生产，可有效降低其作为储能技术的成本；新能源汽车也可以发挥应用侧储能作用，进一步助力可再生能源发展。其三，能源低碳技术创新能力较为领先。IEA 与欧洲专利局联合发布《专利与能源转型：清洁能源技术创新全球趋势》报告，分析了全球低碳能源技术创新的发展趋势。欧洲、日本、美国在低碳能源技术国际专利处于领先地位。据国家知识产权局发布的《绿色低碳专利统计分析报告（2024）》2023 年中国的绿色低碳发明专利申请占全球总量的一半以上。2023 年中、美、日、韩知识产权局的绿色低碳专利申请公开量占全球总量 82.5%。在碳减排问题上与美欧有合作空间。我国 2023 年二氧化碳排放量占全球总排放量比重约为 31.8%，美国为 14.4%，预计到 2030 年，全球二氧化碳排放量将达峰值，约为 330 亿吨，我国仍将占全球碳排放量的 30% 左右，是全球最大碳排放国；美国仍将是历史累计排放、人均排放量最大的国家。中美作为两个碳排放大国，在应对全球气候变化方面有较大合作潜力。推动全球碳中和、应对气候变化仍是欧洲体现全球影响力的重要领域，且相关的减排技术储备多，在节能减碳技术转让、碳市场交易、国际规则等方面，中欧间有较大合作空间。

## 二、"一带一路"背景下的能源合作

在全球性能源体系建设上，中国以互利共赢为原则，推动全球能源体系的建设。面对全球能源依赖程度的加深，能源合作方式的多样化发展，全球能源治理急需一套新的能源体系来应对突发多边的能源不稳定因素。"一带一路"倡议是当前中国参与全球治理的一张特色牌，是国际社会实现共同发展、共同富裕的全新平台，也是全球治理的崭新途径。产能合作是"一带一路"建设过程中的重要内容，已成为能源外交的重要途径。自2013年习近平总书记在哈萨克斯坦提出这一倡议以来，已经得到了近70个国家的支持。从能源治理角度来看，"一带一路"参与国可以分为能源生产国、能源消费国、能源通道过境国三类。三类不同的国家，多种能源治理的需求，也正是因为不同的利益诉求赋予了这一条丝绸之路经济带无尽的能源治理潜能。按照BP的官方数据，"一带一路"共建的中亚、俄罗斯以及东南亚部分国家都属于能源生产国，这为中国拓展陆上能源通道提供了现实基础。同样，南亚、北非等地区也依靠"一带一路"能源合作渠道与俄罗斯等煤炭富藏国家建立合作，互通有无，促进经济发展，夯实能源安全。至于"一带一路"能源通道共建国家，通过管线基础建设带来的经济效益，也能实现共同发展。可以肯定的是，"一带一路"的建设在串联起东亚各消费大国的同时，能够成为影响全球能源版图的关键力量。依托互联网和新能源科技的与时俱进，中国也开始将"绿色一带一看""一极一道"等全新思路推向全球，推动能源互联网的落地生根。2020年油价暴跌充分暴露了当前全球能源治理的孱弱，建立在20世纪的相关国际能源治理机制已远不能适应新时代的需要。在这样一种百年未有之大变局下，"一带一路"或能担当起重塑全球能源秩序的重任。这无疑是由中国的国际能源地位和"一带一路"的机制建设所决定的。国际能源市场已经无法忽视中国影响力，新冠肺炎疫情暴发前，中国已是全球最大的能源生产与消费国。特别是在油气进口方面，自2017年起，中国成为全球最大原油进口国，2018年又一跃超越日本，成为全球最大的天然气进口国。全球能源贸易东移已是不争的事实。而新冠疫情的暴发进一步凸显中国对全球油气市场的影响。

从时间序列来看，它表现在以下三个前后相继的阶段。第一阶段，当新冠肺炎疫情于2020年年初在中国暴发后，国际社会普遍担忧全球原油恐受其影响而出现需求下滑。哥伦比亚大学全球能源政策研究机构的哈尔夫甚至不无悲观地指出，"当中国打个喷嚏时，世界都会感冒。新冠肺炎疫情将导致世界石油需求的心搏骤停"。第二阶段，沙特与俄罗斯开启石油价格战，全球油价暴跌后中国对国际油气市场的稳定作用。在价格战打响之初，有学者认为，即使在全球油价暴跌的情况下，中国的进口不会超过2019年，因为新冠肺炎疫情将在很大程度上限制中国对能源的需求，任何期望中国将出手拯救石油市场的预期都将是错误的。然而事实是，2020年第一季度，尽管进口放缓，但原油和天然气同比增长了5%和1.8%。2020年前7个月，中国原油和天然气进口更增加了12.1%和1.9%。可见，即使在新冠肺炎疫情这样严峻形势下，中国对国际能源市场的平衡运行仍起着"压舱石"的作用。第三阶段，国际油价企稳回升，中国拉动全球经济复苏。从表面上看，全球油价止跌的直接诱因是2020年4月欧佩克与俄罗斯等非产油国达成新的减产协议。但不得不承认的是，倘若没有中国克服新冠肺炎疫情，恢复国内经济建设，促进油气进口，即使有这样一份减产协议亦于事无补。2020年，中国原油进口5.42亿吨，同比增长了7.4%，有力地拉动了全球油价稳健回升。而且，这种拉动效应一直延续2022年，仅2021年前4个月，中国原油和天然气进口继续保持增长了7.2%和22.4%，不仅促成中国经济进入增长期，而且推动了全球经济走出疫情阴霾。"一带一路"能源伙伴关系已建立。自2013年，国家主席习近平提出"一带一路"倡议以来，加强国际能源合作成为中国与"一带一路"共建国家开展合作的重要方向。2014年，习近平在中央财经领导小组第六次会议上，正式提出"能源生产和消费革命"理念，要求务实推进"一带一路"能源合作，加大中亚、中东、美洲、非洲等油气的合作力度。2015年，国家发改委、外交部、商务部联合发布了《推动共建丝绸之路经济带和21世纪海上丝绸之路的愿景与行动》，将"一带一路"能源合作纳入规范性文件中。2017年，习近平在第一届"一带一路"国际合作高峰论坛的演讲中再次深刻指出，"一带一路"建设"要抓住新一轮能源结构调整和能源技术变革趋势，建设全球能源互联网，实现绿色低碳发展"。与此同时，国家发改委、能源局正式出台了《推动丝绸之路经济带和21世纪海上丝绸之路能源合作愿景与行动》，提出共建"一带一路"能源俱乐部的设想。2018年10月，国家能源局在第一届"一带一路"能源部长会议上，与参会的11个国家共同发布了《建立"一带一路"能源合作伙伴关系部长联合宣言》，将正式建立"一带一路"能源合作伙伴关系提上日程。在经过多次磋商后，2019年4月，包括中国在内的30个国家，在北京正式发布《"一带一路"能源合作伙伴关系合作原则和务实行动》，宣布"一带一路"能源合作伙伴关系正式成立。2023年习近平主席在第三届"一带一路"国际合作高峰论坛开幕式上宣布中国支持高质量共建"一带一路"的八项行动，并将"促进绿色发展"作为行运之一，提出"中方将持续深化绿色基建，绿色能源绿色交通等领域合作"，为"一带一路"绿色发展明确了新方向。十余年来，以绿色理念为引领，共建国家互学互鉴、携手合作促进经济社会发展与生态环境相协调，共建"一带一路"绿色发展取得积极进展。

### 三、数字经济时代技术与治理融合发展

严峻的挑战之中蕴含着重大的机遇：新一轮科技革命和产业变革推动生产方式、社会结构和生活方式发生深刻变化，在塑造世界政治经济格局、改变国家力量对比方面的决定性作用愈加凸显，为我国实现创新发展、"弯道超车"提供了机会。"双碳"目标的提出加快了我国能源结构调整步伐，化石能源在一次能源消费结构中的比重将持续下降，能源行业高质量发展的要求更加迫切。未来一个时期，我国亟须加快推进能源治理体系和治理能力现代化建设，落实国家治理体系和治理能力现代化政策要求，这也是保障我国能源安全稳定供应的重大战略举措。以5G、大数据、人工智能和区块链为代表的新一代信息技术，将有助于推动能源治理体系现代化建设，促进能源在生产、配送、存储、消费全产业价值链升级发展，将极大地促进能源生产与利用智能化、消费合理化、监管透明化。未来充分发挥5G、大数据、人工智能和区块链等技术在产业升级、产品开发、服务创新等方面的技术优势，促进技术革新在能源领域的深度融合，对推动我国能源治理体系和治理能力现代化具有重大战略意义。

## 第三节 中国能源治理发展新方向

### 一、中国能源治理可持续发展

能源经济作为国民经济的重要组成部分，由于它的基础性地位，政策性因素对其产生影响时，还会把这种影响扩大到其他经济领域中去。此外，还由于中国经济发展不平衡，资源分布差异大，能源经济的投资之巨、涉及面之广、操作之好坏直接对国家的经济稳定和民心背向产生重大影响。能源问题解决得好不好，直接影响我国国民经济能否可持续发展，影响我国的经济安全。我们要从战略的高度看待和研究能源安全问题，充分考虑能源对我国国民经济和社会发展的持续健康成长的重要意义。维护中国能源安全，要把基本点放在立足国内与分享世界资源相结合上，但前提是做好国内工作，坚决走能源节约型发展道路。

坚持走节约能源发展道路，实现能源治理可持续发展。能源是贯彻全面协调、可持续的科学发展观的关键领域之一。我国应把实施可持续发展能源战略作为新时期我国能源发展的基本方针，其总方针就是"坚持开发与节约并重，把节约放在首位"，在科学发展观指导下走能源节约型发展道路。为实现中国能源的可持续发展，应贯彻落实科学发展观，实现经济发展方式的根本转变。实现经济发展方式的转变对能源安全主要体现在以下几个方面：一是能源供应要从简单满足经济发展对能源的需求，转向实现经济、社会、环境的协调发展，在满足经济发展需求的基础上重视环境效益的双重目标，体现以人为本、全面协调可持续的科学发展观；二是能源安全战略的重点转向提高能源的供应能力与提高能源的使用效率并重；三是能源产业的发展方式市场化，充分发挥市场化机制，保障能源有效供给、能源使用效率提高和能源结构优化；四是从全球角度来制定新时期中国的能源战略，在经济全球化的背景下，中国的能源安全充分利用国内国外两种资源、国内国际两个市场，从利用国内资源满足发展需要转变到利用全球资源综合平衡。能源发展战略可概括为保证供应、节能优先、结构优化、环境友好、市场导向五个方面的内容。所谓保证供应，就是要实现经济与能源的协调发展，充分重视并加强国内能源资源的勘探开发工作，充分利用国际资源，提供可靠、低成本的能源供应，满足人民不断增长物质文化生活对能源的需求，支撑国民经济发展对能源的需求，有效保障国家的能源安全。所谓节能优先，就是将节约能源提升到基本国策的战略高度，把节约能源放在突出的位置，根本改变能源利用粗放的现状，不断降低单位 GDP 的能源消耗水平，使单位能源消费所创造的 GDP 有明显的增长，在国际产业分工中要逐步实现价值链升级，改变长期单纯依靠低成本制造优势的现状，增强产业的技术创新能力，对那些高能耗、高物耗、高污染、产品附加值较低的产品应限制出口，形成有利于可持续发展的产业分工格局和国际贸易格局；降低产业部门的能源消耗，最大限度地挖掘节能潜力，尤其是在当前处于重化工业阶段，走新型工业化道路，节能降耗极为重要。全方位节约能源，在继续推进工业领域节能的同时加强建筑领域、交通领域的节能，倡导绿色低碳的生活方式。从工业、交通和建筑三大部门使用能源的发展趋势来看，工业部门消耗的能源总的比例将从 72.7% 逐步下降到 2020 年的 55% 左右，而交通和建筑两个部门的用能增长明显加快，用能领域的结构将发生重大变化，这是由居民消费结构升级所决定的。所谓结构优化，就是加快推广使用清洁能源、可再生能源等新能源，初步实现能源结构的多元化，并且逐步改变现有能源结构对煤炭过度依赖的局面，在煤炭的洁净利用技术开发与推广使用方面取得突破。所谓环境友好，就是实现能源开发使用与保护环境的协调统一，使能源的开发和使用对自然环境和人类生存的影响力减少到最小。所谓市场导向，就是充分发挥市场对能源配置的基础性作用，能源供应的价格、能源供应的数量和能源供应的技术选择由市场决定，政府干预作为市场失灵的情况下必要的补充，以使能源供应、环境保护和可持续发展有机的结合起来。可以进行重点改革的内容包括：深化成品油、电力、天然气等资源性产品价格改革，完善价格形成机制，更好发挥市场机制对资源节约和环境保护的促进作用；推进电力体制改革，稳步开展电力输配分开试点，推进农村电力体制改革等。

## 二、中国能源治理结构战略性调整

从国际能源结构的历史演变和发展趋势来看，大体上经历了三次结构性的替代，第一次是发生在20世纪60年代至70年代的石油对煤炭的替代，比如英国煤炭消费的比重从1970年的50%下降到了1980年的34%。第二次是在20世纪70年代发生了两次石油危机后，主要国家实行能源结构多元化战略，尤其是天然气、核电等得到快速发展，出现了多元化的能源结构对石油的替代。第三次正在孕育之中，也就是当前发达国家为了实现能源的可持续发展，减少对化石燃料的消耗，正在致力于开发可再生能源，实现可再生能源对传统化石燃料的替代。这已经成为发达国家抢占发展制高点的战略重点方向。欧盟计划可再生能源在一次能源中的比例到2050年将达到50%。全球能源发展趋势带给我们的思考是，中国能否把握住此趋势，下决心对中国的能源结构作战略性调整，有意识地在能源领域实行跨越式战略。从当前来看，在居民生活用能领域和发达地区已经出现较明显的结构变动，这就为能源结构的调整和优化提供了较好的市场基础。能源结构的优质化进程对能源需求总量影响很大。通过敏感性分析得出，能源消费结构中煤炭的比重每下降一个百分点，相应的能源需求总量可降低2000万吨标准煤。根据能源供应分析结构优化方案2020年可少用1.28亿吨标准煤。从长远来看，需要运用市场手段，调整能源结构。一是减少对化石燃料的补贴，征收环境税以优化结构；二是形成合力的市场定价机制。国家需要对石油的供应安全予以高度重视。石油的供应稳定是能源安全的重要标志。有了能源安全，才能保证国家的经济安全乃至领土完整。虽然能源行业是竞争性行业，但能源不像其他战略物资，其是一种具有战略意义的特殊的商品。在当前我国产品升级和经济结构战略性调整的背景下，油气供应安全显得尤为重要，油气进口品种多样化、渠道多样化、方式多样化，对于国家能源安全意义重大。我们还应当充分使用"两种资源、两个市场"，把握时机，从国际市场进口石油补充国内不足，但也不应过分依赖进口。我们应该通过技术进步，提高煤炭洁净化的水平，提高煤炭在发电中的比例，改善终端能源的消费结构。另外，为实现能源结构升级的长期目标，可采用的其他措施还有：继续给水电建设予以大力支持，给水电、风电等可再生能源有限上网，利用太阳能的热水器给予补贴；通过技术创新，推进可再生能源的产业化，从而实现建立可持续的以可再生能源为主的能源体系得目标。

### 三、中国能源治理安全保障

保障石油安全作为能源安全核心应保证石油供应的安全，对此安全问题予以足够的重视。现代石油市场和石油地缘政治出现新的特点。一是石油输出国和消费国的关系出现新局面。无论是输出国还是消费国，任何一方想单独、长期控制国际市场，决定石油价格的局面已很难再现，双方既有利益的争斗也有互相依赖、互相渗透。二是供需格局复杂化。非石油输出国组织的石油输出国作用增强，出现了更多的石油勘探热点和出口国，出现了亚洲的新消费热点，全球石油贸易和流向更趋复杂化，消费国和石油输出国都在使来源与供应地区多元化，以保持稳定的供需关系和获得更好的经济利益。三是跨国公司成为控制国际石油市场的重要力量。石油公司私有化的浪潮不同程度地影响着各输出国和输入国，通过上下游一体化发展和多种形式的并购，各主要输出国和消费国迅速发展出一批大型跨国公司，跨国公司和国际金融财团相结合，成为控制国际市场的主要力量。上述世界石油市场和石油地缘政治的变化，说明石油发展必须走多元化的道路。国际石油政治和经济发展史表明，多元化石油战略是实现进口国石油安全和国家经济安全的重要举措。在目前的条件下，任何非石油输出国组织（石油输出国组织）国家都不能保证本国能源绝对充足的自给能力，但作为安全的能源政策应当确保本国能源基本的自给量。而对在海外利益保障能力不足的国家而言，国家能源风险将随本国能源消费对外依存度增大而同比例上升的，当这种风险增加到一定程度，它就会转化为经济风险和国家风险。对于中国来说，多元化石油战略势在必行。

首先，实施石油进口地域多元化。中东特别是海湾地区是世界上石油资源最为富集的地区，在相当长的时期内仍将是世界市场上石油的主要供应者。石油进口国特别是石油进口大国都不能不同它打交道。中国也不例外。然而，作为"世界油库"的中东，却是当今世界最为动荡的地区，石油进口来源过度集中在中东有很大的风险。实施石油进口地域多元化，就是要从以进口中东石油为主转向逐步扩大进口非洲、拉美、中亚、俄罗斯及其他周边国家和地区的石油，以分散进口风险。

其次，实施石油生产、种类及结构的多元化。例如，实施国内和国外生产相结合战略以加强我国石油产业；确定可调整的原油、成品油的进出口比率以稳定国内油市；引进国外资金和技术，提高上游企业石油开采生产率和扩大石化及相关产业部门生产规模，以增强石油企业国际竞争力。石油多元化战略结构由生产、贸易、金融（石油开发基金、增强中国石油公司国际融资和市场竞争力）及国际合作、经营管理等各种要素单元组成。

最后，实施能源结构多元化。在能源结构中，增加天然气的比重。在现阶段，中国国内能源供求的突出矛盾主要是结构性矛盾，具体表现为清洁高效的能源供不应求，特别是石油天然气的总产量和品种规格的增长赶不上迅速扩大的需求。而液化天然气（LNG）又具有独特的优势。在价格上 LNG 比长距离管线运输的天然气价格更有竞争力；其作为可直接利用的清洁能源，无污染，且热值高，与石油气相比，同样"工作量"LNG 可省钱两成，与火力发电原料——煤相比，LNG 单位热值是标煤的 1.7 倍；长距运输和气化技术成熟，安全可靠。

从长远来看，减少对石油的依赖，可以大大提高中国在 21 世纪的能源安全。首先，中国可以扩大对天然气的开发与利用，以代替石油的使用。中国天然气资源丰富，但开发利用落后。今后，天然气在中国的应用前途广阔。其次，中国可以通过开发新能源减少对石油的使用。最后，中国可以通过对石油的节约使用，提高石油的使用效果来减少石油的消费。

近年来，战略石油储备问题引起国内越来越多的关注和重视。随着中国石油进口的增加，石油安全问题日益突出。为保障国民经济的持续稳定增长、促进能源乃至经济安全，建立中国战略石油储备已势在必行。我们应对建立国家战略石油储备的必要性有充分的认识，并切实付诸实施。

首先，建立国家战略石油储备是确保国家经济安全的需要。前文我们提到了，我国油气对外依存度较高，能源供给稳定性问题存在。中国的石油供应对国外资源的依赖程度和石油的市场化程度越高，中国的原油市场受国际市场影响的程度也将越深。这不仅意味着更大的经济风险，而且还可能蕴含着更高的政治风险和国家安全风险。从西方国家建立战略石油储备的历史经验来看，战略石油储备是西方国家应对紧急能源冲击的重要措施。

其次，国家战略石油储备有利于健全石油工业基础配套设施，提高石油工业的整体实力和竞争力。战略石油储备不仅是保障能源安全的重要措施，也是石油工业整体实力的一种体现。随着中国石油由自给自足走向更大规模的进口，国内石油基础设施建设已不能适应变化了的国内外石油形势，这影响到对国际油气资源和市场的有效利用。通过建立战略石油储备的一系列配套设施，可以大大提高中国石油工业的整体实力和竞争力。

再次，国家战略石油储备有利于扩大国家外交回旋余地。油气资源一直是国际政治、经济竞争的关键领域。冷战后，围绕着油气资源的地缘政治竞争愈加激烈。中国作为重要的能源战略枢纽国家，既是俄罗斯、中亚能源向南、向东流动的重要桥梁，又是亚太地区最大的新兴石油市场，不可避免地面临着复杂的多边矛盾。中国作为联合国常任理事国和石油消费大国，拥有适度的战略石油储备可增加外交上的主动性和灵活性。一方面，可防止或减少外部势力利用石油手段对中国采取直接或间接的不利行动；另一方面，在保障本国需要的基础上，可以对某些国家进行有偿或无偿的石油援助，从而扩大国际影响、提高国际地位。日本2011年大地震中国政府就动用储备无偿援助地震灾区两万吨成品油。

加强油气储备和释放合作油气储备体系关系一国国家安全，在油气资源供应紧张或价格大幅上涨时，释放战略储备是许多国家保障能源安全和产业安全的重要手段。当前世界格局正在发生深刻变革，各国油气储备及动用的规则和频次将更趋灵活。在未来全球能源格局加速演变下，国家间加强油气储备及联合释放等方面的合作将成为重要趋势。我国油气对外依存度高且将持续较长时间，有必要进一步加大油气资源储备国际合作，在保障国家安全的同时，也更好地维护全球油气市场供给安全和价格稳定。一方面应加强与主要产油国在石油储备方面的密切合作，支持产油国在我国境内储备石油，建立第三方储备体系，丰富我国战略储备的形态；另一方面应积极参与、主动引领未来国际油气资源储备及释放的国际合作，提升在储备设施建设、规则制定等方面的话语权，以及对国际油气市场的影响力。

最后，国家战略石油储备促进经济安全体系的完善。在全球化进程中，经济安全越来越受到重视。亚洲金融风暴使维护经济安全问题在中国国家战略中的地位更加突出。为应对外部挑战，增强抗风险能力，中国已在外汇、粮食等领域建立或完善战略储备制度，但在同样重要的能源领域却起步较晚。建立符合中国国情的战略石油储备制度，将极大地促进经济安全保障体系的完善。新中国成立以来，我国已建立了一系列战略资源储备体系和制度，却未建立起战略石油储备制度和体系。我们应及早认识中国石油供需形势，并采取积极措施建立适合中国国情的战略石油储备制度，这是中国今后在国际石油市场占据主动地位的重要基础。

### 四、强化能源资源勘探开发

加大西部和海上能源开发力度，为中国能源安全寻找新的支撑点。加大西部能源开发，能源的发展在西部的崛起中将产生不可替代的作用。西部大开发是中央提出的战略决策，能源开发是西部大开发的重要组成部分。在西部大开发中要充分发挥本地区的能源资源优势。

西部能源开发是维护我国能源安全的重要战略举措，我们对西部能源开发的意义要有充分的认识。首先，西部地区是我国目前实现能源接替战略的唯一现实可行区域。随着国民经济的迅速发展，我国对石油、天然气等优质能源的需求越来越大，而大庆油田、胜利油田等东部主力油田在经过长期的增产、稳产之后，已到了开采的中后期，其产量逐步减少，开采成本逐渐增大。加大西部的能源资源开发，有助于缩小我国的油气供需缺口，减少对进口油气的依赖。其次，中亚是我国油气资源进口的重要来源，西部地区也是中亚能源输送到中国的战略通道。从战略上看，要实现我国与中亚乃至俄罗斯、中东与东亚的陆上能源连接，构建亚欧能源大陆桥，中国的西部是必经之地。西部能源开发的"西气东输"工程为建立新的西部能源供应基地走出了重要一步。要维护我国的能源安全，必须在国内打下坚实的能源供应基础。过去 20 多年世界经济发展中最重要的特点是经济全球化，能源也已经融入全球化过程之中，并成为极为重要的一个方面。目前，我国石油工业一方面面临探明储量不足、国内原油供小于求的问题；另一方面陆上东部主力油田经过二三十年的开采，大都过了生产高峰期进入递减阶段，而西部地区资源丰富，潜力巨大，是我国石油工业发展的战略接替区。因此，我们应从维护国家能源安全的高度出发来看待西部能源开发问题。

对于如何开发西部能源，关键要确定西部能源的发展战略。西部能源战略不能孤立地考虑，而要放在全国的能源战略中考虑，要从利用"两种资源、两个市场"的角度考虑，至少要考虑未来20年的发展，将发展西部地区经济、保护生态环境、满足西部地区能源消费及为中、东部地区提供能源统一起来。另外，集中资金，加大科技投入，运用新理论、新技术、新方法，努力实现西部油气资源勘探开发的新突破和新发展，实现油气生产的持续增长，这些都需要多方协调，抓好落实。

## 五、利用国际市场实施能源企业国际化

在经济全球化趋势不断强化的时代，中国的社会经济迅速融入世界，中国对外油气依存度不断提高，中国能源安全特别是石油安全日益与国际政治经济环境相关联，中国的能源安全日益成为国际安全和全球能源安全的一部分。因此，维护中国能源安全，必须要有国际视野和世界眼光，要在全球能源安全体系中思考中国能源安全问题。

由于国内能源供应不能满足中国能源需求，我国必须实施国际化的战略，到国际市场获取能源。在立足国内油气资源勘探开发的同时，要着眼世界，走出国门，分享国际油气资源，保证中国油气资源的中长期稳定供应。中国利用国际油气资源的主要途径有两种：一是通过石油天然气国际贸易，获得油气资源；二是参与国外油气开发，建立海外油气生产基地。

我国能源企业实施国际化战略，必须结合自身的实力和优势，在充分掌握大量信息的基础上，从政治环境、经济环境、自然环境、地理条件、经济效益等方面进行综合评价和市场分析，选择适合石油企业的目标市场。从世界主要产油区环境分析来看，我国石油企业今后国际化经营的重点地区应该是中东地区和独联体地区，次要地区为亚太地区和非洲地区，可以开展有限经营活动的地区是美洲地区。

## 六、开展能源外交保障能源安全

能源安全战略是国家安全战略的重要组成部分，其内涵和外延总是与国际政治斗争、全球战略利益争夺相联系。我们应站在国际战略的高度，在战略的

层面上来认识能源安全问题，把能源安全战略融入为中国21世纪国际安全战略的有机组成部分，通过保障中国能源安全，促进世界经济、资源、环境、社会的可持续发展，实现人类和平进步。围绕能源安全战略，中国要积极开展能源外交。能源外交通常有两大类：一类是以能源为手段的外交，另一类是以能源为目的的外交。前者比如阿拉伯国家等，他们曾以石油资源作为武器，通过石油禁运等手段来达到他们的政治目的或是其他的目的，出口国还通过外交手段来推动能源出口，占领市场，提高自身在市场的地位。石油消费国与出口国的能源外交的目的是完全不同的。消费国比如美国、日本、欧盟等是为了保证能源供应、保证自身的能源安全，在市场上进行竞争而进行各种外交活动，中国现在能源外交就属于能源消费国的能源外交目的是获取能源资源。由于能源对经济发展的基础保障作用，能源外交向来是世界经济大国外交工作的重点。通过能源外交谋取全球能源资源配置中的经济和政治利益，为本国经济发展提供强有力的保障，是各国能源外交的核心内容。

（一）深化多边和双边合作机制

一是推动多边主义，进一步推动能源国际合作与开放。争取在重要能源治理机制和平台中增强话语权，发出中国声音，增强参与、影响和重塑的能力。继续重视和加强与IEA、OPEC、IEF、IRENA等国际性机构的合作，在G20等多边框架下以及各类区域性能源合作平台中，更好地发挥引导和引领作用，体现我国作为能源大国应有的影响力。二是积极融入并推动全球能源治理机制改革。在最大程度拓展与现行机构合作的基础上，积极促进相关机制改革，建立更完善的治理功能，为能源合作创建更多便利化安排。其中包括深入参与IEA正在进行的国际化改革，加强G20框架下能源治理功能、IEF能源信息分享机制建设等。同时应最大限度地利用多边对话，逐步改变当前以具体项目为基础的双边合作占主导的局面，推动完善多边能源治理机制。

（二）强化"一带一路"能源合作伙伴关系

一是以共建"一带一路"为依托深化能源项目和产业链合作。"一带一路"在全球能源供应中占据核心地位，但发展不平衡，国际合作潜力尚未充分释放。

我国应借助共建"一带一路"的契机,以能源开发为切入点,促进产业合作,特别是清洁能源产业链合作,推动共建国家能源战略布局,深化与共建国家的战略合作关系。同时,亚洲主要国家在维护稳定的供需关系、保障运输安全、提升话语权、应对气候变化等方面均存在利益契合点,具有互利合作的现实条件和发展共赢的强烈愿望。二是以"一带一路"能源合作为基础,推动我国能源治理机制由双边向多边转换。当前在全球能源格局调整和"一带一路"深入推进的大背景下,应加强与"一带一路"国家能源合作,开展政策交流和协调。根据不同国家和区域特点,在现有多边经济合作机制中分别加以推进落实能源合作伙伴关系。通过推动相关国家形成互联互通的伙伴关系,共同保障能源供应安全和绿色低碳转型目标的实现。

(三)积极拓展中美、中欧能源合作机制

在百年未有之大变局下,特别是乌克兰危机会使各国将能源安全提升至国家战略中更重要的位置和更优先的目标,而美欧的"抱团"也会对未来国际能源格局产生较大影响。我国开展能源国际合作和参与全球能源治理机制,都需要更加关注与美欧之间的合作。能源转型和应对气候变化原本是双方最有共同利益的合作内容,在当前状态下合作阻力会加大,竞合关系更加凸显,但与美欧间仍需在共同利益基础上,不断拓展合作领域,共同推动解决全球性问题。一是加强新能源领域合作。我国风电、光伏产业优势明显,是世界最大的装机国和装备生产国,欧洲是中国光伏最大出口市场,美国也正加大对风电、光伏等新能源领域的投资。我国与美欧在推动新能源发展上有共同利益,而全球能源绿色低碳转型也离不开中、美、欧三方的合作。二是加强绿色低碳技术创新合作。进一步挖掘与美欧在清洁能源技术、项目开发等方面合作。同时,应加大三方在数字化、智能化能源技术以及碳捕集利用与封存(CCUS)、氢能等新兴领域的联合研发攻关,为全球绿色低碳转型贡献更有效的方案。三是积极推动在全球标准和规则领域加强合作。从长远来看,美欧在能源转型和应对气候变化上的共同诉求是制定全球标准和规则,但两方能源安全战略目标是有显著差别的,这必将导致行动上的分歧。相反,中欧之间能源转型目标和诉求更加一致,在技术标准和市场规则上,特别是碳定价机制、碳交易市场的建设上,中欧之间合作空间较大。我国仍需积极加强与欧洲在应对气候变化相关标准和规则上的有效合作。

**七、大力发展新能源产业**

传统能源的有限性以及使用其所引起的环境问题，已经成为我国能源治理可持续发展严重阻碍之一。我国作为人口大国，传统能源的人均占有量极低，在加速工业化与城镇化的进程中，人民生活正在向全面小康迈进，对能源的需求会进一步加大。能源安全的根本出路是大力发展可以再生的、没有环境污染的新能源。大力发展新能源产业是解决中国能源安全的希望所在。

要建立具体目标与长远规划，加强新能源电源规划与电网规划的统一与协调。首先，有重点、分步骤地推进输电网、智能化配网和储能设施建设。一是要加快输电通道和新能源项目入网线路的建设，特别是要加快已建成新能源项目的接入线路建设，解决设备撂荒的问题。二是在北京、上海等中心城市推进智能化、互动化配电网的建设。配电网的智能化和互动化是智能电网的核心。一方面，北京、上海等中心城市发展新能源的积极性很高，在太阳能屋顶发电、中小风电等分布式能源以及电动汽车的发展居全国前列，其对配电网的智能化和互动化提出相应的需求。另一方面，这些中心城市电网骨架坚强，用电负荷大，地方电力公司资金雄厚，具备推进智能配网建设的实力，地方电力公司也正在需求新的增长点，推动地方配电网智能化、互动化的积极性很高。因此，这些中心城市在智能电网的建设上可先行一步，积累技术和运营经验，以便向全国推广。三是加快储能设施的建设，密切关注新型储能技术的发展，鼓励在新能源基地和负荷中心建设储能设施，平抑电网波动，支撑新能源的发展。其次，加强电源规划和电网规划的统一和协调。厂网分开以来，厂网不协调的问题就开始凸显，这一现象在新能源领域十分突出。要解决此问题，一是要明确规划主体，国家能源主管部门是新能源发展规划和电网发展规划的主体，电网企业和地方政府的相关规划必须与国家的总体规划一致。二是要提高规划的科学性和严肃性。保障科学性的一个重要机制是多方参与，电源企业、电网企业、政府规划部门共同参与电力规划。

市场机制与政府扶持。利用价格、财税等政策对新能源的加快利用和降低成本实行双向激励。目前政府亟待建立合理的准入政策、技术标准和市场机制，特别是在当前电力供需出现阶段性过剩的条件下，进一步推进电力体制改革，加大对电网公平接入的监管，保证各类投资者无歧视地使用电网设施，形成有利于新能源发展的市场机制。新能源的价格补贴政策必须同时发挥两方面的作用。一方面通过价格补贴提高新能源的经济性，以加快和扩大利用来实现产业的规模经济；另一方面要对投资者形成效率激励，促进其降低成本和技术创新。自 2003 年起实行的风电特许权招标，尽管出现了恶性竞争等问题，但竞争机制的引入显著降低了风电上网电价。根据资源状况设定分区域的风电标杆电价，虽然可避免出现恶性竞争，但却放弃了市场发现价格的功能。这导致了在当前技术进步加快的情况下政府难以科学、合理制定价格，无法对投资者形成效率激励，无法促进其技术创新、提高效率、降低成本。新能源的发展千万不可在政府的长期补贴下得以维持，当前的适度补贴是为了将来新能源具有经济上的竞争力，价格补贴政策需要着眼这一长远目标。

完善市场机制，建立起适应新能源大规模发展的制度环境。为了适应新能源大规模发展的需要，应进一步完善电价机制，当前可采取特许权招标与标杆电价相结合的方式。一方面，对于规模大、资源条件好的新能源项目，继续实行特许权招标，通过引入竞争降低成本，也为政府制定和调整标杆电价提供参考；另一方面，对分散利用、资源条件不太好的项目，实行分区域新能源标杆上网电价，以鼓励企业投资和规范政府定价行为。此外，根据新能源发展规模，及时调整可再生能源附加水平，足额分摊新能源发展导致的成本上升。目前，新能源的发展，缺少对电网企业这一关键环节的要求，也缺少激励政策让电网企业从中受益。为此，建议对电网企业实行可再生能源配额制，即强制规定电网企业在其购买的电量中必须有一定比例的可再生能源。美国的实践证明这一制度对于加速可再生能源的发展是行之有效的。同时，要及时调整可再生能源附加水平，将新能源发展带来的成本增加及时加以疏导，不挤占电网企业的利润空间。

要花大力气突破技术"瓶颈"、提升新能源产业的核心竞争力。新能源发展的速度和规模，与新能源装备制造业的发展特别是技术创新能力的提升必须统筹起来。政府一方面要利用财税、价格等政策培育发展新能源市场；另一方面更要将功夫下在新能源产业上来，通过需求拉动显著提升新能源产业的研发、设计、制造和运营能力，突破技术"瓶颈"，培育出一个以技术创新为核心能力的新兴产业，为经济增长增加新的引擎。因此，需要克服政府部门之间职能划分的局限，统筹好新能源及相关产业发展的关系。政府既要制定新能源项目建设规划，也要制定相应的产业发展规划，从规范产业发展、提高自主化国产化水平、促进技术创新等多个方面加以支持和引导，切实提高我国新能源的产业水平和国际竞争力。例如，引导中国新能源汽车产业的发展。解决石油对外依存的问题主要有两个途径：一个是控制汽车数量，另一个就是对现在的汽车进行替代。汽车行业对汽车进行石油替代应该是最有效的一个方面。按照美国的实际情况，其交通运输消耗60%至70%的石油，我国今后可能有45%至50%的石油要由交通消耗。因此，对现有使用石油行业进行有效替代，交通运输行业是最有效的部门。在我国发展电动汽车对保障能源安全的意义可能高于改变能源结构的意义。引导今后中国新能源汽车产业的发展，政府需要在研发、生产、配套、税收等各个环节给予支持，措施要多元化、制定目标明确的产业发展路线图。明确发展技术路线，将坚持以纯电动作为我国汽车工业转型的主要战略取向。重点发展纯电动汽车、插电式混合动力汽车，同时注重传统汽车技术水平的提升，大力发展节能汽车，并持续跟踪研究燃料电池汽车技术，因地制宜、适度发展替代燃料汽车。加大财政投入建立节能与新能源汽车产业发展专项资金，重点支持关键技术研发和产业化，促进公共平台等联合开发机制；支持新能源汽车示范推广；推广混合动力汽车为重点的节能汽车。扶持核心汽车零部件业发展；配套城市基础设施在公共配套设施方面，形成可以预见能够盈利的商业模式，基础配套设施跟上，使消费者在对新能源汽车的消费上具有良好的消费体验。

　　自主创新与技术引进。加强新能源技术创新支撑体系建设，完善鼓励自主创新的相关政策。公共研发机构、试验平台在新能源技术创新体系中占有非常重要的位置，特别是在开展基础性和共性技术的研发、推进产业化以及执行政府重大研究计划中起着极为关键的作用。因此，要进一步完善鼓励自主创新的相关政策。首先，要坚持和落实已有的行之有效的科技政策。实施自主化依托工程，通过依托项目推进新能源装备的自主化、国产化。其次，尽快落实《装备制造业调整和振兴规划》实施细则，建立使用国产首台（套）装备的风险补偿机制，鼓励保险公司开展国产首台重大技术装备保险业务。落实鼓励科技创新的税收优惠政策。另外，创新科研组织形式，引导创立产业创新联盟，产业化方面的政府资金重点支持产业联盟对共性技术和关键零部件的国产化进行攻关。在强调自主创新的同时可以引进一部分新技术，并利用好新能源产业链优势推动全球化。我国新能源领域的科技创新、装备制造规模和基础设施建设等都处于全球领先水平。新能源产业的快速发展是我国能源供应安全的重要保障，也是主动引领能源国际合作的重要筹码。当前我国在全球新能源产业链的影响力已经引起了美欧的警惕，也需防范其联合打压。要利用好新能源产业链优势，推动全球能源合作。一是加快技术研发应用，保持新能源产业竞争力，塑造长期竞争优势。加强智能高效风能、太阳能发电技术创新，持续提高发电效率；加快研究适应可再生能源大规模、高比例接入的智能电网技术，加强电力系统智能化、数字化水平，通过数字电网技术提升电力系统整体灵活性等；加大对长周期大容量储能技术研发和示范支持，鼓励开展不同储能技术路线探索，加强技术储备。二是加强国际合作，寻求多方共赢路径。我国新能源产业链安全性已有保障，但推动产业持续健康发展最终要靠全球化，通过全球化配置资源提高效益，降低全产业链成本，进而持续快速扩大市场规模。在新能源产业发展过程中，应始终坚持全球化战略，进一步推动扩大市场开放，鼓励企业开拓海外市场，深度参与国际市场合作与竞争，持续提升国际竞争力。三是构建区域性产业链以应对美欧供应链联盟。美欧为了削弱我国在新能源产业的影响力，降低对我国的依赖，正在通过构建排他性的联盟、联合出口管制等多种方式形成针对我国的利益共同体。我国可以发挥比较优势，在低成本供应上找到打破供应链联盟的突破口。同时，支持以我国产业链头部企业为核心，构建相应的区域性供应联盟，以应对美欧等的排他性联盟对我国的影响。四是高度重视新兴技术规范和标准制定。欧美对我国在新能源领域的创新能力已加强防范，将通过新兴技术规范和标准制定等手段遏制我国的新能源产业发展。相关部门需高度重视，通过各种形式支持我国企业参与甚至主导相关国际技术规则与标准的制定，包括鼓励企业积极融入全球创新生态，参与联合研发和技术标准制定，争取足够话语权和影响力。同时，应积极加强法律、技术等相关人才培养储备，避免落于人后受制于人。

**八、探索构建国际能源治理机制**

我国虽然是全球能源市场体量最大的参与者，但至今尚未获得与自身体量相称的话语权、定价权和影响力。随着我国建成现代化经济体系和能源体系，可为推动构建全球能源共同体，共同应对全球气候变化贡献更大力量，届时还可发起构建由我国引领的、以建设全球能源命运共同体为目标的国际能源治理机制。为此，我国能源国际合作应从单点合作向多边协同转变，以建设"一带一路"能源合作伙伴关系为基础，积极构建能源合作"朋友圈"，探索建立更加适应全球政治经济格局和能源格局演变的新治理形态，打造开放包容、普惠共享的能源利益共同体、责任共同体和命运共同体，提升全球能源安全保障水平，提高能源市场的深度融合。同时，应加强能源国际合作软实力，提升战略谋划能力，准确研判全球能源发展的大格局、大趋势，对我国能源发展和布局做出前瞻性、战略性、系统性的研究和谋划；提升创设议题的能力，在主要国际平台上提出代表发展中国家的关键议题，引领国际能源治理改革方向，逐步确立在新的全球能源治理架构中的主导位置。

# 第十一章　新发展格局下能源治理策略与路径

在迈向 21 世纪中叶的进程中，我国正处于新时代关键的转折点。在新的历史进程中，我国站在历史的脉搏上，在努力完成由我党赋予的中华民族伟大复兴的历史使命、建构社会主义现代化建设的理论与路径的创造性实践的同时，也在国际舞台上扮演重要角色，以人类命运共同体为蓝图构建新的时代格局，肩负新的历史使命。而对于工业社会，在维持国家运行和社会结构的众多要素中，能源要素在很大程度上决定着一个国家的发展能力与国情前景：能源的供应情况以及稳定系数、能源及其开发技术的更新迭代，在国家建设能力和国际话语权方面代表着能源对于一个现代型工业国家的重要性。因此，我国在新发展格局下的能源治理问题理所应当地成为我国新时代建设进程中的重点领域、核心问题。

## 一、国际能源治理策略与路径

### （一）"一带一路"政策与能源安全

一方面，"一带一路"倡议是在中国和世界经济结构发生历史性变化时提出的。2008—2011 年世界金融危机后，发达经济体陷入长期停滞，全球资金流向发生改变，我国需要调整开放格局，寻找新的市场增长点。同时，我国内部区域协调发展的压力日益增大，中西部地区发展相对滞后。为应对 2008 年世界性货币金融危机的冲击，我国政府引导全社会加大了中西部地区的基础设施投资与建设，推动亚欧大陆基础设施互联互通能力的有效提升。

另一方面，能源的稳定供应意味着国家建设能力的发展与提升，"一带一路"倡议是基于我国国家能力的发展前景提出的。根据 BP 世界能源统计，2011 年中国、印度、日本、韩国和印度尼西亚东亚五国能源消费量占世界能源消费总量的 33%，其中我国于 2010 年超过美国，成为世界第一大能源消费国；同时，我国国内"基建革命"基本完成，强大的基础设施建设能力需要新的发展空间，人民币升值趋势明显，对外投资增加。

党和国家站在安全保障和长远发展大局的基础上，根据我国当前所处的国际国内环境和国家发展需要，于 2013 年提出了"一带一路"重要倡议。

"一带一路"重要倡议的提出，将从国家战略层面上以海陆并进、两翼展开、双向发展的模式，为我国从陆路、海路和西部、东部两个方向突破封锁围堵，实现与周边国家和地区合作提供战略支撑和合作基础。

"一带一路"倡议有利于我国加强与南海周边国家和印度洋沿岸国家合作，获取更多政治互信，建立更密切关系。在美国拥有强大实力的海上，从东面、东南面找到突破口，进一步消除美国等国家对我国实施海上封锁的压力；在北面、西面通过与俄罗斯、中亚、中东等国家合作，实现与欧洲国家的连通，掌握欧亚大陆经济整合的主动权，通过政治经济的影响力，拓展我国陆路安全的战略空间。从而为我国能源安全问题指明新方向，提供新平台。

（二）"一带一路"背景下中国与共建国家能源合作现状

"一带一路"倡议在能源领域的战略合作国家与地区主要有俄罗斯、中亚、东盟以及中东与非洲。

1. 俄罗斯及中亚地区的能源合作

俄罗斯和中亚地区是世界油气资源最为富集的地区之一，有着巨大的油气资源储量和油气生产、出口能力，由于较好的油气资源禀赋和特殊的地缘区位，这一区域被划入了"能源心脏地带"的范围。在地缘上中国与俄罗斯、哈萨克斯坦、土库曼斯坦和乌兹别克斯坦接壤或毗邻，在合作交往上这些国家都是中国的友好邻邦，有着传统的友谊和能源合作基础，是中国最为重要的陆路油气进口来源地区。

俄罗斯与中亚各国内部能源消费结构供给大于需求，具有巨大且持续的能源出口能力。对于俄罗斯的能源合作，应当针对俄罗斯所面临的国际国内形势以及油气发展状况，具体聚焦于以下几点：

（1）创新投资模式，在油气上游领域合作寻求突破

受国际能源供求形势和俄罗斯国家能源政策的影响，俄罗斯在能源供求和对外能源合作中具有强势的主导地位。在新发展格局下，中国在对俄罗斯能源合作上应拓宽视野，利用其能源政策的调整变化，积极创新合作模式，推动"投资换石油""单独议价"等合作机制，逐步实现中国企业对接投资，争取通过多种方式获得哈萨克斯坦石油上游领域更多的勘探开发项目权益，进一步提高石油进口量。同时，提高管道运输能力，为中国加大进口石油的贸易量奠定基础。以此增强俄罗斯与中亚同中国的经济关联性和经济发展依存度，从而改变中国与俄罗斯能源合作的被动局面，实现与俄罗斯能源合作的平等互利。

（2）发挥互补优势，积极开展多元合作

俄罗斯东部地区具有丰富的油气资源，但该地区自然环境恶劣，长期以来人口大量外流，缺少发展所必需的人口和经济支撑，经济发展滞后。因该地区在能源领域不具备向欧洲地区输送油气的区位优势，国内自身市场又十分狭小，故通过能源带动地区经济发展问题至今未能得到很好解决。而这一地区能源开发与我国在地缘区位、资金技术和市场空间等方面具有较强的互补优势。在当前的内外形势下，俄罗斯由于受到美、欧、日、韩等国家对其的经济制裁，可能会使西方大型石油公司对其东部地区油气开发投资项目受到影响。同时，俄罗斯所预想的东部亚太能源市场中的日、韩两大买家，对其东部地区能源供给的需求还存在诸多变数，唯有中国是其较为可靠而稳定的需求市场，这些为双方加强合作创造了机遇，也成为中俄油气合作的契合点。因此，中国应抓住机遇，发挥互补优势，积极介入俄罗斯东部地区油气开发项目，获取俄罗斯东部地区更大份额的油气资源。

中亚各能源国多为苏联解体后独立国家，资源丰富但基础设施、产业规模

较为弱势。在今后的能源合作中，除重点在上游领域加强合作外，还应在中、下游领域广泛开展工程承包、材料设备供应、炼化等多元化合作，扩大合作领域，形成上下游一体的合作产业结构和上下游一体化的能源合作体系，提高抵抗风险能力。

（3）超前谋划参与，合作开发北极油气资源

北极地区具有丰富的油气资源，近年来，随着全球气温的升高，北极地区的冰川逐渐消融，这使环北极国家积极推进本国的北极战略，努力争取对北极相应地区的主权，世界各大石油公司也以战略眼光和敏锐触角积极参与和投资北极地区油气勘探开发领域合作。中国应在该领域上游合作中取得突破，积极介入北极航道周边港口设施、油气下游炼化、输送管网等的建设投资。

（4）两线齐头并进，同步推进中俄西线能源合作项目

在中俄能源合作东线取得巨大进展的同时，当前应重点加快开辟中俄能源西线合作的格局，尤其是尽快推进中俄西线天然气管道项目进入实质性建设阶段。在新发展格局中，我国应重点加强俄罗斯西线项目的推进进程，争取中俄西线天然气项目尽快进入立项建设的实施阶段。

2. 东盟的合作共建

东南亚国家联盟（以下简称东盟）地处印度支那半岛和东南亚海域，由马来西亚、印度尼西亚、泰国、菲律宾、新加坡、文莱、越南、老挝、缅甸和柬埔寨10个成员国组成。由于东盟是一个相对成熟的区域性合作组织，而且其所处的区域资源丰富、地缘区位特殊，在亚洲和世界能源市场具有独特的地位和作用。东盟国家既是中国的陆海邻邦，又是重要能源合作伙伴，东盟国家所处的海陆地区还是我国能源进口的重要海陆通道。因此，东盟国家对于我国能源安全具有十分重要的意义。

中国与东盟国家有着较长的能源合作历史，合作范围广泛，但同时面临着一些困难和问题。中国与东盟国家共同建设21世纪"海上丝绸之路"是"一带一路"倡议的一个主要目标和方向，而能源合作也必将是中国与东盟推进"海上丝绸之路"合作的一个重要内容。

东盟内部的能源储备在亚洲内部相对富裕，但在近几年东盟内部出现石油、天然气产量缩减的趋势，且内部各国能源资源分布不均。因此，在新发展格局

中，应着重把握以下几点：

(1) 积极利用并完善现有合作机制

随着共建"一带一路"高质量发展，中国与东盟共建"海上丝绸之路"的合作机制将进一步完善和健全。在下一阶段的能源合作中，我们要用好现有的多边合作战略对话平台，建立健全中国与东盟之间能源合作领域的协调机制，以协商处理中国与东盟各国在能源贸易合作中遇到的各类摩擦冲突和新情况、新问题，确保中国与东盟能源合作持续发展。

(2) 积极投资资源勘探与开采，合作开发南海油气资源

当前和今后一段时间东盟各国都普遍面临着油气产量不断下滑、国内需求日益增加、石油需求缺口持续增大和自身储量持续下降的困难局面。为了能够获得长期稳定的能源供应，发展本国的经济，东盟各国必将启动一批新的油气勘探开发项目和计划，并出台一系列吸引国外投资合作的能源合作政策。中国应积极争取与东盟各国在勘探开发和提升产能等领域的合作项目，发挥我国技术优势，协同发展。

同时，随着东盟国家能源需求缺口的加大，周边国家争夺南海油气资源的可能性将进一步加剧。这既是我国解决南海问题面临的重大挑战，也带来了解决的最佳时机。我国应抓住这一时机，寻求建立与东盟国家开展南海油气资源联合开发合作机制，明确各方参与的方式和权益，在此基础上及时推出南海油气合作的具体计划方案和开发项目，邀请东盟国家油气公司共同参与，实现南海油气资源的共同开发。

(3) 共保能源运输通道的安全

东盟国家所属的太平洋和印度洋海域是我国和东亚各国从中东、非洲和南半球澳大利亚进口能源所途经的重要航道。马六甲海峡、望加锡海峡等都是能源供给咽喉通道，对我国和东亚各国能源安全具有十分重要的意义。因此，我国在与东盟国家的能源合作中应将确保重要能源运输航道的安全作为合作的一个重要方面。应在尊重相关海域国家领海主权的基础上，以东盟为合作主体，制定相关的保障措施，通过东盟整体对相关国家形成一定的约束力和制约权；应发挥我国地缘优势和海军军事能力，体现大国责任担当，确保能源通道的安全。

（4）非洲与中东地区

中东地区被称为世界"能源库"，聚集了世界油气资源储量、产量和出口量最大的众多油气资源国家。由于特殊的地理区位和油气资源禀赋，中东地区既是世界能源最重要的生产基地，也是世界能源最重要的贸易和运输通道，同时还是世界热点问题最为集中的区域。自20世纪90年代初中国成为石油净进口国以来，中东地区的油气供给一直是我国最为重要的来源。因此，在中国推进"一带一路"倡议过程中，加强对中国与中东地区国家油气合作的研究具有十分重要的意义。

非洲油气资源探明储量巨大。近年来，随着勘探技术的进步和开发程度的加深，特别是深海勘探技术的运用和新油气田的发现，非洲油气探明储量一直呈快速增长趋势。非洲地区在世界能源市场上的地位和重要性与日俱增，成为世界主要的能源供应基地。同时，其也成为了能源需求国家激烈竞争的重点地区：从历史来看，欧美等国家油气公司最早进入非洲地区能源市场，对该地区的油气资源进行地球物理勘探，并对油气资源进行瓜分。从地缘区位来看，东非的油气资源可以通过印度洋、太平洋直接运往东亚各个国家，因此东非大规模的油气资源发现在极大程度上吸引了亚洲国家石油公司的争相进入。非洲国家有着巨大的油气资源潜力，与中国有着传统友好的交往关系、良好的能源合作基础和经济互补性。因此，在推进"一带一路"倡议过程中，中国与非洲国家有着广阔的能源合作前景。

对于非洲与中东各国，"一带一路"倡议在实施的过程存在不可忽视的阻力，主要为地区自身情况以及中国在全球能源市场话语权的劣势地位。前者体现在由于特殊的宗教和社会发展状况，中东国家的能源投资环境普遍比较复杂严峻；市场机制不够健全，工业基础薄弱，经济严重依赖油气生产和出口，配套产业不够完善，投资环境不理想。后者则是出于能源地缘政治学的考量，中东与非洲作为全球能源博弈的主战场，美国若想以能源为脉络控制各国经济、军事等各方面发展来维持自身霸权，就必然在此处重点关注，对后来居上者持敌视态度。同时，全球各大经济体出于竞争压力，存在对中国与该地区能源合作的指责。

因此，在国际上中国不仅承受环境污染的碳排放压力，还要饱受"中华帝国""新殖民主义"的诋毁。受这些国家鼓吹的所谓"中国能源威胁论"等论调的影响和蛊惑,中东地区能源国家也不同程度出现了一些有关中国对中东国家进行"资源掠夺"的杂音。他们认为中国政府在中东地区的能源合作过于强调自身的能源利益,担心本国会过度依赖中国的能源进口,会成为中国的能源附庸。同时,西方国家还指责中国的能源企业在对中东国家的能源投资中过度注重对自身能源利益和经济利益的追逐,对中东国家社会效益、社会责任考虑得不够周全,存在侵犯人权、知识产权及环保等问题。这些虽然不是中东国家社会的主流观点,但或多或少会给其政府、能源公司和普通民众带来对中国能源合作的排斥和对中方人员不友好的影响,在一定程度上降低了其同中国能源合作的意愿。

（三）"一带一路"倡议实施的风险分析与应对策略

1. 地缘政治博弈

随着大国在苏联地区能源地缘政治博弈的持续加剧,俄罗斯对于自身和这一地区能源合作的焦虑不断增强。这种焦虑不仅将对俄罗斯与中国能源合作产生极其不利的影响,还会对中亚国家与中国的能源合作产生负面的影响。

一方面,中国从与俄罗斯的能源合作中获得巨大的油气资源供应,解决了中国国内经济发展的需求,保障了国家能源安全。俄罗斯也依靠与中国的能源合作不断发展本国经济,恢复自身实力。但随着近年来中国在政治、经济、军事等领域的快速发展、综合实力的不断增强、国际地位的不断上升,俄罗斯不断感受来自中国的更大压力。俄罗斯会考虑自己与中国能源合作是否得不偿失,并担心对中国能源出口的依赖程度的进一步上升是否会危及本国安全。这些将可能使俄罗斯重新审视和考虑与中国能源合作的态度和策略。

另一方面,中亚地区是俄罗斯的传统势力范围,也被俄罗斯看作是事关本国地缘安全的缓冲地带。俄罗斯通过自身的能源体系控制着中亚地区能源的出口方向,掌握着中亚国家部分的油田和油气下游产业。近年来,美国和欧盟国家通过采取北约东扩、颜色革命和强化军事部署等手段加强在中亚地区的渗透与控制,分化苏联地区国家,挤压并遏制俄罗斯的战略空间；全球各经济体积极利用与中亚地区国家的能源合作在获取能源利益的同时套取中亚地缘利益。

为此，俄罗斯出于自身安全利益和能源利益等因素的考虑，将可能进一步以区域联盟、经济合作、能源机制等方式阻碍中亚国家与美国、欧盟、日本等国家和地区的合作，也可能会干扰中亚国家与中国的能源合作。

2. 国际话语体系建构

对于俄罗斯来说，中亚、东欧与东亚均为其重要的地缘政治缓冲地带。俄罗斯同东欧及中亚的关系存在复杂且特殊的历史经纬，由于意识形态差异问题俄罗斯同东欧各国存在各种冲突矛盾。在当下俄罗斯同乌克兰的武装冲突情形下，中国无论是作为稳定的地缘政治缓冲带东线还是对自己所陷战争的资源支持国，中国的态度之于俄罗斯来说举足轻重，具有较重的话语权。在此基础上，中国应当积极维持并利用当下两国间政治关系，同俄罗斯加深推进能源资源战略合作，实现优势互补，协同发展。

将视野再放至全球能源市场，以各种各样形式所展现出来的国际能源贸易与交换所针对的是当下常规能源，其中掺杂着错综复杂的政治、利益博弈。自2016年以来，世界秩序出现新的发展，全球化产生波动并引发保守主义和国家主义回潮，能源政治中的国家安全和国家利益开始受到零和博弈思维的强烈影响，国家谋求相对获益的动机上升，总供求平衡下的结构性不平衡加剧。能源政治中的两层安全和利益更像是纠缠在一起的螺旋结构。

从中国的具体国情出发，对于国际能源的利用是必然的，对于外国的能源供给，应当强调多元化，即合作多元、源头多元、品种多元、通道多元。中国在国际话语体系中的自身形象被妖魔化的问题也不容忽视。对于国际话语高地的争夺，应当站在一定的政治高度进行自我辩护，维护我国合理、合法的发展权益。科学技术对于政治理论的意义必然通过话语的传播和建构才能获得合法空间。因此，从国际政治视角研究能源知识和能源话语之间的互动关系，对于我国现常规能源的获取以及在全球能源大转型的背景下提高国际竞争力、提升国际能源话语权，都具有重大意义。

不同知识话语在社会化和合法化过程中受到历史话语和政治话语的制约。如何让专业知识为非专业人士所理解是科学话语是否成功的关键一环。如布鲁诺·拉图尔（Bruno Latour）所言，科学技术知识如"外来的、非人类的、不可预测的、古罗马人的命运一样"。只能通过科普的方式让大众理解。当学者个人的思想以各种形式表达出来后，其进入社会公共空间就从个人的话语变成了公共领域的科学话语，科学话语再通过各种传播平台成为公众话语。科学话语与生俱来的权威性与客观性极大程度影响着大众对特定问题的认知。因此，在国际能源竞争及其话语建构中，历史话语和政治话语的介入对于特定知识话语是否获得合法性具有重要的影响力。具体到国际能源格局中，能源的获取及其使用的合法性之话语所具有的科学性、客观性是话语竞争的核心。个别权威学者基于资本全球化与冷战博弈等政治、经济环境，在传统地缘政治和能源经济的理论盲区锚定认知机制，塑造规训，为其所在国利益提供科学支撑，并在进一步的政治化运作中，对其所在国的能源政策以及大国间的能源竞争产生了影响。新发展格局下，我国应当基于本国势力范围与利益，在知识界构建自身具有说服力的话语体系，在知识竞争和话语建构中实现权力的巩固或转移。

3. 基于对外能源依存的"自我焦虑"

在经济全球化背景下，中国在政治经济转型期所面临的能源安全形势不容乐观，外有隐患，内有坎坷。战略问题应解决能源总供求问题，而不只是某一能源的供求问题；战略问题还应解决中长期的能源生产与消费问题，解决中国经济的可持续发展问题。真正的能源安全就包括着能源资源的持续供给、能源价格的可承受和能源生产及使用的环境可持续。

基于此，国际层面的能源获取十分重要，不过在国内层面的能源治理仍大有可为。且出于能源安全的考虑，减少对外能源依存度是维护国家安全的必经之路，也是不得忽视的问题。

## 二、国内能源治理策略与路径

### （一）生产领域的能源结构治理

1. 积极调整产业结构，大力发展第三产业，努力降低重工业比重

提高第三产业比重可以有效降低能源强度。我国第三产业发展潜力仍很大，随着第三产业比重的不断增加，一定会有效降低我国总能源强度。同时，在工业内部，我国应该大力发展高附加值、耗能低的产业，大幅度降低耗能高同时污染严重的产业。在不影响经济增长的前提下，通过积极调整产业结构、产业转型提高能源效率是完全可行的，北京市就是一个很好例子。由于申办奥运会

所作出的环境承诺，北京市关停了污染严重的水泥厂，将首钢集团搬迁至河北曹妃甸，同时北京市积极鼓励发展能耗低的高新技术产业和现代服务业，产业结构调整的结果是北京市成为 2006 年唯一完成单位 GDP 能耗降低 4% 的省份，而同年北京市也维持在 10% 以上的经济高速增长。

2. 加大技术进步投资，提高各行业部门能源利用水平

科技进步对提高能源效率贡献最大，纯技术效率和规模效应提高能源效率贡献大致相当，加大技术进步对降低能源强度作用十分显著。技术创新是提高能源利用技术、降低单位产品能耗的核心手段。我国在通过加大技术进步投资降低各单位产品能耗、提高各行业部门利用水平方面还有很大潜力。因此，要在各行业部门积极研发、推广新的节能技术，把技术节能作为我国中长期发展规划，对能源的生产、输送、加工和转换以及最终利用过程进行全程管理，尽力提高我国的能源转换和利用效率。

3. 完善市场经济体制，通过能源资源的有序流动推动全国整体能源效率的提高

能源资源特别是煤炭资源比较丰富的省份全要素能源效率值较低，全要素能源效率与能源禀赋显著负相关。从表面上看能源禀赋较高地区全要素能源效率较低，但实质这是市场分割导致资源配置扭曲，地方保护主义造成产业结构趋同，使地区间相互牵制而无法形成规模经济，造成能源效率损失。解决这个问题的根本之策是培育统一、规范、有序的市场经济体制，通过能源资源的有序流动防止区域间能源效率差异变大，推动全国能源效率的整体提高，完成全国节能降耗目标。具体需要强化"西气东输""西电东送""北煤南运"等能源区域调配力度，同时建立能源区域调配补偿制度，促使能源资源的合理流动。

（二）城镇化与能源安全的关系

能源作为经济发展的物质基础，既有一般商品的供需特征，又有生产要素特征；既是城镇生活的必需消费品，又是城镇生产的投入要素。能源从直接和间接两方面对城镇化进程产生约束。间接约束是指能源消费产生的碳排放造成的气候、环境影响，面临国际和国内的双重压力，对城镇发展的进程和质量产生间接的影响。在城镇化进程中能源特别是不可再生的化石能源带来的约束不

容小觑。

当前我国依然处于城镇化快速发展的中期阶段，城镇化推进速度应该适当考虑中国能源的现实状况、承载能力以及贮备情况等约束条件。寻求速度适中和健康的城镇化发展模式保证城镇化的可持续发展，合理适度的城镇化发展速度是同特定的城市发展阶段和经济发展阶段相适应的，是与经济、就业以及能源消费等因素的增长相协调的。

针对城镇化的发展带来的能源问题，有以下政策建议：

1. 建立促进协同发展的政策体系和协调机制

首先，应进行新型城镇化与能源消费协同发展的顶层设计，明确二者的战略地位。与其他发展中国家出现的"过度城镇化"现象不同，中国仍被普遍认为是"低城镇化"国家。因此，加快新型城镇化协调发展、扩大内需和推进城乡一体化仍是当前的一项重大战略。

结合新型城镇化"以人为本、生态文明"的要求，研究制定能源消费、生态环境与经济增长相互协调的政策体系，应包括基本政策、部门政策和一系列的制度以及标准规范，确保各项政策之间的协调性和互补性，保障新型城镇化和能源消费协同发展过程中有据可依。由于新型城镇化发展和能源消费二者设计的领域广、部门多，需要建立部门协调机制，实现跨部门、跨行业、多主体的协同管理的体系。

2. 将能源节约战略纳入城镇规划和布局过程

城镇的规划和空间布局影响其不同功能区域及基础设施的分布和建设，不仅决定城镇的能源供应和设施分布，而且通过其形成的人口通勤和居住模式影响居民的行为方式和生活模式。把节能减排的绿色理念融入城镇的规划和布局过程减轻空间开发对资源和环境的负面影响，结合自身资源、区位、发展等状况进行合理设计，形成节能高效的城镇模式。

提倡紧凑的城镇形态，避免"郊区化"，即边缘地区低密度扩张。适度密集的城镇布局至少从三个方面减少能源的消耗：较短的通勤路程和时间及较少的私家车出行，减少交通油耗；适度的人均居住面积控制了家庭取暖、制冷的能源消费和电力消费；基础设施密度较高、使用率高，产生规模经济，降低了设备建设和营运的成本，避免了重复建设和利用率低状态下的能源浪费。

促进城镇规划协调性，通过合理布局降低能源需求。进行科学合理的功能分区，注重产业、商业、居住、生态等不同功能间的互补与协调。用系统的方法优化城镇的能源系统，从各用户全生命周期的视角统筹规划。通过混合不同用途的区域以完善居民周边商业和服务，减少汽车出行需求量，形成有效的城镇形态。有效的城镇形态不仅能提升居住质量，而且为居民和商业提供了一个多元化的交互模式以促进能源供应方式的革新。另外，还应通过对人口发展趋势的预测，为城镇进一步发展预留合理的空间。

3. 倡导低碳生活，发展低碳建筑和交通

城镇建筑、交通是能源消耗和碳排放的重要领域。需要改变城市居民的生活方式，从交通、建筑和消费上实现减少能源消费和碳排放的目标。城市交通工具是温室气体主要排放者，因此需要实现城市交通的低碳发展。在城市大力提倡步行和使用自行车，鼓励发展公共交通系统和快速轨道交通系统，实现以轨道交通为骨干，常规公交为主体，多种交通方式无缝对接、协调发展的综合交通结构；重点建设城市智能交通系统，包括公交行业无线视频监控平台、智能公交站台、电子票务、车管专家和公交手机一卡通等多种业务；倡导氢气动力车、混合燃料汽车、电动汽车太阳能汽车、生物乙醇燃料汽车等低能耗和低排放的交通工具，开发利用交通节能减排新技术，推广新能源汽车。发展低碳建筑，引入低碳建筑设计理念，实际中通盘考虑隔热、太阳能、通风、采光、制热和制冷等因素。

4. 强化科技支撑，优化能源结构提升能源效率

通过增强自主创新和科技创新能力，降低化石能源的消费比重；降低能源强度，提高能源整体利用效率。在传统化石能源的适用方面，减少煤炭使用比重，用更为清洁的天然气进行替代。加强天然气开发和利用，扩大对上游开采、储运管道及下游销售、入户的投资。

通过对天然气市场价格改革的深化，引入现代化的监管制度等措施，提高天然气市场的运作效率。把能源消费结构的变化与城镇燃料供应的改善紧密结合起来，最大限度地减少煤炭的直接、分散型低效利用，通过增加管道气的接入能力优先供给居民、商业用户及小区供暖等方式扩大天然气消费，最大限度地提高各类城镇的气化水平以及燃料供应质量。

### 5. 深化低碳生态城镇和社区试点与推广

社区是城镇生活的基本单元，应继续推进绿色低碳社区的发展。结合社区实际，探索建立高效节能的社区能源、生活系统的新方式。加强整体规划，制定低碳发展的路线图和时间表。通过加大财政投入和政策支持力度，鼓励体制机制创新，加快建立以资源循环、生态友好为特征的城镇发展模式。从规划、建设、运营、管理全过程探索产业低碳发展与城市低碳建设相融合的新模式，结合先进管理方式和技术手段，从城镇的产业、建筑、交通、能源等各个方面，倡导绿色低碳的生产方式和生活方式。对运行效果好的低碳城镇，总结其成功经验和管理方法，向全国进行经验发布和推广，为新型城镇化和低碳发展提供有益借鉴。

### 6. 合理引导居民需求，建立健康能源消费模式

居民生活能耗是继工业部门之后的第二大能源消耗领域。控制居民能源消费的过快增长，不是要阻止人民享受经济发展和生活水平提高所带来的便利和舒适，而是在提高公共服务水平的同时合理引导，杜绝不必要的奢侈消费。

引导居民绿色出行。继续加强公共交通网络建设、整合公共交通系统，以提供更舒适、高效的公共交通服务、提高公众对公共交通的认可度。用提高私家车使用成本、提供更便捷可靠的公共交通以及更适合行人和自行车出行的道路环境促使居民选择公交、自行车、步行等绿色出行方式。大力研发和推广新能源及节能环保型汽车，加强配套设施建设，鼓励消费者购买和使用。

引导居民绿色消费。倡导绿色生活和消费理念，在全社会范围内普及对资源环境方面的国情认知度，普及节能知识。在家庭和办公场所温度控制方面，杜绝"冬季穿衬衣、夏季穿西服"的不合理能源浪费；对节能、低碳、环保的绿色产品，在开发和生产过程中进行一定程度的投资、税收支持；在销售环节通过宣传和对消费者的适度补贴，鼓励消费者对节能产品的购买行为。以宣传教育和经济激励等多种手段相结合的方式，树立绿色生活、绿色消费的观念，引导居民选择健康、可持续的能源消费模式。

## （三）能源政策与法规干预

目前，我国面临着复杂而又严峻的能源形势，能源供给与需求的矛盾已经

成为经济增长的"瓶颈"。随着我国能源和环境问题的日益凸显，如何利用政府干预和能源禀赋对能源效率产生正向激励作用，对于实现我国经济可持续增长具有重要意义。针对前文的研究结论，为了充分发挥政府干预和能源禀赋对提升能源效率的积极作用，实现保护环境和提升能源效率的目标，此处提出以下相关政策建议：

1. 加强我国能源管理的统一领导，改变多头管理的现状

我国政府一直十分重视能源的管理。自新中国成立以来，我国能源管理体制始终没有形成一个统一管理能源问题的部门，能源的管理被分散到各个部门，形成了多头管理的现状。这不利于我国能源管理的统一性和长期性，不利于我国能源结构的优化和经济增长方式的转变。

2. 政府对能源结构调整要建立长效机制，完善相关法律、法规和标准

在能源领域，政府干预的重要性不言而喻。政府对实现长期社会目标负有责任，同时在向能源清洁、可持续的转变过程中，由于存在市场失灵的现象，必须由政府公共政策予以拉动，这就决定了政府公共政策在能源发展过程中的重要作用。能源消费向清洁、可持续的转变不可能由市场独立自发地实现，政府的干预是推动这一转变过程的重要力量。因此，政府在对我国能源结构的调整和能源产业的发展上要发挥其至关重要的引导和控制作用。

3. 控制资源供给量，提高能源效率

能源禀赋对于我国能源效率的负面影响给我们进行资源管理最直接的启示就是：要科学控制资源的供给量，人为形成"资源稀缺"的局面，改变现有资源粗放利用方式，提高能源利用效率。尤其是在能源资源领域供给侧改革中，各地要通过合理制定资源交易、分配及能源资源指令性开采等政策加快推进能源资源领域去产能进程，提高能源利用效率。

4. 实施差异化的政府干预政策，提高政府干预效率

不同的政府干预方式对全要素能源效率的影响效应差异较大，适当的政府干预方式有助于提升全要素能源效率，缓解能源禀赋带来的"资源诅咒"现象，实现"资源福利"。由于我国各地区经济发展水平、技术水平和能源禀赋等条件存在差异，在制定政府政策时，应根据不同地区能源禀赋和经济环境情况，制定差异化的政府干预政策，提高政府干预的有效性。尤其是我国西部地区能源

禀赋优越，但经济环境较差，能源消耗巨大，应针对西部地区能源开发和利用的实际情况制定政府干预政策。

5. 完善政府干预理论体系和手段

随着政府对市场机制认识的不断深入，我国政府干预的科学性、合理性和有效性也在不断提高，政府也在不断转变政府职能优化干预政策和手段，不断修正其与市场之间的关系，政府干预的效果也越来越明显。从我国现实来看，还需要进一步对我国政府干预的理论体系和具体手段进行完善和改进，探索出同时符合市场经济规律和我国现实国情的政府干预机制，从而实现政府和市场两个主体的有效结合。

能源领域内垄断产业的市场化改革的深入，将为建立起合理的管制体制创造好的环境，必须坚定不移地推进能源领域各项改革。可以由市场来配置资源的，应该由市场去做，管制这只"有形的手"和市场这只"无形的手"同时发挥作用，改革的方向不可逆转

市场机制下极具活力的自由竞争，加快了优化资源配置的步伐，极大地提高了生产的效率，使市场经济焕发着其他资源配置方式所不可比拟的光彩与生命力。但自然垄断性、外部性、信息不对称的存在，是市场机制无法克服的问题，要求政府必须在一定限度内掌握必要的经济资源和参与必要的经济活动来克服市场失灵，并通过管制实现社会利益的最大化。

6. 统筹推进绿色财税政策体系建设

清洁能源的发展具有正外部效应，但目前这种外部效应不能很好地体现在产业发展中，政府需要通过实施税收优惠政策，作为改善这种不合理现状的推动力。可以通过对涉及清洁能源发展的各个税种进行完善或单独设立专项税收的方式，支持清洁能源产业的发展。

从顶层设计来看，完善绿色财税政策设计应当统筹约束和激励两个方面的作用。一方面，政府通过征税限制能源生产者和消费者的过度消耗，有效减少温室气体排放，从根源上扭转中国能源消费结构不合理及能源效率低下的不利局面；另一方面，政府通过实施补贴激励能源企业绿色研发创新，引领绿色经济提高能效，促进环境改善和经济社会可持续发展。为此，需要完善有利于实现能源资源节约和环境保护、约束与激励并重的财税机制。在促进能源节约、

环境保护的同时把税收对微观主体和宏观经济的负面影响降到最低限度，兼顾多方平衡。

（四）能源可持续发展与转型

中国进行能源革命与能源转型是大势所趋，也是不得已而为之。中国能源革命与转型的主力军是可再生能源，特别是波动性较大的可再生电力。如何消纳高速增长的可再生电力，是中国能源战略发展关键只有从根本上解决弃风电、光伏、水电现象，才能为可再生能源发展扫清高速增长道路上障碍，降低发电成本，获得可再生能源发展所需要的宝贵现金流和利润。高效消纳可再生能源应该成为中国未来编制能源规划要抓住的牛鼻子。为实现可再生能源的高效消纳，特建议如下：

1. 做实就近消纳可再生电力能力

分布式风电、分布式光伏、生物质热电、垃圾热电等靠近用户的可再生电力消纳问题不是很大，主要是远离市场的大型集中式风电、光伏、水电电量大、波动性大，与用户电力需求匹配性较差，导致弃风电、光伏、水电现象。既然局部区域电力过剩，就将方圆数百公里内的城市、县城、乡镇、村庄大规模实施煤改电工程，特别是在北方采暖地区的大型风电场、光伏电场、水电站周边，对新建楼房和农村平房全部按照电采暖设计，对已建房屋冬季采暖也是以煤改电为主，烧热水、炒菜做饭也可以靠优惠电价刺激消费电力，周边工业用户能用电的也改为电力作为主要能源，降低对煤炭或天然气消耗。靠较低电价大力发展电动车也是可以探索的发展方向，再就是依靠可再生电力虽波动但电力成本低的特点，战略性发展用电较多的数据中心等用户，主动招商引资发展工业园区，加大可再生电力消纳总量，做实就近消纳可再生电力能力。

2. 拓展大城市消费绿色电力总量

大城市人口密集、车辆众多，环境容量有限，减少城市内煤电厂、气电厂等化石能源电厂对氧气消耗，减少二氧化碳、氮氧化物等排放。二次能源电力生产不求所在，但求所用。城市内的火电厂越少越好，火电厂发电小时数越低越好，即使承担适度较高电价也是值得的，要把有限的碳排放量尽量留给现在常规的燃油汽车使用，满足城市居民的出行需求。国家电网、南方电网需要规划建设一定规模从可再生电力源头到大城市的特高压输电线路，满足大城市对绿色电力消费需求。

3. 打造多样化低碳绿色调峰能力

有效协同波动性较强可再生电力与同样存在波动性电力需求，就是要强力打造多样化低碳绿色调峰能力。在大城市用电负荷中心，发展启停灵活、占地少、排放少的燃气调峰电厂，是电力系统调峰能力建设重要方向，燃气调峰电厂不以发电小时数多少论英雄，而是以确保城市电力安全为第一要务，在保证城市电力安全的前提下，发电小时数越少越好。大力发展燃气调峰电厂会加大天然气调峰能力需求，因此需要加大地下储气库、LNG 大型接收站储罐群、国家管网体系输送能力建设，在满足天然气系统自身调峰需求同时，也有能力满足可再生电力低碳绿色调峰需求。

4. 完善可再生能源法律制度环境和顶层设计

可再生能源的发展在现阶段及中期发展都离不开政府强有力的法律保障、政策支持与有效监管。在法律制度等方面，需要完善可再生能源法律体系保障。可再生能源不同于其他能源，它是一个涵盖多种类能源品类和技术形式的能源概称，不同品类可再生能源之间的发展特点与开发利用形式存在很大不同。要在《可再生能源法》的基础上，再根据水能、风能、太阳能和生物质能等细化和完善相应的法律体系，对现有可再生能源制度环境进行优化，对可再生能源提供更加有效的法律制度支撑。

在顶层设计方面，我国水能发展在全球是名列第一的，现阶段水能装机和发电相对发展稳定，可以与波动性较大的风、光形成一定的优势互补；煤电的基础厚实，短期内还需要支撑电力系统运行。我国的抽蓄水电发展还有很大的提升空间，进一步挖掘抽蓄水电潜力，发挥对风、光电的重大调度作用，同时进一步发展风、光能与核电、氢能、储能的协调配合发展模式。

5. 建立有效的区域性可再生能源市场机制

推进可再生能源发展，需要加强可再生能源商品属性，需要解决区域合作和市场机制问题，深化可再生能源价格市场化改革，逐步建立长期区域性可再生能源能源市场机制。

在现在国家对于可再生能源补贴取消的情况下，要充分发挥市场的作用，推进建立、完善在遵循可再生能源作为商品的市场规律下的可再生能源市场运行机制，对电价试行峰谷差价，将水电纳入绿证市场，根据不同地区，政府需要制定合理的价格，规范国家可再生能源证书认购。完善市场平台与竞争环境，最后远期实现较为成熟的市场交易状态。同时，改善中、西部金融支持与营商环境，并将碳交易市场的基础纳入西部地区的生态碳汇项目，保障可再生能源的发展。

6. 强化政府的责任并提高新能源比重

强化政府责任并不是指简单地加大力度。各级政府在建立健全与新能源相关的制度时重要的是要做到适度，既不能"缺位"也不能"越位"，不做"守夜者"更不做"独裁者"。

政府需要加强社会主体对加快新能源技术创新的重要认识，并利用各种方式提供资金支持。想要保持新能源技术创新的可持续发展，能源政策就需要随之保持长期稳定。由于中国经济发展的现实需要，在未来一段时期内中国常规化石能源高比例的结构难以从根本上改变。政府以出台政策的方式去引导尤为重要。要统筹协调新能源与传统能源之间的补充、替代速度。由于中国是一个庞大的能源经济体，长期存在固有习惯性能源消费，能源消费结构不容易改变。想实现新能源比重的增加，从而改变能源结构现状的确不失为一个好政策。政策调整的力度不够，技术创新过程激励因素较弱，新能源技术会发展缓慢，又会造成整个产业发展迟缓，错失历史机遇。因此，需要长期调研，不断调整政策力度才能使中国新能源平稳高速发展，为中国由能源大国向能源强国转变提供政策保证；在国家对新能源资金投入有限的情况下，适度引进其他资本，为新能源提供融资贷款等便利。

此外，我国需要完善中央和地方政府对中国新能源技术创新的财政体制，积极推行有利于新能源技术创新的税收立法与政策。政府在引导的同时也要下决心整合。中国在能源变革的道路上存在利益集团的阻挠，中国的能源改革需要建立一个全新的执行机构。逐步实现能源的集中有效管理，成立"能源委员会"或"能源部"代替"能源局"，以"能源法"的制定代替"能源管理办法""能源规划"，以此来实现由更高的权力机构来执行"能源变革"的战略使命，以增加执行力，实现政府管理层面的集中管理。

(五) 地区能源差异与发展

对于中国碳排放地区差异问题,即地区性能源生产与消费相关性差异问题以及地区性碳排放量不平等的情况,要在强化市场基础作用的同时,注重政府的主导作用;在调动地方政府积极性的同时,强化中央政府的宏观调控能力。针对中国区域低碳经济的发展在战略设计、政策制定和政策落实上有以下建议:

1. 需要建立起国家、地方政府与社会之间的良性互动响应机制。为有效解决中国碳排放的地区差异问题,需建立一个涵盖国家、地方政府和社会各层面的良性互动响应机制。首先,中央政府需制定清晰的碳减排目标和政策框架,包括碳交易市场与碳税政策,并考虑地区间的经济与产业差异。地方政府则应结合本地实际,制订具体执行方案。其次,建立全国性的碳排放数据监控系统以确保信息透明度。同时,增强公众参与,通过教育和社会动员提升公众对碳减排的意识和参与度。再次,技术创新同样关键,需要政府支持研发和推广低碳技术。最后,法律和监管框架的健全,以及区域间及国际合作的加强,也是确保政策有效执行和促进碳减排目标实现的重要环节。通过这种多层面合作与协调,可以构建一个全面且有效的碳管理体系,为解决碳排放地区差异问题提供坚实基础。

2. 在区域低碳发展的问题上,必须充分发挥政府组织协调能力强、社会组织化程度高的优势。通过政府把市场、企业以及社会各方面的力量动员并结合起来,实现市场的有效运行、资源的优化配置、利益的合理分配;坚持市场主导原则、因地制宜等原则,以保证中国三大区域低碳经济的良性发展。在宏观经济调控方面,比如区域间产业梯度转移、区域内产业布局等,需要考虑其带来的二氧化碳排放,并作为二氧化碳排放配额的依据之一。不同层次、不同类型的东、中、西三大区域,社会经济发展差别显著,每个区域低碳经济发展的重点和途径应根据区域内部的类型和层次等具体情况而采取不同的模式。在具体政策选择上,在国家层面的二氧化碳减排战略等各种政策制定之前,需要考虑地区碳不平等的影响。国家可以组织有关职能部门、各类专家等成立协调小组,通过深入调查各地区的二氧化碳排放情况进行较为彻底摸底,构建包括各种核心影响因素的地区碳不平等预警机制,以期将地区碳不平等程度控制在可接受的范围内；对各利益攸关方进行深入分析，考虑历史因素和碳排放转移等特殊情况，为减排政策制定和评估提供相对最优的政策选择。同时，在各类宏观能源政策的制定和评估过程中，也需要考虑地区碳不平等对其的影响，这样有助于政策的顺利实施。

3. 完善的市场既是经济建设的前提条件，也是社会建设的重要基础。发挥市场主导作用，就是完善市场机制，规范市场竞争，形成各利益主体充分博弈的市场平台，通过"双赢""多赢"格局的达成，构筑合作的长效机制，实现优势互补、共同发展。

总体而言，东部地区应注重自主创新，提升发展层次产业有序转移，实现率先发展；中部地区应注重通过土地、产业等宽松政策，促进产业集中、集聚和集群发展，淘汰落后产能，实现快速发展；西部地区应通过实施保护性政策，通过规范的财政转移支付，发展特色产业，减轻环境压力，完善基础设施，提高生活水平，促进生态保护和社会发展，实现人地和谐发展。

地方政府政绩中要适当考虑 GDP 质量指标。要建设环境友好型、资源节约型国家，节能减排战略顺利实施，就要求切实完善政绩考核评价机制，政绩考核和政治晋升绝对不能仅仅考虑 GDP 的量，还必须考虑 GDP 的质。具体而言，可以考虑将碳排放的密度和强度对 GDP 这一指标进行处理，获得减碳的 GDP。通过新的考核评价机制增强地方政府加快经济发展方式转变的自觉性、主动性和科学性，从而改善如今地区碳不平等的状况。

（六）能源消费者行为与城市能源储备及应急

未来城市化的进一步发展将对能源需求总量和结构提出新的需求，而中国能源保障能力前景并不乐观。除煤炭资源尚能满足未来 20—30 年的国内消费需求外，石油天然气不足，供需缺口大。其他能源资源储量较为丰富，但是受到成本和技术的制约，开发力度不够。再加上运输能力的限制和环境目标的制约，中国未来城市化发展的能源保障压力巨大。

立足中国城市化发展的能源需求特征和现有的保障能力，未来城市化发展的能源保障对策，必须从节约需求和加强供应两个方面着手，并且节约优先。节约能源需求的途径有：全面提高能源利用效率，挖掘技术节能潜力；加快转变经济增长方式，发挥结构节能效应；积极倡导节约型消费方式，促进生活节能。加强能源供应的对策有：大力发展洁净煤技术，提高煤炭供应能力；充分利用国际资源市场，确保国内油气供应稳定；不断开发可再生能源，逐步实现能源生产多元化；努力加强基础设施建设，提高能源综合运输能力。

建立健全能源应急管理制度，增强快速应变能力。能源应急管理是建立在能源预警基础上控制风险、减少损失的管理过程，也是保障和维护能源安全的最后一道防线。加强应急管理遵循的原则是：预防为主，统一指挥；果敢决断，快速反应；大局为重，统筹兼顾；公开透明，正确引导。在广泛动员当前，最重要的是抓好应急管理的基础性制度建设。

应急预案是指导预防或阻止某种可能发生的突发事件事先制定的应急行动方案。制定一部完备的能源应急预案是加强应急管理的基础和前提，这有利于及时科学决策、集中统一指挥和提高处置能源突发事件的效率。组建强有力的应急指挥机构，建议在国务院的统一领导下，建立由国家发改委牵头，综合经济、外交、军事、公安等相关部门参加的非常设能源应急协调机构。一旦危机发生时，该机构自动转为指挥机构，根据授权负责应急决策和管理。

针对构建能源应急协同机制、提高能源应急协同效率，有以下对策建议：

1. 明确主体的权利、责任与义务

能源应急涉及多区域、多层级、多部门、多主体，只有明确各主体在能源应急中的权利、义务与责任，才能保证能源应急的高效协同。要加快能源应急管理法制的建设，明确各个主体在能源应急中的法律地位、相互间的权利分配关系，规范各主体的能源应急活动和措施，各主体应如何通过科学地组织与协调各方面的资源及能力，更好地防范应对能源突发事件，为应对能源突发事件提供有力的法律依据；也能有效地约束各应急主体的应急行为，避免出现"多头领导、互相推诿"以及"搭便车"等现象。同时，能源供应链企业应意识到自身消极应对能源突发事件并不能为自己带来更多好处，政府承担过多的应急工作反而会带来更多的不必要的资源投入。这就需要加快中国能源应急管理体系的建设和完善，明确各参与主体在应急过程中的职责与权限，分工协作；政府应逐渐实现权力下放，给予能源供应链企业更多的主动权，使其充分地参与到应急工作中，提高应急协同效率。

## 2. 降低能源应急成本

能源应急主体在应急过程中应在保障完成应急任务的前提下尽可能寻求降低应急成本的途径，提高应急主观能动性。在能源短缺应急过程中，能源供应链企业主要负责增加能源产量、协调运力保障能源运输以及降低能源消耗等工作，要降低其应急成本需要能源生产企业研发和采用先进高效的能源开采技术降低生产成本；能源运输企业建立专业的运输团队，开辟专门的应急运输专线，避免应急过程中能源运输迟滞，消耗较多人力、物力和财力，徒增应急运输成本；能源消费企业提高能源利用效率，降低能源消耗，同时储备适当规模的能源，在应急过程中既能保证自身生产发展的需要，也能响应政府号召，投身应急工作，避免应急过程中不能有效协调自身发展需要和应急需要造成企业混乱，增加应急成本与能源进口国签订具体的"保供"合同，避免能源短缺时出口国哄抬气价，增加中国能源应急成本。此外，基于能源突发事件后信息的极度不对称性，建立主体应能够及时全面了解各项应急资源的需求和供应情况，快速、准确地做出应急决策，降低能源应急的时间成本，提高各应急主体的应急积极性，实现有效协同。

## 3. 加快构建能源应急的激励机制

能源应急的激励机制包括监督机制、考核机制、奖惩机制以及补偿机制。国家发改委、能源局等能源主管部委应当明确地方政府在能源应急中的责任，地方政府应根据各省市的具体情况制定相应的能源储备、调峰填谷任务指标，并进行考核和监督。这对于建立中央政府在能源应急工作中的权威和执行力，提高地方政府应急的主观能动性，减少地方政府的自利性，提高能源应急协同效率具有重要意义。然而地方政府在采取激励措施时，需要动态地考察能源突发事件的发展态势，使激励措施能够真正发挥其作用，避免举措的无效性。地方政府在构建针对能源供应链企业的监督考核机制、奖惩机制时，需要充分考虑到能源供应链企业的利益诉求，匹配相应的补偿机制。政府除了要明确能源供应链上、中、下游企业的责任，制定具体的应急指标并进行监督，还应对能源供应链企业承担的成本进行合理分析，对企业额外承担的成本进行补偿。例如，在项目审批、金融政策方面予以补贴支持；在运营管理方面政府应承担储备运行费用等；在能源价格、税收等方面，定价过程中应充分涵括储备库的建设费、调峰费等费用，提供优惠的税收政策，对终端民用能源价格应适时进行调整，缓解供能企业经营压力；等等。通过采取补偿措施，可以充分调动能源供应链企业的应急积极性。在补偿制度的构建过程中，要制定合理的补偿力度，规避可能出现的更多资源浪费风险。在国际能源应急合作过程中，不能仅仅停留在一般性合作和对话性合作，应借鉴国际能源组织成熟的应急共享机制，引入惩罚机制，约束对于在紧急状态下国家主体的"搭便车"行为。

4. 建立常态化的能源应急协同机制

常态下的能源应急机制主要是指常态下各主体的应急工作准备以及相互之间的沟通交流，包括应急意识的教育和普及、组织机构的建设、应急演练和培训、预案编制、应急保障准备、常规沟通会议等。通过常态下的这种工作，应急主体内部以及主体之间对于其应急职责、应急人员、技术、设备、物资、应急行动及如何与其他主体建立协同关系进行了充分的了解和掌握，发现应急过程中可能遇到的问题及时解决，进而可以在具体的能源应急过程中避免不必要的慌乱。当能源突发事件发生后，将日常应急准备工作和紧急状态下应急协同工作有机结合，各主体能够在能源突发事件发生时迅速地实现常态到紧急状态下工作重心的转移，主体内部成员以及主体之间能够短时间内建立协同沟通关系，明确地知道应急工作由谁来做、怎么做、何时做、所需的资源等，能够迅速整合各项应急资源，大大压缩了应急反应时间，应急协同效率也会大大提高。同时，应保障日常应急资源投入的有效性，避免常态化的能源应急管理流于形式，只有这样常态化应急机制才能真正发挥提高能源应急协同效率的作用。

能源问题是国家现代化建设的重要支柱，也是一国现代化进程中不可避免的问题。如何处理能源问题对于我党的历史使命以及我国社会主义现代化建设议程具有极其重要的意义。我国在经济发展、国家建设方面一路高歌猛进的同时，也应关注到能源本身以及伴随而来的新问题、新情况。

结合前文，我国当前在能源结构方面面临着能源储备同生产的结构性矛盾、结构不合理以及利用效率不高等诸多困境，对我国国家能源安全构成直接威胁。

为应对当下的情况，在能源供需结构的宏观层面，我国应深入推动共建"一带一路"高质量发展，对于各国具体情况展开具体应对策略，积极开展能源友好外交参与国际多边能源合作，构建更高质量的能源国际合作体系。同时也需要我国"对内开刀",在能源的消费终端,要对我国国内能源治理体系进行多角度、多层次的调整。在中国能源治理的新发展格局下,政府应当承担社会责任,向治理型政府转变行政机构与职能:在积极引导企业产业融合发展、发展清洁能源、提升技术创新和能源效率,教育、倡导社会低碳消费的生活习惯,节能提效,促进绿色低碳发展;同时统筹兼顾,在顾全大局的基础上协调地区差异,因地制宜进行政策试点,对规划的实践端进行部署,构建新型电力系统,推进能源体制改革,调整优化能源结构,加强能源供给安全保障。通过完善同宏观战略配套的法制建设与行政体制改革,解决由城镇化建设所带来的能源消费与地区性分配差异问题,完善城市成员储备与应急管理体系,维持能源开支的动态平衡,实现能源可持续发展与绿色转型。

# 主要参考文献

［1］郭水文：《新发展格局下我国能源产业发展的若干思考》，载《中共山西省委党校学报》2021年第4期。

［2］李松洋：《中国共产党百年能源治理的演变及展望》，载《中共乐山市委党校学报》2022年第3期。

［3］韩文艳、杨娜、熊永兰：《科技大国能源消费结构演变及影响因素研究》，载《科技管理研究》2023年第1期

［4］高文永、单葆国：《中国能源供需特点与能源结构调整》，载《华北电力大学学报（社会科学版）》2010年第5期。

［5］曹新：《中国能源结构调整问题》，"2009年中国水电可持续发展高峰论坛"论文集，2009年2月于北京。

［6］王顺庆：《我国能源结构的不合理性及对策研究》，载《生态经济》2006年第11期。

［7］庞名立、崔傲蕾编：《能源百科简明辞典》，中国石化出版社2009年版。

［8］王逸舟主编：《全球化时代的国际安全》，上海人民出版社1999年版。

［9］中国人民解放军军事科学院编：《马克思恩格斯列宁斯大林军事文选》，战士出版社1977年版。

［10］《我国主要能源分布情况》，载《农村电气化》2004年第3期。

［11］门洪华：《确保中国能源安全的战略意义》，载门洪华

主编：《大国崛起》，浙江人民出版社 2004 年版。

［12］魏一鸣、范英等：《中国能源报告 2006》，科学出版社 2006 年版。

［13］蔡建国：《东亚区域合作——能源、环境与安全》，同济大学出版社 2007 年版。

［14］张永宁、沈霁华：《中国节能减排政策的演进——基于 1978—2016 年政策文本的研究》，载《中国石油大学学报（社会科学版）》2016 年第 6 期。

［15］戴彦德、白泉等：《中国实现"十一五"节能目标》，光明日报出版社 2009 年版。

［16］苗颖：《我国污染减排政策的传导机制及有效性》，载《光明日报》2015 年 9 月 13 日，第 7 版。

［17］陈昊、曹奇：《中国节能减排政策研究》，载《时代金融》2016 年第 17 期。

［18］周雄勇、郗永勤、许志端：《节能减排政策的需求、传导与体系建设：基于战略路线图》，载《贵州社会科学》2018 年第 4 期。

［19］曾凡银：《中国节能减排政策：理论框架与实践分析》，载《财贸经济》2010 年第 7 期。

［20］王晨、王博、梁爽：《商业银行绿色信贷创新实践与相关政策建议》，载《经济研究导刊》2018 年第 13 期。

［21］邵鑫潇、张潇、蒋惠琴：《中国碳排放交易体系行业覆盖范围研究》，载《资源开发与市场》2017 年第 33 期。

［22］钱立华：《绿色金融国际合作实践》，载《中国金融》2017 年第 4 期。

［23］谷宇辰、张达、张希良：《关于完善能源消费"双控"制度的思考与建议——基于"十三五"能源消费变化的研究》，载《中国能源》2020 年第 9 期。

［24］王志轩：《碳达峰、碳中和目标实现路径与政策框架研究》，载《电力科技与环保》2021 年第 37 期。

［25］白永秀、鲁能等：《双碳目标提出的背景、挑战、机遇及实现路径》，载《中国经济评论》2021 年第 5 期。

［26］林艳：《我国节能减排政策的优化策略研究》，载《理论月刊》2016

年第 3 期。

[27] 郭海涛、李博文：《2022 年中国能源政策回顾与 2023 年调整方向研判》，载《国际石油经济》2023 年第 2 期。

[28] 鲁钊阳：《节能减排面临的难点及对策》，载《管理现代化》2012 年第 3 期。

[29] 温馨、陈佳静：《技术创新与能源转型：一个文献综述》，载《科技创业月刊》2022 年第 12 期。

[30] 李琦：《激发能源技术创新活力潜力》，载《经济日报》2024 年 1 月 18 日，第 5 版。

[31] 刘彬生、王晓丹：《传统能源企业绿色技术创新现状及对策研究》，载《商业经济》2022 年第 10 期。

[32] 赵三珊、齐晓曼等：《能源企业创新现状分析及持续创新动力机制模型研究》，载《电力与能源》2019 年第 3 期。

[33] 涂云川、魏子栋：《"双碳"愿景下的能源技术变革》，载《科技导报》2023 年第 19 期。

[34] 洪勇、周业付：《市场分割、技术创新与能源效率》，载《哈尔滨商业大学学报（社会科学版）》2022 年第 4 期。

[35] 刘华军、石印、郭立祥：《新时代的中国能源革命：历程、成就与展望》，载《管理世界》2022 年第 7 期。

[36] 国务院发展研究中心"绿色低碳转型"课题组：《推进绿色低碳科技创新》，载《新经济导刊》2023 年第 Z2 期。

[37] 王蕾、史丹：《全球能源格局演变与中国能源安全：影响与应对》，载《中南林业科技大学学报（社会科学版）》2023 年第 5 期。

[38] 赵勇、李静：《企业参与新能源国际合作的机遇与挑战解析》，载《财讯》2023 年第 21 期。

[39] 王婧：《"一带一路"倡议下国际能源合作的风险及应对》，载《中外能源》2023 年第 4 期。

[40] 张丹蕾：《全球能源治理变局下"一带一路"能源合作机制构建的探讨》，载《国际经贸探索》2023 年第 2 期。

[41] 辛保安：《构建绿色低碳国际能源合作新格局》，载《中国电力企业管理》2022 年第 31 期。

[42] 沈雅梅：《国际能源形势新变化和中国的机遇与挑战》，载《当代世界》2015 年第 2 期。

[43] 薛伟贤、刘静：《环境规制及其在中国的评估》，载《中国人口·资源与环境》2010 年第 9 期。

[44] 高志远、张涛、赵磊：《清洁能源市场化优先替代规则设计及其相关分析》，载《电力自动化设备》2021 年第 8 期。

[45] 刘闯、李凤婷、晁勤：《考虑清洁能源消纳的多边发电权交易新型模式》，载《电力自动化设备》2021 年第 1 期。

[46] 史连军、周琳、庞博：《中国促进清洁能源消纳的市场机制设计思路》，载《电力系统自动化》2017 年第 24 期。

[47] 胡佳怡、严正、王晗：《考虑清洁电力共享的社区电能日前优化调度》，载《电网技术》2020 年第 1 期。

[48] 艾欣、赵阅群、周树鹏：《适应清洁能源消纳的配电网集群电动汽车充电负荷模型与仿真研究》，载《中国电力》2016 年第 6 期。

[49] 田艳平、李佳锶：《居民政策感知与家庭能源消费低碳化》，载《消费经济》2024 年第 1 期。

[50] 王建明、王俊豪：《公众低碳消费模式的影响因素模型与政府管制政策——基于扎根理论的一个探索性研究》，载《管理世界》2011 年第 4 期。

[51] 吴晟、武良鹏、赵湘莲：《绿色信贷政策对制造业外部融资、经济增长和能源消费的影响》，载《中国人口·资源与环境》2021 年第 3 期。

[52] 曾婧婧、童文思：《能源政策如何作用工业绿色经济发展》，载《中国人口·资源与环境》2018 年第 12 期。

[53] 周安华、王赛鸽：《中国新能源示范城市政策对新能源企业绿色创新的影响及其作用机制》，载《资源科学》2023 年第 12 期。

[54] 屠新泉、曾瑞：《美国清洁能源补贴政策新动向、影响及应对策略——基于美国〈通胀削减法案〉的分析》，载《浙江学刊》2024 年第 1 期。

[55] 罗振兴：《贸易战背景下的中美能源博弈与合作》，载《现代国际关

系》2020 年第 2 期。

［56］李昕蕾：《中美清洁能源竞合新态势与中国应对》，载《国际展望》2021 年第 5 期。

［57］赵斌、谢淑敏：《"气候新政 2.0"：拜登执政以来中美气候政治竞合》，载《西安交通大学学报（社会科学版）》2022 年第 4 期。

［58］张锐、相均泳：《"碳中和"与世界地缘政治重构》，载《国际展望》2021 年第 4 期。

［59］唐新华：《美国气候战略及中美气候合作》，载《现代国际关系》2022 年第 1 期。

［60］江涛：《拜登政府的能源政策：主张、制约与应对》，载《中国石油大学学报（社会科学版）》2022 年第 6 期。

［61］肖兰兰、严舒旸：《俄乌冲突背景下欧盟能源政策的变化及其影响——一项基于政策范式分析框架的考察》，载《德国研究》2023 年第 2 期。

［62］中华人民共和国国务院新闻办公室：《新时代的中国能源发展》，载《人民日报》2020 年 12 月 22 日，第 10 版。

［63］赵云龙、孔庚、李卓然：《全球能源转型及我国能源革命战略系统分析》，载《中国工程科学》2021 年第 23 期。

［64］《国家能源局关于可再生能源发展"十三五"规划实施的指导意见》，载《太阳能》2017 年第 9 期。

［65］郭建宇、白婷：《产业扶贫的可持续性探讨——以光伏扶贫为例》，载《经济纵横》2018 年第 7 期。

［66］朱亮峰：《煤炭资源资本化支撑理论及运作效率研究》，中国经济出版社 2017 年版。

［67］朱亮峰、朱学义：《煤炭去产能转机情况分析与对策》，载《财务与会计》2018 年第 6 期。

［68］朱亮峰、朱学义：《煤炭行业去产能、调整资产结构对煤炭经济的撬动效应》，载《资源科学》2021 年第 2 期。

［69］武晓娟：《煤炭进口缘何逆势大增》，载《中国能源报》2016 年 8 月 8 日，第 1 版。

［70］朱雄关：《丝绸之路经济带战略中的中俄能源合作新机遇》，载《思想战线》2015年第3期。

［71］杨阳腾：《科技锻造"硬实力"》，载《经济日报》2022年10月14日，第11版。

［72］张磊：《太重集团增"智"添"绿"》，载《经济参考报》2023年10月16日，第6版。

［73］《中共中央国务院印发〈乡村振兴战略规划（2018—2022年）〉》，载《人民日报》2018年9月27日，第1版。

［74］吕卫丽、叶海涛：《当代西方能源治理的三大思潮批判——兼论中国能源治理的启示》，载《东南大学学报（哲学社会科学版）》2022年第4期。

［75］吕江：《后疫情时代全球能源治理重构：挑战、反思与"一带一路"选择》，载《中国软科学》2022年第2期。

［76］赵云龙、孔庚等：《全球能源转型及我国能源革命战略系统分析》，载《中国工程科学》2021年第1期。

［77］张晓珍、苗扬：《东盟石油和天然气行业现状及新趋势》，载《期货日报》2024年1月3日，第3版。

［78］董秀成、皮光林：《能源地缘政治与中国能源战略》，载《经济问题》2015年第2期。

［79］李军、王善勇、范进等：《个人碳交易机制对消费者能源消费影响研究》，载《系统工程理论与实践》2016年第36期。

［80］高莹：《中美能源安全战略比较分析》，海南大学2011年硕士学位论文。

［81］陆胜利：《世界能源问题与中国能源安全研究》，中共中央党校2011年博士学位论文。

［82］王东：《我国能源安全与建设新疆能源基地研究》，新疆师范大学2008年硕士学位论文。

［83］吴明明：《中国能源消费与经济增长关系研究》，华中科技大学2011年博士学位论文。

［84］王亚栋：《能源与国际政治》，中共中央党校2002年博士学位论文。

［85］范秋芳：《中国石油安全预警及对策研究》，中国科学技术大学 2007 年博士学位论文。

［86］张海龙：《中国新能源发展研究》，吉林大学 2014 年博士学位论文。

［87］魏楚：《中国能源效率问题研究》，浙江大学 2009 年博士学位论文。

［88］熊韶辉：《论中国实现石油安全的贸易战略和策略》，对外经济贸易大学 2007 年博士学位论文。

［89］朱雄关：《"一带一路"背景下中国与沿线国家能源合作问题研究》，云南大学 2016 年博士学位论文。

［90］陈柯旭：《美国中亚战略研究》，华东师范大学 2012 年博士学位论文。

［91］肖依虎：《经济全球化下的中国能源安全战略研究》，武汉大学 2010 年博士学位论文。

［92］郑世高：《知识竞争与话语建构：国际能源话语研究》，外交学院 2019 年博士学位论文。

［93］关雪凌：《城镇化与能源消费作用机制及协同发展研究》，中国矿业大学 2015 年博士学位论文。

［94］董锋：《中国能源效率及能耗问题研究》，南京航空航天大学 2010 年博士学位论文。

［95］胡东欧：《绿色经济视角下中国区域可再生能源发展路径研究》，中国石油大学（北京）2022 年博士学位论文。

［96］陈峥：《能源禀赋、政府干预与中国能源效率研究》，中南财经政法大学 2017 年博士学位论文。

［97］霍宗杰：《能源结构与粗放型经济增长》，兰州大学 2010 年博士学位论文。

［98］高健：《中国能源领域内的政府管制研究》，中共中央党校 2007 年博士学位论文。

［99］马杰：《促进我国清洁能源发展的财税政策研究》，中国地质大学（北京）2015 年博士学位论文。

［100］乔永璞：《绿色财税政策的经济效应研究》，北京交通大学 2020 年博士学位论文。

［101］李艳梅：《中国城市化进程中能源需求及保障研究》，北京交通大学 2007 年博士学位论文。

［102］李继尊：《中国能源预警模型研究》，中国石油大学 2007 年博士学位论文。

［103］刘晓燕：《能源应急多主体协同机制及协同效应研究》，中国矿业大学 2019 年博士学位论文。

［104］彭旭：《中国能源结构与碳排放强度的关系研究》，华北电力大学 2016 年硕士学位论文。

［105］高华：《技术创新与我国新能源产业发展研究》，中国地质大学 2023 年博士学位论文。

［106］童安怡：《中国参与全球能源治理：问题、挑战与回应》，浙江大学 2019 年硕士学位论文。

［107］王颖：《基于感知风险和涉入程度的消费者新能源汽车购买意愿研究》，华东理工大学 2011 年硕士学位论文。

［108］赵迪：《节能减排政策对我国能源—经济—环境系统的影响效果》，华北电力大学（北京）2017 年硕士学位论文。

［109］Vahan. Zanoyan, *Global Energy Security: Econometric Prospective*, American Economic Review, Vol. 10, p. 710 – 769 (2003).

［110］S. Roberson, *Ensuring America's Energy Security*, International Organization Review, Vol. 5, p. 221 – 256 (2003).

［111］Mathias Binswanger, *Technological Progress and Sustainable Development: What about the Rebound Effect?*, Ecological Economics Vol. 36: 1, p. 119 – 132 (2001).

［112］Greening A. L., Greene D. L. & Difiglio C., *Energy Eficiency and Consumption – the Rebound Effect —A Survey*, Energy Policy Vol. 28: 6, p. 389 – 401 (2000).

［113］Lenzen M. & Murray S. A., *A Modified Ecological Footprint Method and its Application to Australia*, Ecological Economics Vol. 37: 2, p. 229 – 255 (2001).

［114］Sorrell S., *Jevons' Paradox Revisited: The Evidence for Backfire from*

*Improved Energy Efficiency*, Energy Policy, Vol. 37: 4, p. 1456 – 1469 (2009).

［115］Ekholm T. et al., *Determinants of Household Energy Consumption in India*, Energy Policy Vol. 38: 10, p. 5696 – 5707 (2010).

［116］Bristow A. L. et al., *Public Acceptability of Personal Carbon Trading and Carbon tax*, Ecological Economics Vol. 69: 9, p. 1824 – 1837 (2010).

［117］Fawcett T. & Parag Y., *An Introduction to Personal Carbon Trading*, Climate Policy, Vol. 10: 4, p. 329 – 338 (2010).

［118］Bruno Latour, *Science in Action: How to Follow Scientists and Engineers through Society*, Harvard University Press, 1987.